"全民普法手册"系列

全民网络安全普法手册

QUANMIN WANGLUO ANQUAN
PUFA SHOUCE

法律出版社法规中心 编

北京

图书在版编目（CIP）数据

全民网络安全普法手册／法律出版社法规中心编.
北京：法律出版社，2025. -- ISBN 978 - 7 - 5244 - 0116 - 2
Ⅰ. D922.174 - 62
中国国家版本馆 CIP 数据核字第 2025A80A63 号

全民网络安全普法手册　　　　法律出版社法规中心　编　　　责任编辑　李争春
QUANMIN WANGLUO ANQUAN　　　　　　　　　　　　　　　　　　　装帧设计　李　瞻
PUFA SHOUCE

出版发行	法律出版社	开本	A5
编辑统筹	法规出版分社	印张	9.25　　字数　266 千
责任校对	张红蕊	版本	2025 年 4 月第 1 版
责任印制	耿润瑜	印次	2025 年 4 月第 1 次印刷
经　　销	新华书店	印刷	涿州市星河印刷有限公司

地址：北京市丰台区莲花池西里 7 号（100073）
网址：www.lawpress.com.cn　　　　　　销售电话：010 - 83938349
投稿邮箱：info@lawpress.com.cn　　　　客服电话：010 - 83938350
举报盗版邮箱：jbwq@lawpress.com.cn　　咨询电话：010 - 63939796
版权所有·侵权必究

书号：ISBN 978 - 7 - 5244 - 0116 - 2　　　　　定价：38.00 元
凡购买本社图书，如有印装错误，我社负责退换。电话：010 - 83938349

目 录

一、网络安全及治理

中华人民共和国网络安全法(2016.11.7) …………………… 1
全国人民代表大会常务委员会关于维护互联网安全的决定
　(2009.8.27 修正) ………………………………………… 17
全国人民代表大会常务委员会关于加强网络信息保护的决定
　(2012.12.28) ……………………………………………… 20
中华人民共和国数据安全法(2021.6.10) …………………… 22
网络数据安全管理条例(2024.9.24) ………………………… 31
计算机信息系统安全保护条例(2011.1.8 修订) …………… 45
未成年人网络保护条例(2023.10.16) ………………………… 49
网络暴力信息治理规定(2024.6.12) ………………………… 61
网络信息内容生态治理规定(2019.12.15) …………………… 68

二、网络侵权

中华人民共和国反不正当竞争法(节录)(2019.4.23 修正) …… 76
中华人民共和国民法典(节录)(2020.5.28) ………………… 77
中华人民共和国著作权法(节录)(2020.11.11 修正) ……… 81
中华人民共和国个人信息保护法(2021.8.20) ……………… 85
信息网络传播权保护条例(2013.1.30 修订) ………………… 101
电信和互联网用户个人信息保护规定(2013.7.16) ………… 108

最高人民法院关于审理涉及计算机网络域名民事纠纷案件适
　　用法律若干问题的解释(2020.12.29修正) ……………… 113
最高人民法院关于审理侵害信息网络传播权民事纠纷案件适
　　用法律若干问题的规定(2020.12.29修正) ……………… 115
最高人民法院关于审理利用信息网络侵害人身权益民事纠纷
　　案件适用法律若干问题的规定(2020.12.29修正) ……… 119

三、网络犯罪

中华人民共和国反电信网络诈骗法(2022.9.2) …………… 123
中华人民共和国刑法(节录)(2023.12.29修正) …………… 136
最高人民法院、最高人民检察院关于办理利用互联网、移动通
　　讯终端、声讯台制作、复制、出版、贩卖、传播淫秽电子信息
　　刑事案件具体应用法律若干问题的解释(2004.9.3) …… 143
最高人民法院、最高人民检察院关于办理利用互联网、移动通
　　讯终端、声讯台制作、复制、出版、贩卖、传播淫秽电子信息
　　刑事案件具体应用法律若干问题的解释(二)(2010.2.2) … 146
最高人民法院、最高人民检察院关于办理危害计算机信息系
　　统安全刑事案件应用法律若干问题的解释(2011.8.1) … 151
最高人民法院、最高人民检察院关于办理利用信息网络实施
　　诽谤等刑事案件适用法律若干问题的解释(2013.9.6) … 156
最高人民法院、最高人民检察院关于办理侵犯公民个人信息
　　刑事案件适用法律若干问题的解释(2017.5.8) ………… 159
最高人民法院、最高人民检察院关于办理非法利用信息网络、
　　帮助信息网络犯罪活动等刑事案件适用法律若干问题的解
　　释(2019.10.21) ……………………………………………… 162
最高人民法院、最高人民检察院、公安部关于办理网络赌博犯
　　罪案件适用法律若干问题的意见(2010.8.31) …………… 167
最高人民法院、最高人民检察院、公安部关于办理电信网络诈
　　骗等刑事案件适用法律若干问题的意见(2016.12.19) … 171

最高人民法院、最高人民检察院、公安部关于办理电信网络诈骗等刑事案件适用法律若干问题的意见(二)(2021.6.17)………… 179

最高人民法院、最高人民检察院、公安部、司法部关于办理利用信息网络实施黑恶势力犯罪刑事案件若干问题的意见(2019.7.23)………………………………………………… 184

最高人民检察院关于办理涉互联网金融犯罪案件有关问题座谈会纪要(2017.6.1)………………………………………… 188

最高人民法院、最高人民检察院关于利用网络云盘制作、复制、贩卖、传播淫秽电子信息牟利行为定罪量刑问题的批复(2017.11.22)……………………………………………… 200

最高人民法院、最高人民检察院、公安部关于办理跨境电信网络诈骗等刑事案件适用法律若干问题的意见(2024.6.26)…… 201

人民检察院办理网络犯罪案件规定(2021.1.22)……………… 205

最高人民法院、最高人民检察院、公安部关于办理信息网络犯罪案件适用刑事诉讼程序若干问题的意见(2022.8.26)…… 219

最高人民法院、最高人民检察院、公安部关于依法惩治网络暴力违法犯罪的指导意见(2023.9.20)……………………… 225

电信网络诈骗及其关联违法犯罪联合惩戒办法(2024.11.27)…… 230

四、典型案例

最高人民法院发布8件跨境电信网络诈骗及其关联犯罪典型案例………………………………………………………… 235

最高人民法院、国家市场监督管理总局联合发布依法惩治网络传销犯罪典型案例………………………………………… 248

最高人民法院发布依法惩治跨境电信网络诈骗及其关联犯罪典型案例………………………………………………………… 255

最高人民法院发布6件依法惩治利用网络敲诈勒索犯罪典型案例………………………………………………………… 272

最高人民法院发布7件电信网络诈骗及其关联犯罪典型案例…… 279

一、网络安全及治理

中华人民共和国网络安全法

1. 2016 年 11 月 7 日第十二届全国人民代表大会常务委员会第二十四次会议通过
2. 2016 年 11 月 7 日中华人民共和国主席令第 53 号公布
3. 自 2017 年 6 月 1 日起施行

目 录

第一章 总 则

第二章 网络安全支持与促进

第三章 网络运行安全

 第一节 一般规定

 第二节 关键信息基础设施的运行安全

第四章 网络信息安全

第五章 监测预警与应急处置

第六章 法律责任

第七章 附 则

第一章 总 则

第一条 【立法目的】[1]为了保障网络安全,维护网络空间主权和国家安全、社会公共利益,保护公民、法人和其他组织的合法权益,促进经济社会信息化健康发展,制定本法。

---

[1] 条文主旨为编者所加,下同。——编者注

第二条 【适用范围】在中华人民共和国境内建设、运营、维护和使用网络,以及网络安全的监督管理,适用本法。

第三条 【方针体系】国家坚持网络安全与信息化发展并重,遵循积极利用、科学发展、依法管理、确保安全的方针,推进网络基础设施建设和互联互通,鼓励网络技术创新和应用,支持培养网络安全人才,建立健全网络安全保障体系,提高网络安全保护能力。

第四条 【国家制定完善网络安全战略】国家制定并不断完善网络安全战略,明确保障网络安全的基本要求和主要目标,提出重点领域的网络安全政策、工作任务和措施。

第五条 【国家采取措施维护安全和秩序】国家采取措施,监测、防御、处置来源于中华人民共和国境内外的网络安全风险和威胁,保护关键信息基础设施免受攻击、侵入、干扰和破坏,依法惩治网络违法犯罪活动,维护网络空间安全和秩序。

第六条 【国家倡导形成网络良好环境】国家倡导诚实守信、健康文明的网络行为,推动传播社会主义核心价值观,采取措施提高全社会的网络安全意识和水平,形成全社会共同参与促进网络安全的良好环境。

第七条 【国家建立网络治理体系】国家积极开展网络空间治理、网络技术研发和标准制定、打击网络违法犯罪等方面的国际交流与合作,推动构建和平、安全、开放、合作的网络空间,建立多边、民主、透明的网络治理体系。

第八条 【主管部门】国家网信部门负责统筹协调网络安全工作和相关监督管理工作。国务院电信主管部门、公安部门和其他有关机关依照本法和有关法律、行政法规的规定,在各自职责范围内负责网络安全保护和监督管理工作。

县级以上地方人民政府有关部门的网络安全保护和监督管理职责,按照国家有关规定确定。

第九条 【网络运营者基本义务】网络运营者开展经营和服务活动,必须遵守法律、行政法规,尊重社会公德,遵守商业道德,诚实信用,履行网络安全保护义务,接受政府和社会的监督,承担社会责任。

第十条　【维护网络数据完整性、保密性、可用性】建设、运营网络或者通过网络提供服务，应当依照法律、行政法规的规定和国家标准的强制性要求，采取技术措施和其他必要措施，保障网络安全、稳定运行，有效应对网络安全事件，防范网络违法犯罪活动，维护网络数据的完整性、保密性和可用性。

第十一条　【网络行业组织按章程促进发展】网络相关行业组织按照章程，加强行业自律，制定网络安全行为规范，指导会员加强网络安全保护，提高网络安全保护水平，促进行业健康发展。

第十二条　【依法使用网络的权利保护与禁止行为】国家保护公民、法人和其他组织依法使用网络的权利，促进网络接入普及，提升网络服务水平，为社会提供安全、便利的网络服务，保障网络信息依法有序自由流动。

任何个人和组织使用网络应当遵守宪法法律，遵守公共秩序，尊重社会公德，不得危害网络安全，不得利用网络从事危害国家安全、荣誉和利益，煽动颠覆国家政权、推翻社会主义制度，煽动分裂国家、破坏国家统一，宣扬恐怖主义、极端主义，宣扬民族仇恨、民族歧视，传播暴力、淫秽色情信息，编造、传播虚假信息扰乱经济秩序和社会秩序，以及侵害他人名誉、隐私、知识产权和其他合法权益等活动。

第十三条　【为未成年人提供安全健康的网络环境】国家支持研究开发有利于未成年人健康成长的网络产品和服务，依法惩治利用网络从事危害未成年人身心健康的活动，为未成年人提供安全、健康的网络环境。

第十四条　【对危害网络安全的举报】任何个人和组织有权对危害网络安全的行为向网信、电信、公安等部门举报。收到举报的部门应当及时依法作出处理；不属于本部门职责的，应当及时移送有权处理的部门。

有关部门应当对举报人的相关信息予以保密，保护举报人的合法权益。

第二章 网络安全支持与促进

第十五条 【网络安全国家标准、行业标准】国家建立和完善网络安全标准体系。国务院标准化行政主管部门和国务院其他有关部门根据各自的职责,组织制定并适时修订有关网络安全管理以及网络产品、服务和运行安全的国家标准、行业标准。

国家支持企业、研究机构、高等学校、网络相关行业组织参与网络安全国家标准、行业标准的制定。

第十六条 【政府投入与扶持】国务院和省、自治区、直辖市人民政府应当统筹规划,加大投入,扶持重点网络安全技术产业和项目,支持网络安全技术的研究开发和应用,推广安全可信的网络产品和服务,保护网络技术知识产权,支持企业、研究机构和高等学校等参与国家网络安全技术创新项目。

第十七条 【国家推进体系建设,鼓励安全服务】国家推进网络安全社会化服务体系建设,鼓励有关企业、机构开展网络安全认证、检测和风险评估等安全服务。

第十八条 【国家鼓励开发数据保护和利用技术,支持创新网络安全管理方式】国家鼓励开发网络数据安全保护和利用技术,促进公共数据资源开放,推动技术创新和经济社会发展。

国家支持创新网络安全管理方式,运用网络新技术,提升网络安全保护水平。

第十九条 【网络安全宣传教育】各级人民政府及其有关部门应当组织开展经常性的网络安全宣传教育,并指导、督促有关单位做好网络安全宣传教育工作。

大众传播媒介应当有针对性地面向社会进行网络安全宣传教育。

第二十条 【国家支持网络安全人才培养】国家支持企业和高等学校、职业学校等教育培训机构开展网络安全相关教育与培训,采取多种方式培养网络安全人才,促进网络安全人才交流。

第三章　网络运行安全

第一节　一般规定

第二十一条　【网络安全等级保护制度】国家实行网络安全等级保护制度。网络运营者应当按照网络安全等级保护制度的要求，履行下列安全保护义务，保障网络免受干扰、破坏或者未经授权的访问，防止网络数据泄露或者被窃取、篡改：

（一）制定内部安全管理制度和操作规程，确定网络安全负责人，落实网络安全保护责任；

（二）采取防范计算机病毒和网络攻击、网络侵入等危害网络安全行为的技术措施；

（三）采取监测、记录网络运行状态、网络安全事件的技术措施，并按照规定留存相关的网络日志不少于六个月；

（四）采取数据分类、重要数据备份和加密等措施；

（五）法律、行政法规规定的其他义务。

第二十二条　【网络产品、服务应当符合国家标准强制性要求】网络产品、服务应当符合相关国家标准的强制性要求。网络产品、服务的提供者不得设置恶意程序；发现其网络产品、服务存在安全缺陷、漏洞等风险时，应当立即采取补救措施，按照规定及时告知用户并向有关主管部门报告。

网络产品、服务的提供者应当为其产品、服务持续提供安全维护；在规定或者当事人约定的期限内，不得终止提供安全维护。

网络产品、服务具有收集用户信息功能的，其提供者应当向用户明示并取得同意；涉及用户个人信息的，还应当遵守本法和有关法律、行政法规关于个人信息保护的规定。

第二十三条　【网络关键设备和网络安全专用产品的认证、检测】网络关键设备和网络安全专用产品应当按照相关国家标准的强制性要求，由具备资格的机构安全认证合格或者安全检测符合要求后，方可销售或者提供。国家网信部门会同国务院有关部门制定、公布网络关键设备和网络安全专用产品目录，并推动安全认证和安全检测结果互认，避免重复认证、检测。

第二十四条　【网络运营者应当要求用户提供真实身份信息】网络运营者为用户办理网络接入、域名注册服务，办理固定电话、移动电话等入网手续，或者为用户提供信息发布、即时通讯等服务，在与用户签订协议或者确认提供服务时，应当要求用户提供真实身份信息。用户不提供真实身份信息的，网络运营者不得为其提供相关服务。

国家实施网络可信身份战略，支持研究开发安全、方便的电子身份认证技术，推动不同电子身份认证之间的互认。

第二十五条　【网络运营者应当制定、实施应急预案】网络运营者应当制定网络安全事件应急预案，及时处置系统漏洞、计算机病毒、网络攻击、网络侵入等安全风险；在发生危害网络安全的事件时，立即启动应急预案，采取相应的补救措施，并按照规定向有关主管部门报告。

第二十六条　【开展网络安全活动、向社会发布安全信息，应遵守国家规定】开展网络安全认证、检测、风险评估等活动，向社会发布系统漏洞、计算机病毒、网络攻击、网络侵入等网络安全信息，应当遵守国家有关规定。

第二十七条　【任何人不得进行危害网络安全的活动】任何个人和组织不得从事非法侵入他人网络、干扰他人网络正常功能、窃取网络数据等危害网络安全的活动；不得提供专门用于从事侵入网络、干扰网络正常功能及防护措施、窃取网络数据等危害网络安全活动的程序、工具；明知他人从事危害网络安全的活动的，不得为其提供技术支持、广告推广、支付结算等帮助。

第二十八条　【网络运营者应为公安机关、国家安全机关提供技术支持和协助】网络运营者应当为公安机关、国家安全机关依法维护国家安全和侦查犯罪的活动提供技术支持和协助。

第二十九条　【国家支持网络运营者合作】国家支持网络运营者之间在网络安全信息收集、分析、通报和应急处置等方面进行合作，提高网络运营者的安全保障能力。

有关行业组织建立健全本行业的网络安全保护规范和协作机制,加强对网络安全风险的分析评估,定期向会员进行风险警示,支持、协助会员应对网络安全风险。

第三十条 【履行职责中获取的信息,不得用于其他用途】网信部门和有关部门在履行网络安全保护职责中获取的信息,只能用于维护网络安全的需要,不得用于其他用途。

第二节 关键信息基础设施的运行安全

第三十一条 【关键信息基础设施重点保护】国家对公共通信和信息服务、能源、交通、水利、金融、公共服务、电子政务等重要行业和领域,以及其他一旦遭到破坏、丧失功能或者数据泄露,可能严重危害国家安全、国计民生、公共利益的关键信息基础设施,在网络安全等级保护制度的基础上,实行重点保护。关键信息基础设施的具体范围和安全保护办法由国务院制定。

国家鼓励关键信息基础设施以外的网络运营者自愿参与关键信息基础设施保护体系。

第三十二条 【编制、实施关键信息基础设施安全规划】按照国务院规定的职责分工,负责关键信息基础设施安全保护工作的部门分别编制并组织实施本行业、本领域的关键信息基础设施安全规划,指导和监督关键信息基础设施运行安全保护工作。

第三十三条 【关键信息基础设施建设要求】建设关键信息基础设施应当确保其具有支持业务稳定、持续运行的性能,并保证安全技术措施同步规划、同步建设、同步使用。

第三十四条 【运营者的安全保护义务】除本法第二十一条的规定外,关键信息基础设施的运营者还应当履行下列安全保护义务:

(一)设置专门安全管理机构和安全管理负责人,并对该负责人和关键岗位的人员进行安全背景审查;

(二)定期对从业人员进行网络安全教育、技术培训和技能考核;

(三)对重要系统和数据库进行容灾备份；

　　(四)制定网络安全事件应急预案,并定期进行演练；

　　(五)法律、行政法规规定的其他义务。

第三十五条　【关键信息基础设施的国家安全审查】关键信息基础设施的运营者采购网络产品和服务,可能影响国家安全的,应当通过国家网信部门会同国务院有关部门组织的国家安全审查。

第三十六条　【安全保密协议的签订】关键信息基础设施的运营者采购网络产品和服务,应当按照规定与提供者签订安全保密协议,明确安全和保密义务与责任。

第三十七条　【收集和产生的个人信息和重要数据应当在境内储存】关键信息基础设施的运营者在中华人民共和国境内运营中收集和产生的个人信息和重要数据应当在境内存储。因业务需要,确需向境外提供的,应当按照国家网信部门会同国务院有关部门制定的办法进行安全评估；法律、行政法规另有规定的,依照其规定。

第三十八条　【网络安全及风险的检测评估】关键信息基础设施的运营者应当自行或者委托网络安全服务机构对其网络的安全性和可能存在的风险每年至少进行一次检测评估,并将检测评估情况和改进措施报送相关负责关键信息基础设施安全保护工作的部门。

第三十九条　【关键信息基础设施的安全保护措施】国家网信部门应当统筹协调有关部门对关键信息基础设施的安全保护采取下列措施：

　　(一)对关键信息基础设施的安全风险进行抽查检测,提出改进措施,必要时可以委托网络安全服务机构对网络存在的安全风险进行检测评估；

　　(二)定期组织关键信息基础设施的运营者进行网络安全应急演练,提高应对网络安全事件的水平和协同配合能力；

　　(三)促进有关部门、关键信息基础设施的运营者以及有关研究机构、网络安全服务机构等之间的网络安全信息共享；

　　(四)对网络安全事件的应急处置与网络功能的恢复等,提供技术支持和协助。

第四章　网络信息安全

第四十条　【建立用户信息保护制度】网络运营者应当对其收集的用户信息严格保密,并建立健全用户信息保护制度。

第四十一条　【网络运营者对个人信息的收集、使用】网络运营者收集、使用个人信息,应当遵循合法、正当、必要的原则,公开收集、使用规则,明示收集、使用信息的目的、方式和范围,并经被收集者同意。

　　网络运营者不得收集与其提供的服务无关的个人信息,不得违反法律、行政法规的规定和双方的约定收集、使用个人信息,并应当依照法律、行政法规的规定和与用户的约定,处理其保存的个人信息。

第四十二条　【网络运营者应确保其收集的个人信息安全】网络运营者不得泄露、篡改、毁损其收集的个人信息;未经被收集者同意,不得向他人提供个人信息。但是,经过处理无法识别特定个人且不能复原的除外。

　　网络运营者应当采取技术措施和其他必要措施,确保其收集的个人信息安全,防止信息泄露、毁损、丢失。在发生或者可能发生个人信息泄露、毁损、丢失的情况时,应当立即采取补救措施,按照规定及时告知用户并向有关主管部门报告。

第四十三条　【个人有权要求对其信息予以删除或更正】个人发现网络运营者违反法律、行政法规的规定或者双方的约定收集、使用其个人信息的,有权要求网络运营者删除其个人信息;发现网络运营者收集、存储的其个人信息有错误的,有权要求网络运营者予以更正。网络运营者应当采取措施予以删除或者更正。

第四十四条　【个人和组织不得非法获取、向他人提供个人信息】任何个人和组织不得窃取或者以其他非法方式获取个人信息,不得非法出售或者非法向他人提供个人信息。

第四十五条　【部门及其工作人员的保密义务】依法负有网络安全监督管理职责的部门及其工作人员,必须对在履行职责中知悉的个人信息、隐私和商业秘密严格保密,不得泄露、出售或者非法向他人提供。

第四十六条 【个人和组织不得利用网络实施违法犯罪活动】任何个人和组织应当对其使用网络的行为负责,不得设立用于实施诈骗,传授犯罪方法,制作或者销售违禁物品、管制物品等违法犯罪活动的网站、通讯群组,不得利用网络发布涉及实施诈骗,制作或者销售违禁物品、管制物品以及其他违法犯罪活动的信息。

第四十七条 【网络运营者应当对用户发布的信息进行管理】网络运营者应当加强对其用户发布的信息的管理,发现法律、行政法规禁止发布或者传输的信息的,应当立即停止传输该信息,采取消除等处置措施,防止信息扩散,保存有关记录,并向有关主管部门报告。

第四十八条 【电子信息、应用软件不得设置恶意程序,含有禁止信息】任何个人和组织发送的电子信息、提供的应用软件,不得设置恶意程序,不得含有法律、行政法规禁止发布或者传输的信息。

电子信息发送服务提供者和应用软件下载服务提供者,应当履行安全管理义务,知道其用户有前款规定行为的,应当停止提供服务,采取消除等处置措施,保存有关记录,并向有关主管部门报告。

第四十九条 【网络信息安全投诉、举报制度】网络运营者应当建立网络信息安全投诉、举报制度,公布投诉、举报方式等信息,及时受理并处理有关网络信息安全的投诉和举报。

网络运营者对网信部门和有关部门依法实施的监督检查,应当予以配合。

第五十条 【国家网信部门和有关部门对违法信息停止传播】国家网信部门和有关部门依法履行网络信息安全监督管理职责,发现法律、行政法规禁止发布或者传输的信息的,应当要求网络运营者停止传输,采取消除等处置措施,保存有关记录;对来源于中华人民共和国境外的上述信息,应当通知有关机构采取技术措施和其他必要措施阻断传播。

第五章 监测预警与应急处置

第五十一条 【网络安全监测预警和信息通报制度】国家建立网络安全监测预警和信息通报制度。国家网信部门应当统筹协调有关部门加强网络安全信息收集、分析和通报工作，按照规定统一发布网络安全监测预警信息。

第五十二条 【关键信息网络安全监测预警和信息通报制度】负责关键信息基础设施安全保护工作的部门，应当建立健全本行业、本领域的网络安全监测预警和信息通报制度，并按照规定报送网络安全监测预警信息。

第五十三条 【网络安全风险评估及应急预案】国家网信部门协调有关部门建立健全网络安全风险评估和应急工作机制，制定网络安全事件应急预案，并定期组织演练。

负责关键信息基础设施安全保护工作的部门应当制定本行业、本领域的网络安全事件应急预案，并定期组织演练。

网络安全事件应急预案应当按照事件发生后的危害程度、影响范围等因素对网络安全事件进行分级，并规定相应的应急处置措施。

第五十四条 【应对网络安全风险采取的措施】网络安全事件发生的风险增大时，省级以上人民政府有关部门应当按照规定的权限和程序，并根据网络安全风险的特点和可能造成的危害，采取下列措施：

（一）要求有关部门、机构和人员及时收集、报告有关信息，加强对网络安全风险的监测；

（二）组织有关部门、机构和专业人员，对网络安全风险信息进行分析评估，预测事件发生的可能性、影响范围和危害程度；

（三）向社会发布网络安全风险预警，发布避免、减轻危害的措施。

第五十五条 【网络安全事件的应对】发生网络安全事件，应当立即启动网络安全事件应急预案，对网络安全事件进行调查和评估，要求网络运营者采取技术措施和其他必要措施，消除安全隐患，防止危害扩大，并及时向社会发布与公众有关的警示信息。

第五十六条【有关部门对网络运营者代表人或负责人约谈】省级以上人民政府有关部门在履行网络安全监督管理职责中，发现网络存在较大安全风险或者发生安全事件的，可以按照规定的权限和程序对该网络的运营者的法定代表人或者主要负责人进行约谈。网络运营者应当按照要求采取措施，进行整改，消除隐患。

第五十七条【处置的法律依据】因网络安全事件，发生突发事件或者生产安全事故的，应当依照《中华人民共和国突发事件应对法》、《中华人民共和国安全生产法》等有关法律、行政法规的规定处置。

第五十八条【特定区域限制网络通信】因维护国家安全和社会公共秩序，处置重大突发社会安全事件的需要，经国务院决定或者批准，可以在特定区域对网络通信采取限制等临时措施。

第六章　法 律 责 任

第五十九条【不履行安全保护义务的法律责任】网络运营者不履行本法第二十一条、第二十五条规定的网络安全保护义务的，由有关主管部门责令改正，给予警告；拒不改正或者导致危害网络安全等后果的，处一万元以上十万元以下罚款，对直接负责的主管人员处五千元以上五万元以下罚款。

关键信息基础设施的运营者不履行本法第三十三条、第三十四条、第三十六条、第三十八条规定的网络安全保护义务的，由有关主管部门责令改正，给予警告；拒不改正或者导致危害网络安全等后果的，处十万元以上一百万元以下罚款，对直接负责的主管人员处一万元以上十万元以下罚款。

第六十条【设置恶意程序，对安全缺陷、漏洞未及时补救，擅自终止安全维护的法律责任】违反本法第二十二条第一款、第二款和第四十八条第一款规定，有下列行为之一的，由有关主管部门责令改正，给予警告；拒不改正或者导致危害网络安全等后果的，处五万元以上五十万元以下罚款，对直接负责的主管人员处一万元以上

十万元以下罚款:

(一)设置恶意程序的;

(二)对其产品、服务存在的安全缺陷、漏洞等风险未立即采取补救措施,或者未按照规定及时告知用户并向有关主管部门报告的;

(三)擅自终止为其产品、服务提供安全维护的。

第六十一条 【违反真实身份信息制度的法律责任】网络运营者违反本法第二十四条第一款规定,未要求用户提供真实身份信息,或者对不提供真实身份信息的用户提供相关服务的,由有关主管部门责令改正;拒不改正或者情节严重的,处五万元以上五十万元以下罚款,并可以由有关主管部门责令暂停相关业务、停业整顿、关闭网站、吊销相关业务许可证或者吊销营业执照,对直接负责的主管人员和其他直接责任人员处一万元以上十万元以下罚款。

第六十二条 【违法开展网络安全活动,发布安全信息的法律责任】违反本法第二十六条规定,开展网络安全认证、检测、风险评估等活动,或者向社会发布系统漏洞、计算机病毒、网络攻击、网络侵入等网络安全信息的,由有关主管部门责令改正,给予警告;拒不改正或者情节严重的,处一万元以上十万元以下罚款,并可以由有关主管部门责令暂停相关业务、停业整顿、关闭网站、吊销相关业务许可证或者吊销营业执照,对直接负责的主管人员和其他直接责任人员处五千元以上五万元以下罚款。

第六十三条 【从事或者辅助危害网络安全活动的法律责任】违反本法第二十七条规定,从事危害网络安全的活动,或者提供专门用于从事危害网络安全活动的程序、工具,或者为他人从事危害网络安全的活动提供技术支持、广告推广、支付结算等帮助,尚不构成犯罪的,由公安机关没收违法所得,处五日以下拘留,可以并处五万元以上五十万元以下罚款;情节较重的,处五日以上十五日以下拘留,可以并处十万元以上一百万元以下罚款。

单位有前款行为的,由公安机关没收违法所得,处十万元以上一百万元以下罚款,并对直接负责的主管人员和其他直接责任人员依照前款规定处罚。

违反本法第二十七条规定,受到治安管理处罚的人员,五年内不得从事网络安全管理和网络运营关键岗位的工作;受到刑事处罚的人员,终身不得从事网络安全管理和网络运营关键岗位的工作。

第六十四条 【侵害个人信息的法律责任】网络运营者、网络产品或者服务的提供者违反本法第二十二条第三款、第四十一条至第四十三条规定,侵害个人信息依法得到保护的权利的,由有关主管部门责令改正,可以根据情节单处或者并处警告、没收违法所得、处违法所得一倍以上十倍以下罚款,没有违法所得的,处一百万元以下罚款,对直接负责的主管人员和其他直接责任人员处一万元以上十万元以下罚款;情节严重的,并可以责令暂停相关业务、停业整顿、关闭网站、吊销相关业务许可证或者吊销营业执照。

违反本法第四十四条规定,窃取或者以其他非法方式获取、非法出售或者非法向他人提供个人信息,尚不构成犯罪的,由公安机关没收违法所得,并处违法所得一倍以上十倍以下罚款,没有违法所得的,处一百万元以下罚款。

第六十五条 【使用未经或未通过安全审查的网络产品或服务的法律责任】关键信息基础设施的运营者违反本法第三十五条规定,使用未经安全审查或者安全审查未通过的网络产品或者服务的,由有关主管部门责令停止使用,处采购金额一倍以上十倍以下罚款;对直接负责的主管人员和其他直接责任人员处一万元以上十万元以下罚款。

第六十六条 【在境外存储或向境外提供网络数据的法律责任】关键信息基础设施的运营者违反本法第三十七条规定,在境外存储网络数据,或者向境外提供网络数据的,由有关主管部门责令改正,给予警告,没收违法所得,处五万元以上五十万元以下罚款,并可以责令暂停相关业务、停业整顿、关闭网站、吊销相关业务许可证或者吊销营业执照;对直接负责的主管人员和其他直接责任人员处一万元以上十万元以下罚款。

第六十七条 【设立用于实施违法犯罪活动的网站、通讯群组或发布违法犯罪活动信息的法律责任】违反本法第四十六条规定，设立用于实施违法犯罪活动的网站、通讯群组，或者利用网络发布涉及实施违法犯罪活动的信息，尚不构成犯罪的，由公安机关处五日以下拘留，可以并处一万元以上十万元以下罚款；情节较重的，处五日以上十五日以下拘留，可以并处五万元以上五十万元以下罚款。关闭用于实施违法犯罪活动的网站、通讯群组。

单位有前款行为的，由公安机关处十万元以上五十万元以下罚款，并对直接负责的主管人员和其他直接责任人员依照前款规定处罚。

第六十八条 【对法律法规禁止发布或传输的信息未采取处置措施的法律责任】网络运营者违反本法第四十七条规定，对法律、行政法规禁止发布或者传输的信息未停止传输、采取消除等处置措施、保存有关记录的，由有关主管部门责令改正，给予警告，没收违法所得；拒不改正或者情节严重的，处十万元以上五十万元以下罚款，并可以责令暂停相关业务、停业整顿、关闭网站、吊销相关业务许可证或者吊销营业执照，对直接负责的主管人员和其他直接责任人员处一万元以上十万元以下罚款。

电子信息发送服务提供者、应用软件下载服务提供者，不履行本法第四十八条第二款规定的安全管理义务的，依照前款规定处罚。

第六十九条 【不按要求采取处置措施，拒绝、阻碍监督检查，拒不提供技术支持协助的法律责任】网络运营者违反本法规定，有下列行为之一的，由有关主管部门责令改正；拒不改正或者情节严重的，处五万元以上五十万元以下罚款，对直接负责的主管人员和其他直接责任人员，处一万元以上十万元以下罚款：

（一）不按照有关部门的要求对法律、行政法规禁止发布或者传输的信息，采取停止传输、消除等处置措施的；

（二）拒绝、阻碍有关部门依法实施的监督检查的；

（三）拒不向公安机关、国家安全机关提供技术支持和协助的。

第七十条 【发布或传输禁止信息的法律责任】发布或者传输本法第十二条第二款和其他法律、行政法规禁止发布或者传输的信息的,依照有关法律、行政法规的规定处罚。

第七十一条 【违法行为记入信用档案】有本法规定的违法行为的,依照有关法律、行政法规的规定记入信用档案,并予以公示。

第七十二条 【国家机关政务网络运营者不履行安全保护义务的法律责任】国家机关政务网络的运营者不履行本法规定的网络安全保护义务的,由其上级机关或者有关机关责令改正;对直接负责的主管人员和其他直接责任人员依法给予处分。

第七十三条 【网信部门和有关部门违反信息使用用途及工作人员渎职的法律责任】网信部门和有关部门违反本法第三十条规定,将在履行网络安全保护职责中获取的信息用于其他用途的,对直接负责的主管人员和其他直接责任人员依法给予处分。

网信部门和有关部门的工作人员玩忽职守、滥用职权、徇私舞弊,尚不构成犯罪的,依法给予处分。

第七十四条 【民事责任、治安处罚、刑事责任】违反本法规定,给他人造成损害的,依法承担民事责任。

违反本法规定,构成违反治安管理行为的,依法给予治安管理处罚;构成犯罪的,依法追究刑事责任。

第七十五条 【境外机构、组织、个人损害关键信息基础设施的法律责任】境外的机构、组织、个人从事攻击、侵入、干扰、破坏等危害中华人民共和国的关键信息基础设施的活动,造成严重后果的,依法追究法律责任;国务院公安部门和有关部门并可以决定对该机构、组织、个人采取冻结财产或者其他必要的制裁措施。

第七章 附 则

第七十六条 【用语定义】本法下列用语的含义:

(一)网络,是指由计算机或者其他信息终端及相关设备组成的按照一定的规则和程序对信息进行收集、存储、传输、交换、处理的系统。

（二）网络安全，是指通过采取必要措施，防范对网络的攻击、侵入、干扰、破坏和非法使用以及意外事故，使网络处于稳定可靠运行的状态，以及保障网络数据的完整性、保密性、可用性的能力。

（三）网络运营者，是指网络的所有者、管理者和网络服务提供者。

（四）网络数据，是指通过网络收集、存储、传输、处理和产生的各种电子数据。

（五）个人信息，是指以电子或者其他方式记录的能够单独或者与其他信息结合识别自然人个人身份的各种信息，包括但不限于自然人的姓名、出生日期、身份证件号码、个人生物识别信息、住址、电话号码等。

第七十七条　【涉密网络安全保护规定】存储、处理涉及国家秘密信息的网络的运行安全保护，除应当遵守本法外，还应当遵守保密法律、行政法规的规定。

第七十八条　【军事网络安全保护规定】军事网络的安全保护，由中央军事委员会另行规定。

第七十九条　【施行日期】本法自2017年6月1日起施行。

全国人民代表大会常务委员会
关于维护互联网安全的决定

1. 2000年12月28日第九届全国人民代表大会常务委员会第十九次会议通过
2. 根据2009年8月27日第十一届全国人民代表大会常务委员会第十次会议《关于修改部分法律的决定》修正

我国的互联网，在国家大力倡导和积极推动下，在经济建设和各项事业中得到日益广泛的应用，使人们的生产、工作、学习和生活方式已经开始并将继续发生深刻的变化，对于加快我国国民经济、科学技术的发展和社会服务信息化进程具有重要作用。同时，如何保障互联网的运行安全和信息安全问题已经引起全社会的普遍关注。为了兴利除弊，促进我国互联网的健康发展，维护国家安全和社会公共利益，保护个人、法人和其他组织的合法权益，特作如下决定：

一、为了保障互联网的运行安全，对有下列行为之一，构成犯罪的，依照刑法有关规定追究刑事责任：

（一）侵入国家事务、国防建设、尖端科学技术领域的计算机信息系统；

（二）故意制作、传播计算机病毒等破坏性程序，攻击计算机系统及通信网络，致使计算机系统及通信网络遭受损害；

（三）违反国家规定，擅自中断计算机网络或者通信服务，造成计算机网络或者通信系统不能正常运行。

二、为了维护国家安全和社会稳定，对有下列行为之一，构成犯罪的，依照刑法有关规定追究刑事责任：

（一）利用互联网造谣、诽谤或者发表、传播其他有害信息，煽动颠覆国家政权、推翻社会主义制度，或者煽动分裂国家、破坏国家统一；

（二）通过互联网窃取、泄露国家秘密、情报或者军事秘密；

（三）利用互联网煽动民族仇恨、民族歧视，破坏民族团结；

（四）利用互联网组织邪教组织、联络邪教组织成员，破坏国家法律、行政法规实施。

三、为了维护社会主义市场经济秩序和社会管理秩序，对有下列行为之一，构成犯罪的，依照刑法有关规定追究刑事责任：

（一）利用互联网销售伪劣产品或者对商品、服务作虚假宣传；

（二）利用互联网损害他人商业信誉和商品声誉；

（三）利用互联网侵犯他人知识产权；

（四）利用互联网编造并传播影响证券、期货交易或者其他扰乱金融秩序的虚假信息；

（五）在互联网上建立淫秽网站、网页，提供淫秽站点链接服务，或者传播淫秽书刊、影片、音像、图片。

四、为了保护个人、法人和其他组织的人身、财产等合法权利,对有下列行为之一,构成犯罪的,依照刑法有关规定追究刑事责任:

(一)利用互联网侮辱他人或者捏造事实诽谤他人;

(二)非法截获、篡改、删除他人电子邮件或者其他数据资料,侵犯公民通信自由和通信秘密;

(三)利用互联网进行盗窃、诈骗、敲诈勒索。

五、利用互联网实施本决定第一条、第二条、第三条、第四条所列行为以外的其他行为,构成犯罪的,依照刑法有关规定追究刑事责任。

六、利用互联网实施违法行为,违反社会治安管理,尚不构成犯罪的,由公安机关依照《治安管理处罚法》予以处罚;违反其他法律、行政法规,尚不构成犯罪的,由有关行政管理部门依法给予行政处罚;对直接负责的主管人员和其他直接责任人员,依法给予行政处分或者纪律处分。

利用互联网侵犯他人合法权益,构成民事侵权的,依法承担民事责任。

七、各级人民政府及有关部门要采取积极措施,在促进互联网的应用和网络技术的普及过程中,重视和支持对网络安全技术的研究和开发,增强网络的安全防护能力。有关主管部门要加强对互联网的运行安全和信息安全的宣传教育,依法实施有效的监督管理,防范和制止利用互联网进行的各种违法活动,为互联网的健康发展创造良好的社会环境。从事互联网业务的单位要依法开展活动,发现互联网上出现违法犯罪行为和有害信息时,要采取措施,停止传输有害信息,并及时向有关机关报告。任何单位和个人在利用互联网时,都要遵纪守法,抵制各种违法犯罪行为和有害信息。人民法院、人民检察院、公安机关、国家安全机关要各司其职,密切配合,依法严厉打击利用互联网实施的各种犯罪活动。要动员全社会的力量,依靠全社会的共同努力,保障互联网的运行安全与信息安全,促进社会主义精神文明和物质文明建设。

全国人民代表大会常务委员会
关于加强网络信息保护的决定

2012年12月28日第十一届全国人民代表大会常务委员会第三十次会议通过

为了保护网络信息安全，保障公民、法人和其他组织的合法权益，维护国家安全和社会公共利益，特作如下决定：

一、国家保护能够识别公民个人身份和涉及公民个人隐私的电子信息。

任何组织和个人不得窃取或者以其他非法方式获取公民个人电子信息，不得出售或者非法向他人提供公民个人电子信息。

二、网络服务提供者和其他企业事业单位在业务活动中收集、使用公民个人电子信息，应当遵循合法、正当、必要的原则，明示收集、使用信息的目的、方式和范围，并经被收集者同意，不得违反法律、法规的规定和双方的约定收集、使用信息。

网络服务提供者和其他企业事业单位收集、使用公民个人电子信息，应当公开其收集、使用规则。

三、网络服务提供者和其他企业事业单位及其工作人员对在业务活动中收集的公民个人电子信息必须严格保密，不得泄露、篡改、毁损，不得出售或者非法向他人提供。

四、网络服务提供者和其他企业事业单位应当采取技术措施和其他必要措施，确保信息安全，防止在业务活动中收集的公民个人电子信息泄露、毁损、丢失。在发生或者可能发生信息泄露、毁损、丢失的情况时，应当立即采取补救措施。

五、网络服务提供者应当加强对其用户发布的信息的管理，发现法律、法规禁止发布或者传输的信息的，应当立即停止传输该信息，采取消除等处置措施，保存有关记录，并向有关主管部门报告。

六、网络服务提供者为用户办理网站接入服务，办理固定电话、移动电话等入网手续,或者为用户提供信息发布服务,应当在与用户签订协议或者确认提供服务时,要求用户提供真实身份信息。

七、任何组织和个人未经电子信息接收者同意或者请求,或者电子信息接收者明确表示拒绝的,不得向其固定电话、移动电话或者个人电子邮箱发送商业性电子信息。

八、公民发现泄露个人身份、散布个人隐私等侵害其合法权益的网络信息,或者受到商业性电子信息侵扰的,有权要求网络服务提供者删除有关信息或者采取其他必要措施予以制止。

九、任何组织和个人对窃取或者以其他非法方式获取、出售或者非法向他人提供公民个人电子信息的违法犯罪行为以及其他网络信息违法犯罪行为,有权向有关主管部门举报、控告;接到举报、控告的部门应当依法及时处理。被侵权人可以依法提起诉讼。

十、有关主管部门应当在各自职权范围内依法履行职责,采取技术措施和其他必要措施,防范、制止和查处窃取或者以其他非法方式获取、出售或者非法向他人提供公民个人电子信息的违法犯罪行为以及其他网络信息违法犯罪行为。有关主管部门依法履行职责时,网络服务提供者应当予以配合,提供技术支持。

　　国家机关及其工作人员对在履行职责中知悉的公民个人电子信息应当予以保密,不得泄露、篡改、毁损,不得出售或者非法向他人提供。

十一、对有违反本决定行为的,依法给予警告、罚款、没收违法所得、吊销许可证或者取消备案、关闭网站、禁止有关责任人员从事网络服务业务等处罚,记入社会信用档案并予以公布;构成违反治安管理行为的,依法给予治安管理处罚。构成犯罪的,依法追究刑事责任。侵害他人民事权益的,依法承担民事责任。

十二、本决定自公布之日起施行。

中华人民共和国数据安全法

1. 2021年6月10日第十三届全国人民代表大会常务委员会第二十九次会议通过
2. 2021年6月10日中华人民共和国主席令第84号公布
3. 自2021年9月1日起施行

目　录

第一章　总　　则
第二章　数据安全与发展
第三章　数据安全制度
第四章　数据安全保护义务
第五章　政务数据安全与开放
第六章　法律责任
第七章　附　　则

第一章　总　　则

第一条　【立法目的】为了规范数据处理活动,保障数据安全,促进数据开发利用,保护个人、组织的合法权益,维护国家主权、安全和发展利益,制定本法。

第二条　【适用范围】在中华人民共和国境内开展数据处理活动及其安全监管,适用本法。

在中华人民共和国境外开展数据处理活动,损害中华人民共和国国家安全、公共利益或者公民、组织合法权益的,依法追究法律责任。

第三条　【概念】本法所称数据,是指任何以电子或者其他方式对信息的记录。

数据处理,包括数据的收集、存储、使用、加工、传输、提供、公开等。

数据安全,是指通过采取必要措施,确保数据处于有效保护和合法利用的状态,以及具备保障持续安全状态的能力。

第四条　【数据安全保障】维护数据安全,应当坚持总体国家安全观,建立健全数据安全治理体系,提高数据安全保障能力。

第五条　【主管机关】中央国家安全领导机构负责国家数据安全工作的决策和议事协调,研究制定、指导实施国家数据安全战略和有关重大方针政策,统筹协调国家数据安全的重大事项和重要工作,建立国家数据安全工作协调机制。

第六条　【职责分工】各地区、各部门对本地区、本部门工作中收集和产生的数据及数据安全负责。

工业、电信、交通、金融、自然资源、卫生健康、教育、科技等主管部门承担本行业、本领域数据安全监管职责。

公安机关、国家安全机关等依照本法和有关法律、行政法规的规定,在各自职责范围内承担数据安全监管职责。

国家网信部门依照本法和有关法律、行政法规的规定,负责统筹协调网络数据安全和相关监管工作。

第七条　【权益保护】国家保护个人、组织与数据有关的权益,鼓励数据依法合理有效利用,保障数据依法有序自由流动,促进以数据为关键要素的数字经济发展。

第八条　【数据处理原则】开展数据处理活动,应当遵守法律、法规,尊重社会公德和伦理,遵守商业道德和职业道德,诚实守信,履行数据安全保护义务,承担社会责任,不得危害国家安全、公共利益,不得损害个人、组织的合法权益。

第九条　【宣传普及】国家支持开展数据安全知识宣传普及,提高全社会的数据安全保护意识和水平,推动有关部门、行业组织、科研机构、企业、个人等共同参与数据安全保护工作,形成全社会共同维护数据安全和促进发展的良好环境。

第十条　【加强行业自律】相关行业组织按照章程,依法制定数据安全行为规范和团体标准,加强行业自律,指导会员加强数据安全保护,提高数据安全保护水平,促进行业健康发展。

第十一条　【国际交流合作】国家积极开展数据安全治理、数据开发利用等领域的国际交流与合作,参与数据安全相关国际规则和标准的制定,促进数据跨境安全、自由流动。

第十二条　【投诉举报】任何个人、组织都有权对违反本法规定的行为向有关主管部门投诉、举报。收到投诉、举报的部门应当及时依法处理。

有关主管部门应当对投诉、举报人的相关信息予以保密,保护投诉、举报人的合法权益。

第二章　数据安全与发展

第十三条　【国家统筹】国家统筹发展和安全,坚持以数据开发利用和产业发展促进数据安全,以数据安全保障数据开发利用和产业发展。

第十四条　【数据创新应用与数字经济发展规划】国家实施大数据战略,推进数据基础设施建设,鼓励和支持数据在各行业、各领域的创新应用。

省级以上人民政府应当将数字经济发展纳入本级国民经济和社会发展规划,并根据需要制定数字经济发展规划。

第十五条　【公共服务智能化】国家支持开发利用数据提升公共服务的智能化水平。提供智能化公共服务,应当充分考虑老年人、残疾人的需求,避免对老年人、残疾人的日常生活造成障碍。

第十六条　【数据开发利用和数据安全】国家支持数据开发利用和数据安全技术研究,鼓励数据开发利用和数据安全等领域的技术推广和商业创新,培育、发展数据开发利用和数据安全产品、产业体系。

第十七条　【数据安全标准】国家推进数据开发利用技术和数据安全标准体系建设。国务院标准化行政主管部门和国务院有关部门根据各自的职责,组织制定并适时修订有关数据开发利用技术、产品和数据安全相关标准。国家支持企业、社会团体和教育、科研机构等参与标准制定。

第十八条 【数据安全检测】国家促进数据安全检测评估、认证等服务的发展，支持数据安全检测评估、认证等专业机构依法开展服务活动。

国家支持有关部门、行业组织、企业、教育和科研机构、有关专业机构等在数据安全风险评估、防范、处置等方面开展协作。

第十九条 【数据交易管理制度】国家建立健全数据交易管理制度，规范数据交易行为，培育数据交易市场。

第二十条 【专业人才培养】国家支持教育、科研机构和企业等开展数据开发利用技术和数据安全相关教育和培训，采取多种方式培养数据开发利用技术和数据安全专业人才，促进人才交流。

第三章 数据安全制度

第二十一条 【数据分类分级保护制度】国家建立数据分类分级保护制度，根据数据在经济社会发展中的重要程度，以及一旦遭到篡改、破坏、泄露或者非法获取、非法利用，对国家安全、公共利益或者个人、组织合法权益造成的危害程度，对数据实行分类分级保护。国家数据安全工作协调机制统筹协调有关部门制定重要数据目录，加强对重要数据的保护。

关系国家安全、国民经济命脉、重要民生、重大公共利益等数据属于国家核心数据，实行更加严格的管理制度。

各地区、各部门应当按照数据分类分级保护制度，确定本地区、本部门以及相关行业、领域的重要数据具体目录，对列入目录的数据进行重点保护。

第二十二条 【数据安全风险评估、报告、信息共享、监测预警机制】国家建立集中统一、高效权威的数据安全风险评估、报告、信息共享、监测预警机制。国家数据安全工作协调机制统筹协调有关部门加强数据安全风险信息的获取、分析、研判、预警工作。

第二十三条 【数据安全应急处置机制】国家建立数据安全应急处置机制。发生数据安全事件，有关主管部门应当依法启动应急预案，采取相应的应急处置措施，防止危害扩大，消除安全隐患，并及时向社会发布与公众有关的警示信息。

第二十四条 【数据安全审查制度】国家建立数据安全审查制度,对影响或者可能影响国家安全的数据处理活动进行国家安全审查。

依法作出的安全审查决定为最终决定。

第二十五条 【出口管制】国家对与维护国家安全和利益、履行国际义务相关的属于管制物项的数据依法实施出口管制。

第二十六条 【对等措施】任何国家或者地区在与数据和数据开发利用技术等有关的投资、贸易等方面对中华人民共和国采取歧视性的禁止、限制或者其他类似措施的,中华人民共和国可以根据实际情况对该国家或者地区对等采取措施。

第四章 数据安全保护义务

第二十七条 【全流程数据安全管理制度】开展数据处理活动应当依照法律、法规的规定,建立健全全流程数据安全管理制度,组织开展数据安全教育培训,采取相应的技术措施和其他必要措施,保障数据安全。利用互联网等信息网络开展数据处理活动,应当在网络安全等级保护制度的基础上,履行上述数据安全保护义务。

重要数据的处理者应当明确数据安全负责人和管理机构,落实数据安全保护责任。

第二十八条 【数据处理原则】开展数据处理活动以及研究开发数据新技术,应当有利于促进经济社会发展,增进人民福祉,符合社会公德和伦理。

第二十九条 【风险监测】开展数据处理活动应当加强风险监测,发现数据安全缺陷、漏洞等风险时,应当立即采取补救措施;发生数据安全事件时,应当立即采取处置措施,按照规定及时告知用户并向有关主管部门报告。

第三十条 【风险评估】重要数据的处理者应当按照规定对其数据处理活动定期开展风险评估,并向有关主管部门报送风险评估报告。

风险评估报告应当包括处理的重要数据的种类、数量,开展数据处理活动的情况,面临的数据安全风险及其应对措施等。

第三十一条　【出境安全管理】关键信息基础设施的运营者在中华人民共和国境内运营中收集和产生的重要数据的出境安全管理,适用《中华人民共和国网络安全法》的规定;其他数据处理者在中华人民共和国境内运营中收集和产生的重要数据的出境安全管理办法,由国家网信部门会同国务院有关部门制定。

第三十二条　【数据收集方式】任何组织、个人收集数据,应当采取合法、正当的方式,不得窃取或者以其他非法方式获取数据。

　　法律、行政法规对收集、使用数据的目的、范围有规定的,应当在法律、行政法规规定的目的和范围内收集、使用数据。

第三十三条　【数据交易中介义务】从事数据交易中介服务的机构提供服务,应当要求数据提供方说明数据来源,审核交易双方的身份,并留存审核、交易记录。

第三十四条　【行政许可】法律、行政法规规定提供数据处理相关服务应当取得行政许可的,服务提供者应当依法取得许可。

第三十五条　【依法调取数据】公安机关、国家安全机关因依法维护国家安全或者侦查犯罪的需要调取数据,应当按照国家有关规定,经过严格的批准手续,依法进行,有关组织、个人应当予以配合。

第三十六条　【平等互惠原则】中华人民共和国主管机关根据有关法律和中华人民共和国缔结或者参加的国际条约、协定,或者按照平等互惠原则,处理外国司法或者执法机构关于提供数据的请求。非经中华人民共和国主管机关批准,境内的组织、个人不得向外国司法或者执法机构提供存储于中华人民共和国境内的数据。

第五章　政务数据安全与开放

第三十七条　【推进电子政务建设】国家大力推进电子政务建设,提高政务数据的科学性、准确性、时效性,提升运用数据服务经济社会发展的能力。

第三十八条　【保密义务】国家机关为履行法定职责的需要收集、使用数据,应当在其履行法定职责的范围内依照法律、行政法规规定的条件和程序进行;对在履行职责中知悉的个人隐私、个人信息、商业秘密、保密商务信息等数据应当依法予以保密,不得泄露或者非法向他人提供。

第三十九条 【数据安全管理制度】国家机关应当依照法律、行政法规的规定,建立健全数据安全管理制度,落实数据安全保护责任,保障政务数据安全。

第四十条 【数据安全保护】国家机关委托他人建设、维护电子政务系统,存储、加工政务数据,应当经过严格的批准程序,并应当监督受托方履行相应的数据安全保护义务。受托方应当依照法律、法规的规定和合同约定履行数据安全保护义务,不得擅自留存、使用、泄露或者向他人提供政务数据。

第四十一条 【政务数据公开原则】国家机关应当遵循公正、公平、便民的原则,按照规定及时、准确地公开政务数据。依法不予公开的除外。

第四十二条 【政务数据开放】国家制定政务数据开放目录,构建统一规范、互联互通、安全可控的政务数据开放平台,推动政务数据开放利用。

第四十三条 【本章适用】法律、法规授权的具有管理公共事务职能的组织为履行法定职责开展数据处理活动,适用本章规定。

第六章 法律责任

第四十四条 【约谈、整改】有关主管部门在履行数据安全监管职责中,发现数据处理活动存在较大安全风险的,可以按照规定的权限和程序对有关组织、个人进行约谈,并要求有关组织、个人采取措施进行整改,消除隐患。

第四十五条 【违反数据安全保护义务及国家核心数据管理制度的法律责任】开展数据处理活动的组织、个人不履行本法第二十七条、第二十九条、第三十条规定的数据安全保护义务的,由有关主管部门责令改正,给予警告,可以并处五万元以上五十万元以下罚款,对直接负责的主管人员和其他直接责任人员可以处一万元以上十万元以下罚款;拒不改正或者造成大量数据泄露等严重后果的,处五十万元以上二百万元以下罚款,并可以责令暂停相关业务、停业整顿、吊销相关业务许可证或者吊销营业执照,对直接负责的主管人员和其他直接责任人员处五万元以上二十万元以下罚款。

违反国家核心数据管理制度,危害国家主权、安全和发展利益的,由有关主管部门处二百万元以上一千万元以下罚款,并根据情况责令暂停相关业务、停业整顿、吊销相关业务许可证或者吊销营业执照;构成犯罪的,依法追究刑事责任。

第四十六条 【违法向境外提供重要数据的法律责任】违反本法第三十一条规定,向境外提供重要数据的,由有关主管部门责令改正,给予警告,可以并处十万元以上一百万元以下罚款,对直接负责的主管人员和其他直接责任人员可以处一万元以上十万元以下罚款;情节严重的,处一百万元以上一千万元以下罚款,并可以责令暂停相关业务、停业整顿、吊销相关业务许可证或者吊销营业执照,对直接负责的主管人员和其他直接责任人员处十万元以上一百万元以下罚款。

第四十七条 【中介机构违法责任】从事数据交易中介服务的机构未履行本法第三十三条规定的义务的,由有关主管部门责令改正,没收违法所得,处违法所得一倍以上十倍以下罚款,没有违法所得或者违法所得不足十万元的,处十万元以上一百万元以下罚款,并可以责令暂停相关业务、停业整顿、吊销相关业务许可证或者吊销营业执照;对直接负责的主管人员和其他直接责任人员处一万元以上十万元以下罚款。

第四十八条 【不配合数据调取及未经批准向外国机构提供数据的法律责任】违反本法第三十五条规定,拒不配合数据调取的,由有关主管部门责令改正,给予警告,并处五万元以上五十万元以下罚款,对直接负责的主管人员和其他直接责任人员处一万元以上十万元以下罚款。

违反本法第三十六条规定,未经主管机关批准向外国司法或者执法机构提供数据的,由有关主管部门给予警告,可以并处十万元以上一百万元以下罚款,对直接负责的主管人员和其他直接责任人员可以处一万元以上十万元以下罚款;造成严重后果的,处一百万元以上五百万元以下罚款,并可以责令暂停相关业务、停业整顿、吊销相关业务许可证或者吊销营业执照,对直接负责的主管人员和其他直接责任人员处五万元以上五十万元以下罚款。

第四十九条 【国家机关未履行数据安全保护义务的法律责任】国家机关不履行本法规定的数据安全保护义务的,对直接负责的主管人员和其他直接责任人员依法给予处分。

第五十条 【渎职】履行数据安全监管职责的国家工作人员玩忽职守、滥用职权、徇私舞弊的,依法给予处分。

第五十一条 【非法获取数据的法律责任】窃取或者以其他非法方式获取数据,开展数据处理活动排除、限制竞争,或者损害个人、组织合法权益的,依照有关法律、行政法规的规定处罚。

第五十二条 【民事、刑事责任】违反本法规定,给他人造成损害的,依法承担民事责任。

违反本法规定,构成违反治安管理行为的,依法给予治安管理处罚;构成犯罪的,依法追究刑事责任。

第七章 附 则

第五十三条 【相关法律适用】开展涉及国家秘密的数据处理活动,适用《中华人民共和国保守国家秘密法》等法律、行政法规的规定。

在统计、档案工作中开展数据处理活动,开展涉及个人信息的数据处理活动,还应当遵守有关法律、行政法规的规定。

第五十四条 【立法委任】军事数据安全保护的办法,由中央军事委员会依据本法另行制定。

第五十五条 【施行日期】本法自2021年9月1日起施行。

网络数据安全管理条例

1. 2024年9月24日国务院令第790号公布
2. 自2025年1月1日起施行

第一章 总 则

第一条 为了规范网络数据处理活动,保障网络数据安全,促进网络数据依法合理有效利用,保护个人、组织的合法权益,维护国家安全和公共利益,根据《中华人民共和国网络安全法》、《中华人民共和国数据安全法》、《中华人民共和国个人信息保护法》等法律,制定本条例。

第二条 在中华人民共和国境内开展网络数据处理活动及其安全监督管理,适用本条例。

在中华人民共和国境外处理中华人民共和国境内自然人个人信息的活动,符合《中华人民共和国个人信息保护法》第三条第二款规定情形的,也适用本条例。

在中华人民共和国境外开展网络数据处理活动,损害中华人民共和国国家安全、公共利益或者公民、组织合法权益的,依法追究法律责任。

第三条 网络数据安全管理工作坚持中国共产党的领导,贯彻总体国家安全观,统筹促进网络数据开发利用与保障网络数据安全。

第四条 国家鼓励网络数据在各行业、各领域的创新应用,加强网络数据安全防护能力建设,支持网络数据相关技术、产品、服务创新,开展网络数据安全宣传教育和人才培养,促进网络数据开发利用和产业发展。

第五条 国家根据网络数据在经济社会发展中的重要程度,以及一旦遭到篡改、破坏、泄露或者非法获取、非法利用,对国家安全、公共利益或者个人、组织合法权益造成的危害程度，对网络数据实行分类分级保护。

第六条 国家积极参与网络数据安全相关国际规则和标准的制定，促进国际交流与合作。

第七条 国家支持相关行业组织按照章程，制定网络数据安全行为规范，加强行业自律，指导会员加强网络数据安全保护，提高网络数据安全保护水平，促进行业健康发展。

第二章 一般规定

第八条 任何个人、组织不得利用网络数据从事非法活动，不得从事窃取或者以其他非法方式获取网络数据、非法出售或者非法向他人提供网络数据等非法网络数据处理活动。

任何个人、组织不得提供专门用于从事前款非法活动的程序、工具；明知他人从事前款非法活动的，不得为其提供互联网接入、服务器托管、网络存储、通讯传输等技术支持，或者提供广告推广、支付结算等帮助。

第九条 网络数据处理者应当依照法律、行政法规的规定和国家标准的强制性要求，在网络安全等级保护的基础上，加强网络数据安全防护，建立健全网络数据安全管理制度，采取加密、备份、访问控制、安全认证等技术措施和其他必要措施，保护网络数据免遭篡改、破坏、泄露或者非法获取、非法利用，处置网络数据安全事件，防范针对和利用网络数据实施的违法犯罪活动，并对所处理网络数据的安全承担主体责任。

第十条 网络数据处理者提供的网络产品、服务应当符合相关国家标准的强制性要求；发现网络产品、服务存在安全缺陷、漏洞等风险时，应当立即采取补救措施，按照规定及时告知用户并向有关主管部门报告；涉及危害国家安全、公共利益的，网络数据处理者还应当在 24 小时内向有关主管部门报告。

第十一条 网络数据处理者应当建立健全网络数据安全事件应急预案，发生网络数据安全事件时，应当立即启动预案，采取措施防止危害扩大,消除安全隐患,并按照规定向有关主管部门报告。

网络数据安全事件对个人、组织合法权益造成危害的,网络数据处理者应当及时将安全事件和风险情况、危害后果、已经采取的补救措施等,以电话、短信、即时通信工具、电子邮件或者公告等方式通知利害关系人;法律、行政法规规定可以不通知的,从其规定。

网络数据处理者在处置网络数据安全事件过程中发现涉嫌违法犯罪线索的,应当按照规定向公安机关、国家安全机关报案,并配合开展侦查、调查和处置工作。

第十二条 网络数据处理者向其他网络数据处理者提供、委托处理个人信息和重要数据的,应当通过合同等与网络数据接收方约定处理目的、方式、范围以及安全保护义务等,并对网络数据接收方履行义务的情况进行监督。向其他网络数据处理者提供、委托处理个人信息和重要数据的处理情况记录,应当至少保存3年。

网络数据接收方应当履行网络数据安全保护义务,并按照约定的目的、方式、范围等处理个人信息和重要数据。

两个以上的网络数据处理者共同决定个人信息和重要数据的处理目的和处理方式的,应当约定各自的权利和义务。

第十三条 网络数据处理者开展网络数据处理活动,影响或者可能影响国家安全的,应当按照国家有关规定进行国家安全审查。

第十四条 网络数据处理者因合并、分立、解散、破产等原因需要转移网络数据的,网络数据接收方应当继续履行网络数据安全保护义务。

第十五条 国家机关委托他人建设、运行、维护电子政务系统,存储、加工政务数据,应当按照国家有关规定经过严格的批准程序,明确受托方的网络数据处理权限、保护责任等,监督受托方履行网络数据安全保护义务。

第十六条 网络数据处理者为国家机关、关键信息基础设施运营者提供服务,或者参与其他公共基础设施、公共服务系统建设、运行、维护的,应当依照法律、法规的规定和合同约定履行网络数据安全保护义务,提供安全、稳定、持续的服务。

前款规定的网络数据处理者未经委托方同意,不得访问、获取、留存、使用、泄露或者向他人提供网络数据,不得对网络数据进行关联分析。

第十七条 为国家机关提供服务的信息系统应当参照电子政务系统的管理要求加强网络数据安全管理,保障网络数据安全。

第十八条 网络数据处理者使用自动化工具访问、收集网络数据,应当评估对网络服务带来的影响,不得非法侵入他人网络,不得干扰网络服务正常运行。

第十九条 提供生成式人工智能服务的网络数据处理者应当加强对训练数据和训练数据处理活动的安全管理,采取有效措施防范和处置网络数据安全风险。

第二十条 面向社会提供产品、服务的网络数据处理者应当接受社会监督,建立便捷的网络数据安全投诉、举报渠道,公布投诉、举报方式等信息,及时受理并处理网络数据安全投诉、举报。

第三章 个人信息保护

第二十一条 网络数据处理者在处理个人信息前,通过制定个人信息处理规则的方式依法向个人告知的,个人信息处理规则应当集中公开展示、易于访问并置于醒目位置,内容明确具体、清晰易懂,包括但不限于下列内容:

(一)网络数据处理者的名称或者姓名和联系方式;

(二)处理个人信息的目的、方式、种类,处理敏感个人信息的必要性以及对个人权益的影响;

(三)个人信息保存期限和到期后的处理方式,保存期限难以确定的,应当明确保存期限的确定方法;

(四)个人查阅、复制、转移、更正、补充、删除、限制处理个人信息以及注销账号、撤回同意的方法和途径等。

网络数据处理者按照前款规定向个人告知收集和向其他网络数据处理者提供个人信息的目的、方式、种类以及网络数据接收方信息的,应当以清单等形式予以列明。网络数据处理者处理不满十四周岁未成年人个人信息的,还应当制定专门的个人信息处理规则。

第二十二条　网络数据处理者基于个人同意处理个人信息的,应当遵守下列规定:

（一）收集个人信息为提供产品或者服务所必需,不得超范围收集个人信息,不得通过误导、欺诈、胁迫等方式取得个人同意;

（二）处理生物识别、宗教信仰、特定身份、医疗健康、金融账户、行踪轨迹等敏感个人信息的,应当取得个人的单独同意;

（三）处理不满十四周岁未成年人个人信息的,应当取得未成年人的父母或者其他监护人的同意;

（四）不得超出个人同意的个人信息处理目的、方式、种类、保存期限处理个人信息;

（五）不得在个人明确表示不同意处理其个人信息后,频繁征求同意;

（六）个人信息的处理目的、方式、种类发生变更的,应当重新取得个人同意。

法律、行政法规规定处理敏感个人信息应当取得书面同意的,从其规定。

第二十三条　个人请求查阅、复制、更正、补充、删除、限制处理其个人信息,或者个人注销账号、撤回同意的,网络数据处理者应当及时受理,并提供便捷的支持个人行使权利的方法和途径,不得设置不合理条件限制个人的合理请求。

第二十四条　因使用自动化采集技术等无法避免采集到非必要个人信息或者未依法取得个人同意的个人信息,以及个人注销账号的,网络数据处理者应当删除个人信息或者进行匿名化处理。法律、行政法规规定的保存期限未届满,或者删除、匿名化处理个人信息从技术上难以实现的,网络数据处理者应当停止除存储和采取必要的安全保护措施之外的处理。

第二十五条　对符合下列条件的个人信息转移请求,网络数据处理者应当为个人指定的其他网络数据处理者访问、获取有关个人信

息提供途径:

(一)能够验证请求人的真实身份;

(二)请求转移的是本人同意提供的或者基于合同收集的个人信息;

(三)转移个人信息具备技术可行性;

(四)转移个人信息不损害他人合法权益。

请求转移个人信息次数等明显超出合理范围的,网络数据处理者可以根据转移个人信息的成本收取必要费用。

第二十六条 中华人民共和国境外网络数据处理者处理境内自然人个人信息,依照《中华人民共和国个人信息保护法》第五十三条规定在境内设立专门机构或者指定代表的,应当将有关机构的名称或者代表的姓名、联系方式等报送所在地设区的市级网信部门;网信部门应当及时通报同级有关主管部门。

第二十七条 网络数据处理者应当定期自行或者委托专业机构对其处理个人信息遵守法律、行政法规的情况进行合规审计。

第二十八条 网络数据处理者处理1000万人以上个人信息的,还应当遵守本条例第三十条、第三十二条对处理重要数据的网络数据处理者(以下简称重要数据的处理者)作出的规定。

第四章 重要数据安全

第二十九条 国家数据安全工作协调机制统筹协调有关部门制定重要数据目录,加强对重要数据的保护。各地区、各部门应当按照数据分类分级保护制度,确定本地区、本部门以及相关行业、领域的重要数据具体目录,对列入目录的网络数据进行重点保护。

网络数据处理者应当按照国家有关规定识别、申报重要数据。对确认为重要数据的,相关地区、部门应当及时向网络数据处理者告知或者公开发布。网络数据处理者应当履行网络数据安全保护责任。

国家鼓励网络数据处理者使用数据标签标识等技术和产品,提高重要数据安全管理水平。

第三十条 重要数据的处理者应当明确网络数据安全负责人和网络数据安全管理机构。网络数据安全管理机构应当履行下列网络数据安全保护责任：

（一）制定实施网络数据安全管理制度、操作规程和网络数据安全事件应急预案；

（二）定期组织开展网络数据安全风险监测、风险评估、应急演练、宣传教育培训等活动，及时处置网络数据安全风险和事件；

（三）受理并处理网络数据安全投诉、举报。

网络数据安全负责人应当具备网络数据安全专业知识和相关管理工作经历，由网络数据处理者管理层成员担任，有权直接向有关主管部门报告网络数据安全情况。

掌握有关主管部门规定的特定种类、规模的重要数据的网络数据处理者，应当对网络数据安全负责人和关键岗位的人员进行安全背景审查，加强相关人员培训。审查时，可以申请公安机关、国家安全机关协助。

第三十一条 重要数据的处理者提供、委托处理、共同处理重要数据前，应当进行风险评估，但是属于履行法定职责或者法定义务的除外。

风险评估应当重点评估下列内容：

（一）提供、委托处理、共同处理网络数据，以及网络数据接收方处理网络数据的目的、方式、范围等是否合法、正当、必要；

（二）提供、委托处理、共同处理的网络数据遭到篡改、破坏、泄露或者非法获取、非法利用的风险，以及对国家安全、公共利益或者个人、组织合法权益带来的风险；

（三）网络数据接收方的诚信、守法等情况；

（四）与网络数据接收方订立或者拟订立的相关合同中关于网络数据安全的要求能否有效约束网络数据接收方履行网络数据安全保护义务；

（五）采取或者拟采取的技术和管理措施等能否有效防范网络数据遭到篡改、破坏、泄露或者非法获取、非法利用等风险；

（六）有关主管部门规定的其他评估内容。

第三十二条 重要数据的处理者因合并、分立、解散、破产等可能影响重要数据安全的，应当采取措施保障网络数据安全，并向省级以上有关主管部门报告重要数据处置方案、接收方的名称或者姓名和联系方式等；主管部门不明确的，应当向省级以上数据安全工作协调机制报告。

第三十三条 重要数据的处理者应当每年度对其网络数据处理活动开展风险评估，并向省级以上有关主管部门报送风险评估报告，有关主管部门应当及时通报同级网信部门、公安机关。

风险评估报告应当包括下列内容：

（一）网络数据处理者基本信息、网络数据安全管理机构信息、网络数据安全负责人姓名和联系方式等；

（二）处理重要数据的目的、种类、数量、方式、范围、存储期限、存储地点等，开展网络数据处理活动的情况，不包括网络数据内容本身；

（三）网络数据安全管理制度及实施情况，加密、备份、标签标识、访问控制、安全认证等技术措施和其他必要措施及其有效性；

（四）发现的网络数据安全风险，发生的网络数据安全事件及处置情况；

（五）提供、委托处理、共同处理重要数据的风险评估情况；

（六）网络数据出境情况；

（七）有关主管部门规定的其他报告内容。

处理重要数据的大型网络平台服务提供者报送的风险评估报告，除包括前款规定的内容外，还应当充分说明关键业务和供应链网络数据安全等情况。

重要数据的处理者存在可能危害国家安全的重要数据处理活动的，省级以上有关主管部门应当责令其采取整改或者停止处理重要数据等措施。重要数据的处理者应当按照有关要求立即采取措施。

第五章 网络数据跨境安全管理

第三十四条 国家网信部门统筹协调有关部门建立国家数据出境安全管理专项工作机制，研究制定国家网络数据出境安全管理相关政策，协调处理网络数据出境安全重大事项。

第三十五条 符合下列条件之一的，网络数据处理者可以向境外提供个人信息：

（一）通过国家网信部门组织的数据出境安全评估；

（二）按照国家网信部门的规定经专业机构进行个人信息保护认证；

（三）符合国家网信部门制定的关于个人信息出境标准合同的规定；

（四）为订立、履行个人作为一方当事人的合同，确需向境外提供个人信息；

（五）按照依法制定的劳动规章制度和依法签订的集体合同实施跨境人力资源管理，确需向境外提供员工个人信息；

（六）为履行法定职责或者法定义务，确需向境外提供个人信息；

（七）紧急情况下为保护自然人的生命健康和财产安全，确需向境外提供个人信息；

（八）法律、行政法规或者国家网信部门规定的其他条件。

第三十六条 中华人民共和国缔结或者参加的国际条约、协定对向中华人民共和国境外提供个人信息的条件等有规定的，可以按照其规定执行。

第三十七条 网络数据处理者在中华人民共和国境内运营中收集和产生的重要数据确需向境外提供的，应当通过国家网信部门组织的数据出境安全评估。网络数据处理者按照国家有关规定识别、申报重要数据，但未被相关地区、部门告知或者公开发布为重要数据的，不需要将其作为重要数据申报数据出境安全评估。

第三十八条 通过数据出境安全评估后，网络数据处理者向境外提供个人信息和重要数据的,不得超出评估时明确的数据出境目的、方式、范围和种类、规模等。

第三十九条 国家采取措施,防范、处置网络数据跨境安全风险和威胁。任何个人、组织不得提供专门用于破坏、避开技术措施的程序、工具等;明知他人从事破坏、避开技术措施等活动的,不得为其提供技术支持或者帮助。

第六章 网络平台服务提供者义务

第四十条 网络平台服务提供者应当通过平台规则或者合同等明确接入其平台的第三方产品和服务提供者的网络数据安全保护义务,督促第三方产品和服务提供者加强网络数据安全管理。

预装应用程序的智能终端等设备生产者,适用前款规定。

第三方产品和服务提供者违反法律、行政法规的规定或者平台规则、合同约定开展网络数据处理活动,对用户造成损害的,网络平台服务提供者、第三方产品和服务提供者、预装应用程序的智能终端等设备生产者应当依法承担相应责任。

国家鼓励保险公司开发网络数据损害赔偿责任险种,鼓励网络平台服务提供者、预装应用程序的智能终端等设备生产者投保。

第四十一条 提供应用程序分发服务的网络平台服务提供者,应当建立应用程序核验规则并开展网络数据安全相关核验。发现待分发或者已分发的应用程序不符合法律、行政法规的规定或者国家标准的强制性要求的,应当采取警示、不予分发、暂停分发或者终止分发等措施。

第四十二条 网络平台服务提供者通过自动化决策方式向个人进行信息推送的,应当设置易于理解、便于访问和操作的个性化推荐关闭选项,为用户提供拒绝接收推送信息、删除针对其个人特征的用户标签等功能。

第四十三条 国家推进网络身份认证公共服务建设,按照政府引导、用户自愿原则进行推广应用。

鼓励网络平台服务提供者支持用户使用国家网络身份认证公

共服务登记、核验真实身份信息。

第四十四条 大型网络平台服务提供者应当每年度发布个人信息保护社会责任报告,报告内容包括但不限于个人信息保护措施和成效、个人行使权利的申请受理情况、主要由外部成员组成的个人信息保护监督机构履行职责情况等。

第四十五条 大型网络平台服务提供者跨境提供网络数据,应当遵守国家数据跨境安全管理要求,健全相关技术和管理措施,防范网络数据跨境安全风险。

第四十六条 大型网络平台服务提供者不得利用网络数据、算法以及平台规则等从事下列活动:

(一)通过误导、欺诈、胁迫等方式处理用户在平台上产生的网络数据;

(二)无正当理由限制用户访问、使用其在平台上产生的网络数据;

(三)对用户实施不合理的差别待遇,损害用户合法权益;

(四)法律、行政法规禁止的其他活动。

第七章 监督管理

第四十七条 国家网信部门负责统筹协调网络数据安全和相关监督管理工作。

公安机关、国家安全机关依照有关法律、行政法规和本条例的规定,在各自职责范围内承担网络数据安全监督管理职责,依法防范和打击危害网络数据安全的违法犯罪活动。

国家数据管理部门在具体承担数据管理工作中履行相应的网络数据安全职责。

各地区、各部门对本地区、本部门工作中收集和产生的网络数据及网络数据安全负责。

第四十八条 各有关主管部门承担本行业、本领域网络数据安全监督管理职责,应当明确本行业、本领域网络数据安全保护工作机构,统筹制定并组织实施本行业、本领域网络数据安全事件应急预案,定期组织开展本行业、本领域网络数据安全风险评估,对网络数据处理者履行网络数据安全保护义务情况进行监督检查,指导督促网络数据处理者及时对存在的风险隐患进行整改。

第四十九条 国家网信部门统筹协调有关主管部门及时汇总、研判、共享、发布网络数据安全风险相关信息,加强网络数据安全信息共享、网络数据安全风险和威胁监测预警以及网络数据安全事件应急处置工作。

第五十条 有关主管部门可以采取下列措施对网络数据安全进行监督检查:

(一)要求网络数据处理者及其相关人员就监督检查事项作出说明;

(二)查阅、复制与网络数据安全有关的文件、记录;

(三)检查网络数据安全措施运行情况;

(四)检查与网络数据处理活动有关的设备、物品;

(五)法律、行政法规规定的其他必要措施。

网络数据处理者应当对有关主管部门依法开展的网络数据安全监督检查予以配合。

第五十一条 有关主管部门开展网络数据安全监督检查,应当客观公正,不得向被检查单位收取费用。

有关主管部门在网络数据安全监督检查中不得访问、收集与网络数据安全无关的业务信息,获取的信息只能用于维护网络数据安全的需要,不得用于其他用途。

有关主管部门发现网络数据处理者的网络数据处理活动存在较大安全风险的,可以按照规定的权限和程序要求网络数据处理者暂停相关服务、修改平台规则、完善技术措施等,消除网络数据安全隐患。

第五十二条 有关主管部门在开展网络数据安全监督检查时,应当加强协同配合、信息沟通,合理确定检查频次和检查方式,避免不必要的检查和交叉重复检查。

个人信息保护合规审计、重要数据风险评估、重要数据出境安全评估等应当加强衔接,避免重复评估、审计。重要数据风险评估和网络安全等级测评的内容重合的,相关结果可以互相采信。

第五十三条 有关主管部门及其工作人员对在履行职责中知悉的个人隐私、个人信息、商业秘密、保密商务信息等网络数据应当依法予以保密,不得泄露或者非法向他人提供。

第五十四条 境外的组织、个人从事危害中华人民共和国国家安全、公共利益,或者侵害中华人民共和国公民的个人信息权益的网络数据处理活动的,国家网信部门会同有关主管部门可以依法采取相应的必要措施。

第八章 法律责任

第五十五条 违反本条例第十二条、第十六条至第二十条、第二十二条、第四十条第一款和第二款、第四十一条、第四十二条规定的,由网信、电信、公安等主管部门依据各自职责责令改正,给予警告,没收违法所得;拒不改正或者情节严重的,处100万元以下罚款,并可以责令暂停相关业务、停业整顿、吊销相关业务许可证或者吊销营业执照,对直接负责的主管人员和其他直接责任人员可以处1万元以上10万元以下罚款。

第五十六条 违反本条例第十三条规定的,由网信、电信、公安、国家安全等主管部门依据各自职责责令改正,给予警告,可以并处10万元以上100万元以下罚款,对直接负责的主管人员和其他直接责任人员可以处1万元以上10万元以下罚款;拒不改正或者情节严重的,处100万元以上1000万元以下罚款,并可以责令暂停相关业务、停业整顿、吊销相关业务许可证或者吊销营业执照,对直接负责的主管人员和其他直接责任人员处10万元以上100万元以下罚款。

第五十七条 违反本条例第二十九条第二款、第三十条第二款和第三款、第三十一条、第三十二条规定的,由网信、电信、公安等主管部门依据各自职责责令改正,给予警告,可以并处5万元以上50万元以下罚款,对直接负责的主管人员和其他直接责任人员可以处 1 万元以上 10 万元以下罚款;拒不改正或者造成大量数据泄露等严重后果的,处 50 万元以上 200 万元以下罚款,并可以责令暂停相关业务、停业整顿、吊销相关业务许可证或者吊销营业执照,对直接负责的主管人员和其他直接责任人员处 5 万元以上 20 万元以下罚款。

第五十八条　违反本条例其他有关规定的,由有关主管部门依照《中华人民共和国网络安全法》《中华人民共和国数据安全法》《中华人民共和国个人信息保护法》等法律的有关规定追究法律责任。

第五十九条　网络数据处理者存在主动消除或者减轻违法行为危害后果、违法行为轻微并及时改正且没有造成危害后果或者初次违法且危害后果轻微并及时改正等情形的,依照《中华人民共和国行政处罚法》的规定从轻、减轻或者不予行政处罚。

第六十条　国家机关不履行本条例规定的网络数据安全保护义务的,由其上级机关或者有关主管部门责令改正;对直接负责的主管人员和其他直接责任人员依法给予处分。

第六十一条　违反本条例规定,给他人造成损害的,依法承担民事责任;构成违反治安管理行为的,依法给予治安管理处罚;构成犯罪的,依法追究刑事责任。

第九章　附　　则

第六十二条　本条例下列用语的含义:

（一）网络数据,是指通过网络处理和产生的各种电子数据。

（二）网络数据处理活动,是指网络数据的收集、存储、使用、加工、传输、提供、公开、删除等活动。

（三）网络数据处理者,是指在网络数据处理活动中自主决定处理目的和处理方式的个人、组织。

（四）重要数据,是指特定领域、特定群体、特定区域或者达到一定精度和规模,一旦遭到篡改、破坏、泄露或者非法获取、非法利用,可能直接危害国家安全、经济运行、社会稳定、公共健康和安全的数据。

（五）委托处理，是指网络数据处理者委托个人、组织按照约定的目的和方式开展的网络数据处理活动。

（六）共同处理，是指两个以上的网络数据处理者共同决定网络数据的处理目的和处理方式的网络数据处理活动。

（七）单独同意，是指个人针对其个人信息进行特定处理而专门作出具体、明确的同意。

（八）大型网络平台，是指注册用户 5000 万以上或者月活跃用户 1000 万以上、业务类型复杂、网络数据处理活动对国家安全、经济运行、国计民生等具有重要影响的网络平台。

第六十三条 开展核心数据的网络数据处理活动，按照国家有关规定执行。

自然人因个人或者家庭事务处理个人信息的，不适用本条例。

开展涉及国家秘密、工作秘密的网络数据处理活动，适用《中华人民共和国保守国家秘密法》等法律、行政法规的规定。

第六十四条 本条例自 2025 年 1 月 1 日起施行。

计算机信息系统安全保护条例

1. 1994 年 2 月 18 日国务院令第 147 号发布
2. 根据 2011 年 1 月 8 日国务院令第 588 号《关于废止和修改部分行政法规的决定》修订

第一章　总　　则

第一条 为了保护计算机信息系统的安全，促进计算机的应用和发展，保障社会主义现代化建设的顺利进行，制定本条例。

第二条 本条例所称的计算机信息系统，是指由计算机及其相关的和配套的设备、设施（含网络）构成的，按照一定的应用目标和规则对信息进行采集、加工、存储、传输、检索等处理的人机系统。

第三条 计算机信息系统的安全保护,应当保障计算机及其相关的和配套的设备、设施(含网络)的安全,运行环境的安全,保障信息的安全,保障计算机功能的正常发挥,以维护计算机信息系统的安全运行。

第四条 计算机信息系统的安全保护工作,重点维护国家事务、经济建设、国防建设、尖端科学技术等重要领域的计算机信息系统的安全。

第五条 中华人民共和国境内的计算机信息系统的安全保护,适用本条例。

未联网的微型计算机的安全保护办法,另行制定。

第六条 公安部主管全国计算机信息系统安全保护工作。

国家安全部、国家保密局和国务院其他有关部门,在国务院规定的职责范围内做好计算机信息系统安全保护的有关工作。

第七条 任何组织或者个人,不得利用计算机信息系统从事危害国家利益、集体利益和公民合法利益的活动,不得危害计算机信息系统的安全。

第二章 安全保护制度

第八条 计算机信息系统的建设和应用,应当遵守法律、行政法规和国家其他有关规定。

第九条 计算机信息系统实行安全等级保护。安全等级的划分标准和安全等级保护的具体办法,由公安部会同有关部门制定。

第十条 计算机机房应当符合国家标准和国家有关规定。

在计算机机房附近施工,不得危害计算机信息系统的安全。

第十一条 进行国际联网的计算机信息系统,由计算机信息系统的使用单位报省级以上人民政府公安机关备案。

第十二条 运输、携带、邮寄计算机信息媒体进出境的,应当如实向海关申报。

第十三条 计算机信息系统的使用单位应当建立健全安全管理制度,负责本单位计算机信息系统的安全保护工作。

第十四条 对计算机信息系统中发生的案件,有关使用单位应当在

24小时内向当地县级以上人民政府公安机关报告。

第十五条 对计算机病毒和危害社会公共安全的其他有害数据的防治研究工作,由公安部归口管理。

第十六条 国家对计算机信息系统安全专用产品的销售实行许可证制度。具体办法由公安部会同有关部门制定。

第三章 安全监督

第十七条 公安机关对计算机信息系统安全保护工作行使下列监督职权:

(一)监督、检查、指导计算机信息系统安全保护工作;

(二)查处危害计算机信息系统安全的违法犯罪案件;

(三)履行计算机信息系统安全保护工作的其他监督职责。

第十八条 公安机关发现影响计算机信息系统安全的隐患时,应当及时通知使用单位采取安全保护措施。

第十九条 公安部在紧急情况下,可以就涉及计算机信息系统安全的特定事项发布专项通令。

第四章 法律责任

第二十条 违反本条例的规定,有下列行为之一的,由公安机关处以警告或者停机整顿:

(一)违反计算机信息系统安全等级保护制度,危害计算机信息系统安全的;

(二)违反计算机信息系统国际联网备案制度的;

(三)不按照规定时间报告计算机信息系统中发生的案件的;

(四)接到公安机关要求改进安全状况的通知后,在限期内拒不改进的;

(五)有危害计算机信息系统安全的其他行为的。

第二十一条 计算机机房不符合国家标准和国家其他有关规定的,或者在计算机机房附近施工危害计算机信息系统安全的,由公安机关会同有关单位进行处理。

第二十二条 运输、携带、邮寄计算机信息媒体进出境,不如实向海关申报的,由海关依照《中华人民共和国海关法》和本条例以及其他有关法律、法规的规定处理。

第二十三条 故意输入计算机病毒以及其他有害数据危害计算机信息系统安全的,或者未经许可出售计算机信息系统安全专用产品的,由公安机关处以警告或者对个人处以5000元以下的罚款、对单位处以1.5万元以下的罚款;有违法所得的,除予以没收外,可以处以违法所得1至3倍的罚款。

第二十四条 违反本条例的规定,构成违反治安管理行为的,依照《中华人民共和国治安管理处罚法》的有关规定处罚;构成犯罪的,依法追究刑事责任。

第二十五条 任何组织或者个人违反本条例的规定,给国家、集体或者他人财产造成损失的,应当依法承担民事责任。

第二十六条 当事人对公安机关依照本条例所作出的具体行政行为不服的,可以依法申请行政复议或者提起行政诉讼。

第二十七条 执行本条例的国家公务员利用职权,索取、收受贿赂或者有其他违法、失职行为,构成犯罪的,依法追究刑事责任;尚不构成犯罪的,给予行政处分。

第五章　附　　则

第二十八条 本条例下列用语的含义:

计算机病毒,是指编制或者在计算机程序中插入的破坏计算机功能或者毁坏数据,影响计算机使用,并能自我复制的一组计算机指令或者程序代码。

计算机信息系统安全专用产品,是指用于保护计算机信息系统安全的专用硬件和软件产品。

第二十九条 军队的计算机信息系统安全保护工作,按照军队的有关法规执行。

第三十条 公安部可以根据本条例制定实施办法。

第三十一条 本条例自发布之日起施行。

未成年人网络保护条例

1. 2023年10月16日国务院令第766号公布
2. 自2024年1月1日起施行

第一章 总　　则

第一条　为了营造有利于未成年人身心健康的网络环境，保障未成年人合法权益，根据《中华人民共和国未成年人保护法》、《中华人民共和国网络安全法》、《中华人民共和国个人信息保护法》等法律，制定本条例。

第二条　未成年人网络保护工作应当坚持中国共产党的领导，坚持以社会主义核心价值观为引领，坚持最有利于未成年人的原则，适应未成年人身心健康发展和网络空间的规律和特点，实行社会共治。

第三条　国家网信部门负责统筹协调未成年人网络保护工作，并依据职责做好未成年人网络保护工作。

国家新闻出版、电影部门和国务院教育、电信、公安、民政、文化和旅游、卫生健康、市场监督管理、广播电视等有关部门依据各自职责做好未成年人网络保护工作。

县级以上地方人民政府及其有关部门依据各自职责做好未成年人网络保护工作。

第四条　共产主义青年团、妇女联合会、工会、残疾人联合会、关心下一代工作委员会、青年联合会、学生联合会、少年先锋队以及其他人民团体、有关社会组织、基层群众性自治组织，协助有关部门做好未成年人网络保护工作，维护未成年人合法权益。

第五条　学校、家庭应当教育引导未成年人参加有益身心健康的活动，科学、文明、安全、合理使用网络，预防和干预未成年人沉迷网络。

第六条　网络产品和服务提供者、个人信息处理者、智能终端产品制造者和销售者应当遵守法律、行政法规和国家有关规定,尊重社会公德,遵守商业道德,诚实信用,履行未成年人网络保护义务,承担社会责任。

第七条　网络产品和服务提供者、个人信息处理者、智能终端产品制造者和销售者应当接受政府和社会的监督,配合有关部门依法实施涉及未成年人网络保护工作的监督检查,建立便捷、合理、有效的投诉、举报渠道,通过显著方式公布投诉、举报途径和方法,及时受理并处理公众投诉、举报。

第八条　任何组织和个人发现违反本条例规定的,可以向网信、新闻出版、电影、教育、电信、公安、民政、文化和旅游、卫生健康、市场监督管理、广播电视等有关部门投诉、举报。收到投诉、举报的部门应当及时依法作出处理;不属于本部门职责的,应当及时移送有权处理的部门。

第九条　网络相关行业组织应当加强行业自律,制定未成年人网络保护相关行业规范,指导会员履行未成年人网络保护义务,加强对未成年人的网络保护。

第十条　新闻媒体应当通过新闻报道、专题栏目(节目)、公益广告等方式,开展未成年人网络保护法律法规、政策措施、典型案例和有关知识的宣传,对侵犯未成年人合法权益的行为进行舆论监督,引导全社会共同参与未成年人网络保护。

第十一条　国家鼓励和支持在未成年人网络保护领域加强科学研究和人才培养,开展国际交流与合作。

第十二条　对在未成年人网络保护工作中作出突出贡献的组织和个人,按照国家有关规定给予表彰和奖励。

第二章　网络素养促进

第十三条　国务院教育部门应当将网络素养教育纳入学校素质教育内容,并会同国家网信部门制定未成年人网络素养测评指标。

教育部门应当指导、支持学校开展未成年人网络素养教育,围绕网络道德意识形成、网络法治观念培养、网络使用能力建设、人身财产安全保护等,培育未成年人网络安全意识、文明素养、行为习惯和防护技能。

第十四条　县级以上人民政府应当科学规划、合理布局,促进公益性上网服务均衡协调发展,加强提供公益性上网服务的公共文化设施建设,改善未成年人上网条件。

　　县级以上地方人民政府应当通过为中小学校配备具有相应专业能力的指导教师、政府购买服务或者鼓励中小学校自行采购相关服务等方式,为学生提供优质的网络素养教育课程。

第十五条　学校、社区、图书馆、文化馆、青少年宫等场所为未成年人提供互联网上网服务设施的,应当通过安排专业人员、招募志愿者等方式,以及安装未成年人网络保护软件或者采取其他安全保护技术措施,为未成年人提供上网指导和安全、健康的上网环境。

第十六条　学校应当将提高学生网络素养等内容纳入教育教学活动,并合理使用网络开展教学活动,建立健全学生在校期间上网的管理制度,依法规范管理未成年学生带入学校的智能终端产品,帮助学生养成良好上网习惯,培养学生网络安全和网络法治意识,增强学生对网络信息的获取和分析判断能力。

第十七条　未成年人的监护人应当加强家庭家教家风建设,提高自身网络素养,规范自身使用网络的行为,加强对未成年人使用网络行为的教育、示范、引导和监督。

第十八条　国家鼓励和支持研发、生产和使用专门以未成年人为服务对象、适应未成年人身心健康发展规律和特点的网络保护软件、智能终端产品和未成年人模式、未成年人专区等网络技术、产品、服务,加强网络无障碍环境建设和改造,促进未成年人开阔眼界、陶冶情操、提高素质。

第十九条　未成年人网络保护软件、专门供未成年人使用的智能终端产品应当具有有效识别违法信息和可能影响未成年人身心健康的信息,保护未成年人个人信息权益、预防未成年人沉迷网络、便于监护人履行监护职责等功能。

国家网信部门会同国务院有关部门根据未成年人网络保护工作的需要,明确未成年人网络保护软件、专门供未成年人使用的智能终端产品的相关技术标准或者要求,指导监督网络相关行业组织按照有关技术标准和要求对未成年人网络保护软件、专门供未成年人使用的智能终端产品的使用效果进行评估。

智能终端产品制造者应当在产品出厂前安装未成年人网络保护软件,或者采用显著方式告知用户安装渠道和方法。智能终端产品销售者在产品销售前应当采用显著方式告知用户安装未成年人网络保护软件的情况以及安装渠道和方法。

未成年人的监护人应当合理使用并指导未成年人使用网络保护软件、智能终端产品等,创造良好的网络使用家庭环境。

第二十条 未成年人用户数量巨大或者对未成年人群体具有显著影响的网络平台服务提供者,应当履行下列义务:

(一)在网络平台服务的设计、研发、运营等阶段,充分考虑未成年人身心健康发展特点,定期开展未成年人网络保护影响评估;

(二)提供未成年人模式或者未成年人专区等,便利未成年人获取有益身心健康的平台内产品或者服务;

(三)按照国家规定建立健全未成年人网络保护合规制度体系,成立主要由外部成员组成的独立机构,对未成年人网络保护情况进行监督;

(四)遵循公开、公平、公正的原则,制定专门的平台规则,明确平台内产品或者服务提供者的未成年人网络保护义务,并以显著方式提示未成年人用户依法享有的网络保护权利和遭受网络侵害的救济途径;

(五)对违反法律、行政法规严重侵害未成年人身心健康或者侵犯未成年人其他合法权益的平台内产品或者服务提供者,停止提供服务;

(六)每年发布专门的未成年人网络保护社会责任报告,并接受社会监督。

前款所称的未成年人用户数量巨大或者对未成年人群体具有显著影响的网络平台服务提供者的具体认定办法，由国家网信部门会同有关部门另行制定。

第三章　网络信息内容规范

第二十一条　国家鼓励和支持制作、复制、发布、传播弘扬社会主义核心价值观和社会主义先进文化、革命文化、中华优秀传统文化，铸牢中华民族共同体意识，培养未成年人家国情怀和良好品德，引导未成年人养成良好生活习惯和行为习惯等的网络信息，营造有利于未成年人健康成长的清朗网络空间和良好网络生态。

第二十二条　任何组织和个人不得制作、复制、发布、传播含有宣扬淫秽、色情、暴力、邪教、迷信、赌博、引诱自残自杀、恐怖主义、分裂主义、极端主义等危害未成年人身心健康内容的网络信息。

任何组织和个人不得制作、复制、发布、传播或者持有有关未成年人的淫秽色情网络信息。

第二十三条　网络产品和服务中含有可能引发或者诱导未成年人模仿不安全行为、实施违反社会公德行为、产生极端情绪、养成不良嗜好等可能影响未成年人身心健康的信息的，制作、复制、发布、传播该信息的组织和个人应当在信息展示前予以显著提示。

国家网信部门会同国家新闻出版、电影部门和国务院教育、电信、公安、文化和旅游、广播电视等部门，在前款规定基础上确定可能影响未成年人身心健康的信息的具体种类、范围、判断标准和提示办法。

第二十四条　任何组织和个人不得在专门以未成年人为服务对象的网络产品和服务中制作、复制、发布、传播本条例第二十三条第一款规定的可能影响未成年人身心健康的信息。

网络产品和服务提供者不得在首页首屏、弹窗、热搜等处于产品或者服务醒目位置、易引起用户关注的重点环节呈现本条例第二十三条第一款规定的可能影响未成年人身心健康的信息。

网络产品和服务提供者不得通过自动化决策方式向未成年人

进行商业营销。

第二十五条　任何组织和个人不得向未成年人发送、推送或者诱骗、强迫未成年人接触含有危害或者可能影响未成年人身心健康内容的网络信息。

第二十六条　任何组织和个人不得通过网络以文字、图片、音视频等形式，对未成年人实施侮辱、诽谤、威胁或者恶意损害形象等网络欺凌行为。

网络产品和服务提供者应当建立健全网络欺凌行为的预警预防、识别监测和处置机制，设置便利未成年人及其监护人保存遭受网络欺凌记录、行使通知权利的功能、渠道，提供便利未成年人设置屏蔽陌生用户、本人发布信息可见范围、禁止转载或者评论本人发布信息、禁止向本人发送信息等网络欺凌信息防护选项。

网络产品和服务提供者应当建立健全网络欺凌信息特征库，优化相关算法模型，采用人工智能、大数据等技术手段和人工审核相结合的方式加强对网络欺凌信息的识别监测。

第二十七条　任何组织和个人不得通过网络以文字、图片、音视频等形式，组织、教唆、胁迫、引诱、欺骗、帮助未成年人实施违法犯罪行为。

第二十八条　以未成年人为服务对象的在线教育网络产品和服务提供者，应当按照法律、行政法规和国家有关规定，根据不同年龄阶段未成年人身心发展特点和认知能力提供相应的产品和服务。

第二十九条　网络产品和服务提供者应当加强对用户发布信息的管理，采取有效措施防止制作、复制、发布、传播违反本条例第二十二条、第二十四条、第二十五条、第二十六条第一款、第二十七条规定的信息，发现违反上述条款规定的信息的，应当立即停止传输相关信息，采取删除、屏蔽、断开链接等处置措施，防止信息扩散，保存有关记录，向网信、公安等部门报告，并对制作、复制、发布、传播上述信息的用户采取警示、限制功能、暂停服务、关闭账号等处置措施。

网络产品和服务提供者发现用户发布、传播本条例第二十三条第一款规定的信息未予显著提示的,应当作出提示或者通知用户予以提示;未作出提示的,不得传输该信息。

第三十条 国家网信、新闻出版、电影部门和国务院教育、电信、公安、文化和旅游、广播电视等部门发现违反本条例第二十二条、第二十四条、第二十五条、第二十六条第一款、第二十七条规定的信息的,或者发现本条例第二十三条第一款规定的信息未予显著提示的,应当要求网络产品和服务提供者按照本条例第二十九条的规定予以处理;对来源于境外的上述信息,应当依法通知有关机构采取技术措施和其他必要措施阻断传播。

第四章 个人信息网络保护

第三十一条 网络服务提供者为未成年人提供信息发布、即时通讯等服务的,应当依法要求未成年人或者其监护人提供未成年人真实身份信息。未成年人或者其监护人不提供未成年人真实身份信息的,网络服务提供者不得为未成年人提供相关服务。

网络直播服务提供者应当建立网络直播发布者真实身份信息动态核验机制,不得向不符合法律规定情形的未成年人用户提供网络直播发布服务。

第三十二条 个人信息处理者应当严格遵守国家网信部门和有关部门关于网络产品和服务必要个人信息范围的规定,不得强制要求未成年人或者其监护人同意非必要的个人信息处理行为,不得因为未成年人或者其监护人不同意处理未成年人非必要个人信息或者撤回同意,拒绝未成年人使用其基本功能服务。

第三十三条 未成年人的监护人应当教育引导未成年人增强个人信息保护意识和能力、掌握个人信息范围、了解个人信息安全风险,指导未成年人行使其在个人信息处理活动中的查阅、复制、更正、补充、删除等权利,保护未成年人个人信息权益。

第三十四条 未成年人或者其监护人依法请求查阅、复制、更正、补充、删除未成年人个人信息的,个人信息处理者应当遵守以下规定:

（一）提供便捷的支持未成年人或者其监护人查阅未成年人个人信息种类、数量等的方法和途径，不得对未成年人或者其监护人的合理请求进行限制；

（二）提供便捷的支持未成年人或者其监护人复制、更正、补充、删除未成年人个人信息的功能，不得设置不合理条件；

（三）及时受理并处理未成年人或者其监护人查阅、复制、更正、补充、删除未成年人个人信息的申请，拒绝未成年人或者其监护人行使权利的请求的，应当书面告知申请人并说明理由。

对未成年人或者其监护人依法提出的转移未成年人个人信息的请求，符合国家网信部门规定条件的，个人信息处理者应当提供转移的途径。

第三十五条　发生或者可能发生未成年人个人信息泄露、篡改、丢失的，个人信息处理者应当立即启动个人信息安全事件应急预案，采取补救措施，及时向网信等部门报告，并按照国家有关规定将事件情况以邮件、信函、电话、信息推送等方式告知受影响的未成年人及其监护人。

个人信息处理者难以逐一告知的，应当采取合理、有效的方式及时发布相关警示信息，法律、行政法规另有规定的除外。

第三十六条　个人信息处理者对其工作人员应当以最小授权为原则，严格设定信息访问权限，控制未成年人个人信息知悉范围。工作人员访问未成年人个人信息的，应当经过相关负责人或者其授权的管理人员审批，记录访问情况，并采取技术措施，避免违法处理未成年人个人信息。

第三十七条　个人信息处理者应当自行或者委托专业机构每年对其处理未成年人个人信息遵守法律、行政法规的情况进行合规审计，并将审计情况及时报告网信等部门。

第三十八条　网络服务提供者发现未成年人私密信息或者未成年人通过网络发布的个人信息中涉及私密信息的，应当及时提示，并采取停止传输等必要保护措施，防止信息扩散。

网络服务提供者通过未成年人私密信息发现未成年人可能遭

受侵害的,应当立即采取必要措施保存有关记录,并向公安机关报告。

第五章　网络沉迷防治

第三十九条　对未成年人沉迷网络进行预防和干预,应当遵守法律、行政法规和国家有关规定。

教育、卫生健康、市场监督管理等部门依据各自职责对从事未成年人沉迷网络预防和干预活动的机构实施监督管理。

第四十条　学校应当加强对教师的指导和培训,提高教师对未成年学生沉迷网络的早期识别和干预能力。对于有沉迷网络倾向的未成年学生,学校应当及时告知其监护人,共同对未成年学生进行教育和引导,帮助其恢复正常的学习生活。

第四十一条　未成年人的监护人应当指导未成年人安全合理使用网络,关注未成年人上网情况以及相关生理状况、心理状况、行为习惯,防范未成年人接触危害或者可能影响其身心健康的网络信息,合理安排未成年人使用网络的时间,预防和干预未成年人沉迷网络。

第四十二条　网络产品和服务提供者应当建立健全防沉迷制度,不得向未成年人提供诱导其沉迷的产品和服务,及时修改可能造成未成年人沉迷的内容、功能和规则,并每年向社会公布防沉迷工作情况,接受社会监督。

第四十三条　网络游戏、网络直播、网络音视频、网络社交等网络服务提供者应当针对不同年龄阶段未成年人使用其服务的特点,坚持融合、友好、实用、有效的原则,设置未成年人模式,在使用时段、时长、功能和内容等方面按照国家有关规定和标准提供相应的服务,并以醒目便捷的方式为监护人履行监护职责提供时间管理、权限管理、消费管理等功能。

第四十四条　网络游戏、网络直播、网络音视频、网络社交等网络服务提供者应当采取措施,合理限制不同年龄阶段未成年人在使用其服务中的单次消费数额和单日累计消费数额,不得向未成年人提供与其民事行为能力不符的付费服务。

第四十五条 网络游戏、网络直播、网络音视频、网络社交等网络服务提供者应当采取措施,防范和抵制流量至上等不良价值倾向,不得设置以应援集资、投票打榜、刷量控评等为主题的网络社区、群组、话题,不得诱导未成年人参与应援集资、投票打榜、刷量控评等网络活动,并预防和制止其用户诱导未成年人实施上述行为。

第四十六条 网络游戏服务提供者应当通过统一的未成年人网络游戏电子身份认证系统等必要手段验证未成年人用户真实身份信息。

网络产品和服务提供者不得为未成年人提供游戏账号租售服务。

第四十七条 网络游戏服务提供者应当建立、完善预防未成年人沉迷网络的游戏规则,避免未成年人接触可能影响其身心健康的游戏内容或者游戏功能。

网络游戏服务提供者应当落实适龄提示要求,根据不同年龄阶段未成年人身心发展特点和认知能力,通过评估游戏产品的类型、内容与功能等要素,对游戏产品进行分类,明确游戏产品适合的未成年人用户年龄阶段,并在用户下载、注册、登录界面等位置予以显著提示。

第四十八条 新闻出版、教育、卫生健康、文化和旅游、广播电视、网信等部门应当定期开展预防未成年人沉迷网络的宣传教育,监督检查网络产品和服务提供者履行预防未成年人沉迷网络义务的情况,指导家庭、学校、社会组织互相配合,采取科学、合理的方式对未成年人沉迷网络进行预防和干预。

国家新闻出版部门牵头组织开展未成年人沉迷网络游戏防治工作,会同有关部门制定关于向未成年人提供网络游戏服务的时段、时长、消费上限等管理规定。

卫生健康、教育等部门依据各自职责指导有关医疗卫生机构、高等学校等,开展未成年人沉迷网络所致精神障碍和心理行为问题的基础研究和筛查评估、诊断、预防、干预等应用研究。

第四十九条 严禁任何组织和个人以虐待、胁迫等侵害未成年人身心健康的方式干预未成年人沉迷网络、侵犯未成年人合法权益。

第六章 法 律 责 任

第五十条 地方各级人民政府和县级以上有关部门违反本条例规定,不履行未成年人网络保护职责的,由其上级机关责令改正;拒不改正或者情节严重的,对负有责任的领导人员和直接责任人员依法给予处分。

第五十一条 学校、社区、图书馆、文化馆、青少年宫等违反本条例规定,不履行未成年人网络保护职责的,由教育、文化和旅游等部门依据各自职责责令改正;拒不改正或者情节严重的,对负有责任的领导人员和直接责任人员依法给予处分。

第五十二条 未成年人的监护人不履行本条例规定的监护职责或者侵犯未成年人合法权益的,由未成年人居住地的居民委员会、村民委员会、妇女联合会,监护人所在单位,中小学校、幼儿园等有关密切接触未成年人的单位依法予以批评教育、劝诫制止、督促其接受家庭教育指导等。

第五十三条 违反本条例第七条、第十九条第三款、第三十八条第二款规定的,由网信、新闻出版、电影、教育、电信、公安、民政、文化和旅游、市场监督管理、广播电视等部门依据各自职责责令改正;拒不改正或者情节严重的,处5万元以上50万元以下罚款,对直接负责的主管人员和其他直接责任人员处1万元以上10万元以下罚款。

第五十四条 违反本条例第二十条第一款规定的,由网信、新闻出版、电信、公安、文化和旅游、广播电视等部门依据各自职责责令改正,给予警告,没收违法所得;拒不改正的,并处100万元以下罚款,对直接负责的主管人员和其他直接责任人员处1万元以上10万元以下罚款。

违反本条例第二十条第一款第一项和第五项规定,情节严重的,由省级以上网信、新闻出版、电信、公安、文化和旅游、广播电视等部门依据各自职责责令改正,没收违法所得,并处5000万元以下或者上一年度营业额百分之五以下罚款,并可以责令暂停相关业务或者停业整顿、通报有关部门依法吊销相关业务许可证或者吊销营业执照;对直接负责的主管人员和其他直接责任人员处10万元以上100万元以下罚款,并可以决定禁止其在一定期限内担任相关企业的董事、监事、高级管理人员和未成年人保护负责人。

第五十五条 违反本条例第二十四条、第二十五条规定的,由网信、新闻出版、电影、电信、公安、文化和旅游、市场监督管理、广播电视等部门依据各自职责责令限期改正,给予警告,没收违法所得,可以并处10万元以下罚款;拒不改正或者情节严重的,责令暂停相关业务、停产停业或者吊销相关业务许可证、吊销营业执照,违法所得100万元以上的,并处违法所得1倍以上10倍以下罚款,没有违法所得或者违法所得不足100万元的,并处10万元以上100万元以下罚款。

第五十六条 违反本条例第二十六条第二款和第三款、第二十八条、第二十九条第一款、第三十一条第二款、第三十六条、第三十八条第一款、第四十二条至第四十五条、第四十六条第二款、第四十七条规定的,由网信、新闻出版、电影、教育、电信、公安、文化和旅游、广播电视等部门依据各自职责责令改正,给予警告,没收违法所得,违法所得100万元以上的,并处违法所得1倍以上10倍以下罚款,没有违法所得或者违法所得不足100万元的,并处10万元以上100万元以下罚款,对直接负责的主管人员和其他直接责任人员处1万元以上10万元以下罚款;拒不改正或者情节严重的,并可以责令暂停相关业务、停业整顿、关闭网站、吊销相关业务许可证或者吊销营业执照。

第五十七条 网络产品和服务提供者违反本条例规定,受到关闭网站、吊销相关业务许可证或者吊销营业执照处罚的,5年内不得重新申请相关许可,其直接负责的主管人员和其他直接责任人员5年内不得从事同类网络产品和服务业务。

第五十八条 违反本条例规定,侵犯未成年人合法权益,给未成年人造成损害的,依法承担民事责任;构成违反治安管理行为的,依法给予治安管理处罚;构成犯罪的,依法追究刑事责任。

第七章　附　　则

第五十九条　本条例所称智能终端产品,是指可以接入网络、具有操作系统、能够由用户自行安装应用软件的手机、计算机等网络终端产品。

第六十条　本条例自2024年1月1日起施行。

网络暴力信息治理规定

1. 2024年6月12日国家互联网信息办公室、公安部、文化和旅游部、国家广播电视总局令第17号公布
2. 自2024年8月1日起施行

第一章　总　　则

第一条　为了治理网络暴力信息,营造良好网络生态,保障公民合法权益,维护社会公共利益,根据《中华人民共和国网络安全法》、《中华人民共和国个人信息保护法》、《中华人民共和国治安管理处罚法》、《互联网信息服务管理办法》等法律、行政法规,制定本规定。

第二条　中华人民共和国境内的网络暴力信息治理活动,适用本规定。

第三条　网络暴力信息治理坚持源头防范、防控结合、标本兼治、协同共治的原则。

第四条　国家网信部门负责统筹协调全国网络暴力信息治理和相关监督管理工作。国务院公安、文化和旅游、广播电视等有关部门依据各自职责开展网络暴力信息的监督管理工作。

地方网信部门负责统筹协调本行政区域内网络暴力信息治理

和相关监督管理工作。地方公安、文化和旅游、广播电视等有关部门依据各自职责开展本行政区域内网络暴力信息的监督管理工作。

第五条 鼓励网络相关行业组织加强行业自律，开展网络暴力信息治理普法宣传，督促指导网络信息服务提供者加强网络暴力信息治理并接受社会监督，为遭受网络暴力信息侵害的用户提供帮扶救助等支持。

第二章 一 般 规 定

第六条 网络信息服务提供者和用户应当坚持社会主义核心价值观，遵守法律法规，尊重社会公德和伦理道德，促进形成积极健康、向上向善的网络文化，维护良好网络生态。

第七条 网络信息服务提供者应当履行网络信息内容管理主体责任，建立完善网络暴力信息治理机制，健全用户注册、账号管理、个人信息保护、信息发布审核、监测预警、识别处置等制度。

第八条 网络信息服务提供者为用户提供信息发布、即时通讯等服务的，应当依法对用户进行真实身份信息认证。用户不提供真实身份信息的，网络信息服务提供者不得为其提供相关服务。

网络信息服务提供者应当加强用户账号信息管理，为遭受网络暴力信息侵害的相关主体提供账号信息认证协助，防范和制止假冒、仿冒、恶意关联相关主体进行违规注册或者发布信息。

第九条 网络信息服务提供者应当制定和公开管理规则、平台公约，与用户签订服务协议，明确网络暴力信息治理相关权利义务，并依法依约履行治理责任。

第十条 任何组织和个人不得制作、复制、发布、传播涉网络暴力违法信息，应当防范和抵制制作、复制、发布、传播涉网络暴力不良信息。

任何组织和个人不得利用网络暴力事件实施蹭炒热度、推广引流等营销炒作行为，不得通过批量注册或者操纵用户账号等形式组织制作、复制、发布、传播网络暴力信息。

明知他人从事涉网络暴力信息违法犯罪活动的,任何组织和个人不得为其提供数据、技术、流量、资金等支持和协助。

第十一条 网络信息服务提供者应当定期发布网络暴力信息治理公告,并将相关工作情况列入网络信息内容生态治理工作年度报告。

第三章 预防预警

第十二条 网络信息服务提供者应当在国家网信部门和国务院有关部门指导下细化网络暴力信息分类标准规则,建立健全网络暴力信息特征库和典型案例样本库,采用人工智能、大数据等技术手段和人工审核相结合的方式加强对网络暴力信息的识别监测。

第十三条 网络信息服务提供者应当建立健全网络暴力信息预警模型,综合事件类别、针对主体、参与人数、信息内容、发布频次、环节场景、举报投诉等因素,及时发现预警网络暴力信息风险。

网络信息服务提供者发现存在网络暴力信息风险的,应当及时回应社会关切,引导用户文明互动、理性表达,并对异常账号及时采取真实身份信息动态核验、弹窗提示、违规警示、限制流量等措施;发现相关信息内容浏览、搜索、评论、举报量显著增长等情形的,还应当及时向有关部门报告。

第十四条 网络信息服务提供者应当建立健全用户账号信用管理体系,将涉网络暴力信息违法违规情形记入用户信用记录,依法依约降低账号信用等级或者列入黑名单,并据以限制账号功能或者停止提供相关服务。

第四章 信息和账号处置

第十五条 网络信息服务提供者发现涉网络暴力违法信息的,或者在其服务的醒目位置、易引起用户关注的重点环节发现涉网络暴力不良信息的,应当立即停止传输,采取删除、屏蔽、断开链接等处置措施,保存有关记录,向有关部门报告。发现涉嫌违法犯罪的,应当及时向公安机关报案,并提供相关线索,依法配合开展侦查、调查和处置等工作。

第十六条　互联网新闻信息服务提供者应当坚持正确政治方向、舆论导向、价值取向,加强网络暴力信息治理的公益宣传。

互联网新闻信息服务提供者不得通过夸大事实、过度渲染、片面报道等方式采编发布、转载涉网络暴力新闻信息。对互联网新闻信息提供跟帖评论服务的,应当实行先审后发。

互联网新闻信息服务提供者采编发布、转载涉网络暴力新闻信息不真实或者不公正的,应当立即公开更正,消除影响。

第十七条　网络信息服务提供者应当加强网络视听节目、网络表演等服务内容的管理,发现含有网络暴力信息的网络视听节目、网络表演等服务的,应当及时删除信息或者停止提供相关服务;应当加强对网络直播、短视频等服务的内容审核,及时阻断含有网络暴力信息的网络直播,处置含有网络暴力信息的短视频。

第十八条　网络信息服务提供者应当加强对跟帖评论信息内容的管理,对以评论、回复、留言、弹幕、点赞等方式制作、复制、发布、传播网络暴力信息的,应当及时采取删除、屏蔽、关闭评论、停止提供相关服务等处置措施。

第十九条　网络信息服务提供者应当加强对网络论坛社区和网络群组的管理,禁止用户在版块、词条、超话、群组等环节制作、复制、发布、传播网络暴力信息,禁止以匿名投稿、隔空喊话等方式创建含有网络暴力信息的论坛社区和群组账号。

网络论坛社区、网络群组的建立者和管理者应当履行管理责任,发现用户制作、复制、发布、传播网络暴力信息的,应当依法依约采取限制发言、移出群组等管理措施。

第二十条　公众账号生产运营者应当建立健全发布推广、互动评论等全过程信息内容安全审核机制,发现账号跟帖评论等环节存在网络暴力信息的,应当及时采取举报、处置等措施。

第二十一条　对违反本规定第十条的用户,网络信息服务提供者应当依法依约采取警示、删除信息、限制账号功能、关闭账号等处置措施,并保存相关记录;对组织、煽动、多次发布网络暴力信息的,网络信息服务提供者还应当依法依约采取列入黑名单、禁止重新注册等处置措施。

对借网络暴力事件实施营销炒作等行为的,除前款规定外,还应当依法依约采取清理订阅关注账号、暂停营利权限等处置措施。

第二十二条　对组织、煽动制作、复制、发布、传播网络暴力信息的网络信息内容多渠道分发服务机构,网络信息服务提供者应当依法依约对该机构及其管理的账号采取警示、暂停营利权限、限制提供服务、入驻清退等处置措施。

第五章　保护机制

第二十三条　网络信息服务提供者应当建立健全网络暴力信息防护功能,提供便利用户设置屏蔽陌生用户或者特定用户、本人发布信息可见范围、禁止转载或者评论本人发布信息等网络暴力信息防护选项。

网络信息服务提供者应当完善私信规则,提供便利用户设置仅接收好友私信或者拒绝接收所有私信等网络暴力信息防护选项,鼓励提供智能屏蔽私信或者自定义私信屏蔽词等功能。

第二十四条　网络信息服务提供者发现用户面临网络暴力信息风险的,应当及时通过显著方式提示用户,告知用户可以采取的防护措施。

网络信息服务提供者发现网络暴力信息风险涉及以下情形的,还应当为用户提供网络暴力信息防护指导和保护救助服务,协助启动防护措施,并向网信、公安等有关部门报告:

(一)网络暴力信息侵害未成年人、老年人、残疾人等用户合法权益的;

(二)网络暴力信息侵犯用户个人隐私的;

(三)若不及时采取措施,可能造成用户人身、财产损害等严重后果的其他情形。

第二十五条　网络信息服务提供者发现、处置网络暴力信息的,应当及时保存信息内容、浏览评论转发数量等数据。网络信息服务提供者应当向用户提供网络暴力信息快捷取证等功能,依法依约为用户维权提供便利。

公安、网信等有关部门依法调取证据的,网络信息服务提供者应当及时提供必要的技术支持和协助。

第二十六条 网络信息服务提供者应当自觉接受社会监督,优化投诉、举报程序,在服务显著位置设置专门的网络暴力信息快捷投诉、举报入口,公布处理流程,及时受理、处理公众投诉、举报并反馈处理结果。

网络信息服务提供者应当结合投诉、举报内容以及相关证明材料及时研判。对属于网络暴力信息的投诉、举报,应当依法处理并反馈结果;对因证明材料不充分难以准确判断的,应当及时告知用户补充证明材料;对不属于网络暴力信息的投诉、举报,应当按照其他类型投诉、举报的受理要求予以处理并反馈结果。

第二十七条 网络信息服务提供者应当优先处理涉未成年人网络暴力信息的投诉、举报。发现涉及侵害未成年人用户合法权益的网络暴力信息风险的,应当按照法律法规和本规定要求及时采取措施,提供相应保护救助服务,并向有关部门报告。

网络信息服务提供者应当设置便利未成年人及其监护人行使通知删除网络暴力信息权利的功能、渠道,接到相关通知后,应当及时采取删除、屏蔽、断开链接等必要的措施,防止信息扩散。

第六章 监督管理和法律责任

第二十八条 网信部门会同公安、文化和旅游、广播电视等有关部门依法对网络信息服务提供者的网络暴力信息治理情况进行监督检查。

网络信息服务提供者对网信部门和有关部门依法实施的监督检查应当予以配合。

第二十九条 网信部门会同公安、文化和旅游、广播电视等有关部门建立健全信息共享、会商通报、取证调证、案件督办等工作机制,协同治理网络暴力信息。

公安机关对于网信、文化和旅游、广播电视等部门移送的涉网络暴力信息违法犯罪线索,应当及时进行审查,并对符合立案条件的及时立案侦查、调查。

第三十条　违反本规定的,依照《中华人民共和国网络安全法》、《中华人民共和国个人信息保护法》、《中华人民共和国治安管理处罚法》、《互联网信息服务管理办法》等法律、行政法规的规定予以处罚。

法律、行政法规没有规定的,由网信、公安、文化和旅游、广播电视等有关部门依据职责给予警告、通报批评,责令限期改正,可以并处一万元以上十万元以下罚款;涉及危害公民生命健康安全且有严重后果的,并处十万元以上二十万元以下罚款。

对组织、煽动制作、复制、发布、传播网络暴力信息或者利用网络暴力事件实施恶意营销炒作等行为的组织和个人,应当依法从重处罚。

第三十一条　违反本规定,给他人造成损害的,依法承担民事责任;构成违反治安管理行为的,依法给予治安管理处罚;构成犯罪的,依法追究刑事责任。

第七章　附　　则

第三十二条　本规定所称网络暴力信息,是指通过网络以文本、图像、音频、视频等形式对个人集中发布的,含有侮辱谩骂、造谣诽谤、煽动仇恨、威逼胁迫、侵犯隐私,以及影响身心健康的指责嘲讽、贬低歧视等内容的违法和不良信息。

第三十三条　依法通过网络检举、揭发他人违法犯罪,或者依法实施舆论监督的,不适用本规定。

第三十四条　本规定自2024年8月1日起施行。

网络信息内容生态治理规定

1. 2019 年 12 月 15 日国家互联网信息办公室令第 5 号公布
2. 自 2020 年 3 月 1 日起施行

第一章 总 则

第一条 为了营造良好网络生态，保障公民、法人和其他组织的合法权益，维护国家安全和公共利益，根据《中华人民共和国国家安全法》《中华人民共和国网络安全法》《互联网信息服务管理办法》等法律、行政法规，制定本规定。

第二条 中华人民共和国境内的网络信息内容生态治理活动，适用本规定。

本规定所称网络信息内容生态治理，是指政府、企业、社会、网民等主体，以培育和践行社会主义核心价值观为根本，以网络信息内容为主要治理对象，以建立健全网络综合治理体系、营造清朗的网络空间、建设良好的网络生态为目标，开展的弘扬正能量、处置违法和不良信息等相关活动。

第三条 国家网信部门负责统筹协调全国网络信息内容生态治理和相关监督管理工作，各有关主管部门依据各自职责做好网络信息内容生态治理工作。

地方网信部门负责统筹协调本行政区域内网络信息内容生态治理和相关监督管理工作，地方各有关主管部门依据各自职责做好本行政区域内网络信息内容生态治理工作。

第二章 网络信息内容生产者

第四条 网络信息内容生产者应当遵守法律法规，遵循公序良俗，不得损害国家利益、公共利益和他人合法权益。

第五条 鼓励网络信息内容生产者制作、复制、发布含有下列内容的信息：

（一）宣传习近平新时代中国特色社会主义思想，全面准确生动解读中国特色社会主义道路、理论、制度、文化的；

（二）宣传党的理论路线方针政策和中央重大决策部署的；

（三）展示经济社会发展亮点，反映人民群众伟大奋斗和火热生活的；

（四）弘扬社会主义核心价值观，宣传优秀道德文化和时代精神，充分展现中华民族昂扬向上精神风貌的；

（五）有效回应社会关切，解疑释惑，析事明理，有助于引导群众形成共识的；

（六）有助于提高中华文化国际影响力，向世界展现真实立体全面的中国的；

（七）其他讲品味讲格调讲责任、讴歌真善美、促进团结稳定等的内容。

第六条 网络信息内容生产者不得制作、复制、发布含有下列内容的违法信息：

（一）反对宪法所确定的基本原则的；

（二）危害国家安全，泄露国家秘密，颠覆国家政权，破坏国家统一的；

（三）损害国家荣誉和利益的；

（四）歪曲、丑化、亵渎、否定英雄烈士事迹和精神，以侮辱、诽谤或者其他方式侵害英雄烈士的姓名、肖像、名誉、荣誉的；

（五）宣扬恐怖主义、极端主义或者煽动实施恐怖活动、极端主义活动的；

（六）煽动民族仇恨、民族歧视，破坏民族团结的；

（七）破坏国家宗教政策，宣扬邪教和封建迷信的；

（八）散布谣言，扰乱经济秩序和社会秩序的；

（九）散布淫秽、色情、赌博、暴力、凶杀、恐怖或者教唆犯罪的；

（十）侮辱或者诽谤他人，侵害他人名誉、隐私和其他合法权益的；

(十一)法律、行政法规禁止的其他内容。

第七条 网络信息内容生产者应当采取措施,防范和抵制制作、复制、发布含有下列内容的不良信息:

(一)使用夸张标题,内容与标题严重不符的;

(二)炒作绯闻、丑闻、劣迹等的;

(三)不当评述自然灾害、重大事故等灾难的;

(四)带有性暗示、性挑逗等易使人产生性联想的;

(五)展现血腥、惊悚、残忍等致人身心不适的;

(六)煽动人群歧视、地域歧视等的;

(七)宣扬低俗、庸俗、媚俗内容的;

(八)可能引发未成年人模仿不安全行为和违反社会公德行为、诱导未成年人不良嗜好等的;

(九)其他对网络生态造成不良影响的内容。

第三章 网络信息内容服务平台

第八条 网络信息内容服务平台应当履行信息内容管理主体责任,加强本平台网络信息内容生态治理,培育积极健康、向上向善的网络文化。

第九条 网络信息内容服务平台应当建立网络信息内容生态治理机制,制定本平台网络信息内容生态治理细则,健全用户注册、账号管理、信息发布审核、跟帖评论审核、版面页面生态管理、实时巡查、应急处置和网络谣言、黑色产业链信息处置等制度。

网络信息内容服务平台应当设立网络信息内容生态治理负责人,配备与业务范围和服务规模相适应的专业人员,加强培训考核,提升从业人员素质。

第十条 网络信息内容服务平台不得传播本规定第六条规定的信息,应当防范和抵制传播本规定第七条规定的信息。

网络信息内容服务平台应当加强信息内容的管理,发现本规定第六条、第七条规定的信息的,应当依法立即采取处置措施,保存有关记录,并向有关主管部门报告。

第十一条 鼓励网络信息内容服务平台坚持主流价值导向,优化信息推荐机制,加强版面页面生态管理,在下列重点环节(包括服务类型、位置版块等)积极呈现本规定第五条规定的信息:

(一)互联网新闻信息服务首页首屏、弹窗和重要新闻信息内容页面等;

(二)互联网用户公众账号信息服务精选、热搜等;

(三)博客、微博客信息服务热门推荐、榜单类、弹窗及基于地理位置的信息服务版块等;

(四)互联网信息搜索服务热搜词、热搜图及默认搜索等;

(五)互联网论坛社区服务首页首屏、榜单类、弹窗等;

(六)互联网音视频服务首页首屏、发现、精选、榜单类、弹窗等;

(七)互联网网址导航服务、浏览器服务、输入法服务首页首屏、榜单类、皮肤、联想词、弹窗等;

(八)数字阅读、网络游戏、网络动漫服务首页首屏、精选、榜单类、弹窗等;

(九)生活服务、知识服务平台首页首屏、热门推荐、弹窗等;

(十)电子商务平台首页首屏、推荐区等;

(十一)移动应用商店、移动智能终端预置应用软件和内置信息内容服务首屏、推荐区等;

(十二)专门以未成年人为服务对象的网络信息内容专栏、专区和产品等;

(十三)其他处于产品或者服务醒目位置、易引起网络信息内容服务使用者关注的重点环节。

网络信息内容服务平台不得在以上重点环节呈现本规定第七条规定的信息。

第十二条 网络信息内容服务平台采用个性化算法推荐技术推送信息的,应当设置符合本规定第十条、第十一条规定要求的推荐模型,建立健全人工干预和用户自主选择机制。

第十三条 鼓励网络信息内容服务平台开发适合未成年人使用的模

式,提供适合未成年人使用的网络产品和服务,便利未成年人获取有益身心健康的信息。

第十四条　网络信息内容服务平台应当加强对本平台设置的广告位和在本平台展示的广告内容的审核巡查,对发布违法广告的,应当依法予以处理。

第十五条　网络信息内容服务平台应当制定并公开管理规则和平台公约,完善用户协议,明确用户相关权利义务,并依法依约履行相应管理职责。

　　网络信息内容服务平台应当建立用户账号信用管理制度,根据用户账号的信用情况提供相应服务。

第十六条　网络信息内容服务平台应当在显著位置设置便捷的投诉举报入口,公布投诉举报方式,及时受理处置公众投诉举报并反馈处理结果。

第十七条　网络信息内容服务平台应当编制网络信息内容生态治理工作年度报告,年度报告应当包括网络信息内容生态治理工作情况、网络信息内容生态治理负责人履职情况、社会评价情况等内容。

第四章　网络信息内容服务使用者

第十八条　网络信息内容服务使用者应当文明健康使用网络,按照法律法规的要求和用户协议约定,切实履行相应义务,在以发帖、回复、留言、弹幕等形式参与网络活动时,文明互动,理性表达,不得发布本规定第六条规定的信息,防范和抵制本规定第七条规定的信息。

第十九条　网络群组、论坛社区版块建立者和管理者应当履行群组、版块管理责任,依据法律法规、用户协议和平台公约等,规范群组、版块内信息发布等行为。

第二十条　鼓励网络信息内容服务使用者积极参与网络信息内容生态治理,通过投诉、举报等方式对网上违法和不良信息进行监督,共同维护良好网络生态。

第二十一条　网络信息内容服务使用者和网络信息内容生产者、网络信息内容服务平台不得利用网络和相关信息技术实施侮辱、诽谤、威胁、散布谣言以及侵犯他人隐私等违法行为,损害他人合法权益。

第二十二条　网络信息内容服务使用者和网络信息内容生产者、网络信息内容服务平台不得通过发布、删除信息以及其他干预信息呈现的手段侵害他人合法权益或者谋取非法利益。

第二十三条　网络信息内容服务使用者和网络信息内容生产者、网络信息内容服务平台不得利用深度学习、虚拟现实等新技术新应用从事法律、行政法规禁止的活动。

第二十四条　网络信息内容服务使用者和网络信息内容生产者、网络信息内容服务平台不得通过人工方式或者技术手段实施流量造假、流量劫持以及虚假注册账号、非法交易账号、操纵用户账号等行为,破坏网络生态秩序。

第二十五条　网络信息内容服务使用者和网络信息内容生产者、网络信息内容服务平台不得利用党旗、党徽、国旗、国徽、国歌等代表党和国家形象的标识及内容,或者借国家重大活动、重大纪念日和国家机关及其工作人员名义等,违法违规开展网络商业营销活动。

第五章　网络行业组织

第二十六条　鼓励行业组织发挥服务指导和桥梁纽带作用,引导会员单位增强社会责任感,唱响主旋律,弘扬正能量,反对违法信息,防范和抵制不良信息。

第二十七条　鼓励行业组织建立完善行业自律机制,制定网络信息内容生态治理行业规范和自律公约,建立内容审核标准细则,指导会员单位建立健全服务规范、依法提供网络信息内容服务、接受社会监督。

第二十八条　鼓励行业组织开展网络信息内容生态治理教育培训和宣传引导工作,提升会员单位、从业人员治理能力,增强全社会共同参与网络信息内容生态治理意识。

第二十九条　鼓励行业组织推动行业信用评价体系建设,依据章程建立行业评议等评价奖惩机制,加大对会员单位的激励和惩戒力度,强化会员单位的守信意识。

第六章　监督管理

第三十条　各级网信部门会同有关主管部门,建立健全信息共享、会商通报、联合执法、案件督办、信息公开等工作机制,协同开展网络信息内容生态治理工作。

第三十一条　各级网信部门对网络信息内容服务平台履行信息内容管理主体责任情况开展监督检查,对存在问题的平台开展专项督查。

　　网络信息内容服务平台对网信部门和有关主管部门依法实施的监督检查,应当予以配合。

第三十二条　各级网信部门建立网络信息内容服务平台违法违规行为台账管理制度,并依法依规进行相应处理。

第三十三条　各级网信部门建立政府、企业、社会、网民等主体共同参与的监督评价机制,定期对本行政区域内网络信息内容服务平台生态治理情况进行评估。

第七章　法律责任

第三十四条　网络信息内容生产者违反本规定第六条规定的,网络信息内容服务平台应当依法依约采取警示整改、限制功能、暂停更新、关闭账号等处置措施,及时消除违法信息内容,保存记录并向有关主管部门报告。

第三十五条　网络信息内容服务平台违反本规定第十条、第三十一条第二款规定的,由网信等有关主管部门依据职责,按照《中华人民共和国网络安全法》《互联网信息服务管理办法》等法律、行政法规的规定予以处理。

第三十六条　网络信息内容服务平台违反本规定第十一条第二款规定的,由设区的市级以上网信部门依据职责进行约谈,给予警告,责令限期改正；拒不改正或者情节严重的，责令暂停信息更新，按照有关法律、行政法规的规定予以处理。

第三十七条　网络信息内容服务平台违反本规定第九条、第十二条、第十五条、第十六条、第十七条规定的，由设区的市级以上网信部门依据职责进行约谈，给予警告，责令限期改正；拒不改正或情节严重的，责令暂停信息更新，按照有关法律、行政法规的规定予以处理。

第三十八条　违反本规定第十四条、第十八条、第十九条、第二十一条、第二十二条、第二十三条、第二十四条、第二十五条规定的，由网信等有关主管部门依据职责，按照有关法律、行政法规的规定予以处理。

第三十九条　网信部门根据法律、行政法规和国家有关规定，会同有关主管部门建立健全网络信息内容服务严重失信联合惩戒机制，对严重违反本规定的网络信息内容服务平台、网络信息内容生产者和网络信息内容使用者依法依规实施限制从事网络信息服务、网上行为限制、行业禁入等惩戒措施。

第四十条　违反本规定，给他人造成损害的，依法承担民事责任；构成犯罪的，依法追究刑事责任；尚不构成犯罪的，由有关主管部门依照有关法律、行政法规的规定予以处罚。

第八章　附　　则

第四十一条　本规定所称网络信息内容生产者，是指制作、复制、发布网络信息内容的组织或者个人。

　　本规定所称网络信息内容服务平台，是指提供网络信息内容传播服务的网络信息服务提供者。

　　本规定所称网络信息内容服务使用者，是指使用网络信息内容服务的组织或者个人。

第四十二条　本规定自 2020 年 3 月 1 日起施行。

二、网络侵权

中华人民共和国
反不正当竞争法(节录)

1. 1993年9月2日第八届全国人民代表大会常务委员会第三次会议通过
2. 2017年11月4日第十二届全国人民代表大会常务委员会第三十次会议修订
3. 根据2019年4月23日第十三届全国人民代表大会常务委员会第十次会议《关于修改〈中华人民共和国建筑法〉等八部法律的决定》修正

第十二条 【网络生产经营规范】经营者利用网络从事生产经营活动,应当遵守本法的各项规定。

经营者不得利用技术手段,通过影响用户选择或者其他方式,实施下列妨碍、破坏其他经营者合法提供的网络产品或者服务正常运行的行为:

(一)未经其他经营者同意,在其合法提供的网络产品或者服务中,插入链接、强制进行目标跳转;

(二)误导、欺骗、强迫用户修改、关闭、卸载其他经营者合法提供的网络产品或者服务;

(三)恶意对其他经营者合法提供的网络产品或者服务实施不兼容;

(四)其他妨碍、破坏其他经营者合法提供的网络产品或者服务正常运行的行为。

第二十四条 【妨碍、破坏网络产品或服务正常运行的责任】经营者违反本法第十二条规定妨碍、破坏其他经营者合法提供的网络产品或者服务正常运行的,由监督检查部门责令停止违法行为,处十万元以上五十万元以下的罚款;情节严重的,处五十万元以上三百万元以下的罚款。

中华人民共和国民法典(节录)

1. 2020 年 5 月 28 日第十三届全国人民代表大会第三次会议通过
2. 2020 年 5 月 28 日中华人民共和国主席令第 45 号公布
3. 自 2021 年 1 月 1 日起施行

第一百一十一条 【个人信息受法律保护】自然人的个人信息受法律保护。任何组织或者个人需要获取他人个人信息的,应当依法取得并确保信息安全,不得非法收集、使用、加工、传输他人个人信息,不得非法买卖、提供或者公开他人个人信息。

第一百二十七条 【数据、网络虚拟财产的保护】法律对数据、网络虚拟财产的保护有规定的,依照其规定。

第四百九十一条 【签订确认书的合同及电子合同成立时间】当事人采用信件、数据电文等形式订立合同要求签订确认书的,签订确认书时合同成立。

当事人一方通过互联网等信息网络发布的商品或者服务信息符合要约条件的,对方选择该商品或者服务并提交订单成功时合同成立,但是当事人另有约定的除外。

第五百一十二条 【电子合同标的交付时间】通过互联网等信息网络订立的电子合同的标的为交付商品并采用快递物流方式交付的,收货人的签收时间为交付时间。电子合同的标的为提供服务的,生成的电子凭证或者实物凭证中载明的时间为提供服务时间;前述凭证没有载明时间或者载明时间与实际提供服务时间不一致的,以实际提供服务的时间为准。

电子合同的标的物为采用在线传输方式交付的,合同标的物进入对方当事人指定的特定系统且能够检索识别的时间为交付时间。

　　电子合同当事人对交付商品或者提供服务的方式、时间另有约定的,按照其约定。

第九百九十九条　【人格权的合理使用】为公共利益实施新闻报道、舆论监督等行为的,可以合理使用民事主体的姓名、名称、肖像、个人信息等;使用不合理侵害民事主体人格权的,应当依法承担民事责任。

第一千条　【消除影响、恢复名誉、赔礼道歉等民事责任的承担】行为人因侵害人格权承担消除影响、恢复名誉、赔礼道歉等民事责任的,应当与行为的具体方式和造成的影响范围相当。

　　行为人拒不承担前款规定的民事责任的,人民法院可以采取在报刊、网络等媒体上发布公告或者公布生效裁判文书等方式执行,产生的费用由行为人负担。

第一千零二十八条　【媒体报道内容失实侵害名誉权的补救】民事主体有证据证明报刊、网络等媒体报道的内容失实,侵害其名誉权的,有权请求该媒体及时采取更正或者删除等必要措施。

第一千零三十条　【民事主体与信用信息处理者之间关系的法律适用】民事主体与征信机构等信用信息处理者之间的关系,适用本编有关个人信息保护的规定和其他法律、行政法规的有关规定。

第一千零三十三条　【隐私权侵害行为】除法律另有规定或者权利人明确同意外,任何组织或者个人不得实施下列行为:

　　(一)以电话、短信、即时通讯工具、电子邮件、传单等方式侵扰他人的私人生活安宁;

　　(二)进入、拍摄、窥视他人的住宅、宾馆房间等私密空间;

　　(三)拍摄、窥视、窃听、公开他人的私密活动;

　　(四)拍摄、窥视他人身体的私密部位;

　　(五)处理他人的私密信息;

　　(六)以其他方式侵害他人的隐私权。

第一千零三十四条　【个人信息的定义】自然人的个人信息受法律保护。

个人信息是以电子或者其他方式记录的能够单独或者与其他信息结合识别特定自然人的各种信息,包括自然人的姓名、出生日期、身份证件号码、生物识别信息、住址、电话号码、电子邮箱、健康信息、行踪信息等。

个人信息中的私密信息,适用有关隐私权的规定;没有规定的,适用有关个人信息保护的规定。

第一千零三十五条 【个人信息处理的原则和条件】处理个人信息的,应当遵循合法、正当、必要原则,不得过度处理,并符合下列条件:

(一)征得该自然人或者其监护人同意,但是法律、行政法规另有规定的除外;

(二)公开处理信息的规则;

(三)明示处理信息的目的、方式和范围;

(四)不违反法律、行政法规的规定和双方的约定。

个人信息的处理包括个人信息的收集、存储、使用、加工、传输、提供、公开等。

第一千零三十六条 【处理个人信息免责事由】处理个人信息,有下列情形之一的,行为人不承担民事责任:

(一)在该自然人或者其监护人同意的范围内合理实施的行为;

(二)合理处理该自然人自行公开的或者其他已经合法公开的信息,但是该自然人明确拒绝或者处理该信息侵害其重大利益的除外;

(三)为维护公共利益或者该自然人合法权益,合理实施的其他行为。

第一千零三十七条 【个人信息主体的权利】自然人可以依法向信息处理者查阅或者复制其个人信息;发现信息有错误的,有权提出异议并请求及时采取更正等必要措施。

自然人发现信息处理者违反法律、行政法规的规定或者双方的约定处理其个人信息的,有权请求信息处理者及时删除。

第一千零三十八条 【信息处理者的信息安全保护义务】信息处理者不得泄露或者篡改其收集、存储的个人信息;未经自然人同意,不得向他人非法提供其个人信息,但是经过加工无法识别特定个人且不能复原的除外。

信息处理者应当采取技术措施和其他必要措施,确保其收集、存储的个人信息安全,防止信息泄露、篡改、丢失;发生或者可能发生个人信息泄露、篡改、丢失的,应当及时采取补救措施,按照规定告知自然人并向有关主管部门报告。

第一千零三十九条 【国家机关、承担行政职能的法定机构及其工作人员的保密义务】国家机关、承担行政职能的法定机构及其工作人员对于履行职责过程中知悉的自然人的隐私和个人信息,应当予以保密,不得泄露或者向他人非法提供。

第一千一百九十四条 【网络侵权责任】网络用户、网络服务提供者利用网络侵害他人民事权益的,应当承担侵权责任。法律另有规定的,依照其规定。

第一千一百九十五条 【网络服务提供者侵权补救措施与责任承担】网络用户利用网络服务实施侵权行为的,权利人有权通知网络服务提供者采取删除、屏蔽、断开链接等必要措施。通知应当包括构成侵权的初步证据及权利人的真实身份信息。

网络服务提供者接到通知后,应当及时将该通知转送相关网络用户,并根据构成侵权的初步证据和服务类型采取必要措施;未及时采取必要措施的,对损害的扩大部分与该网络用户承担连带责任。

权利人因错误通知造成网络用户或者网络服务提供者损害的,应当承担侵权责任。法律另有规定的,依照其规定。

第一千一百九十六条 【不侵权声明】网络用户接到转送的通知后,可以向网络服务提供者提交不存在侵权行为的声明。声明应当包括不存在侵权行为的初步证据及网络用户的真实身份信息。

网络服务提供者接到声明后,应当将该声明转送发出通知的权利人,并告知其可以向有关部门投诉或者向人民法院提起诉讼。

网络服务提供者在转送声明到达权利人后的合理期限内,未收到权利人已经投诉或者提起诉讼通知的,应当及时终止所采取的措施。

第一千一百九十七条 【网络服务提供者的连带责任】网络服务提供者知道或者应当知道网络用户利用其网络服务侵害他人民事权益,未采取必要措施的,与该网络用户承担连带责任。

第一千二百二十六条 【患者隐私和个人信息保护】医疗机构及其医务人员应当对患者的隐私和个人信息保密。泄露患者的隐私和个人信息,或者未经患者同意公开其病历资料的,应当承担侵权责任。

中华人民共和国著作权法(节录)

1. 1990年9月7日第七届全国人民代表大会常务委员会第十五次会议通过
2. 根据2001年10月27日第九届全国人民代表大会常务委员会第二十四次会议《关于修改〈中华人民共和国著作权法〉的决定》第一次修正
3. 根据2010年2月26日第十一届全国人民代表大会常务委员会第十三次会议《关于修改〈中华人民共和国著作权法〉的决定》第二次修正
4. 根据2020年11月11日第十三届全国人民代表大会常务委员会第二十三次会议《关于修改〈中华人民共和国著作权法〉的决定》第三次修正

第十条 【著作权内容】著作权包括下列人身权和财产权:
　　(一)发表权,即决定作品是否公之于众的权利;
　　(二)署名权,即表明作者身份,在作品上署名的权利;
　　(三)修改权,即修改或者授权他人修改作品的权利;
　　(四)保护作品完整权,即保护作品不受歪曲、篡改的权利;
　　(五)复制权,即以印刷、复印、拓印、录音、录像、翻录、翻拍、数字化等方式将作品制作一份或者多份的权利;
　　(六)发行权,即以出售或者赠与方式向公众提供作品的原件或者复制件的权利;

（七）出租权，即有偿许可他人临时使用视听作品、计算机软件的原件或者复制件的权利，计算机软件不是出租的主要标的的除外；

（八）展览权，即公开陈列美术作品、摄影作品的原件或者复制件的权利；

（九）表演权，即公开表演作品，以及用各种手段公开播送作品的表演的权利；

（十）放映权，即通过放映机、幻灯机等技术设备公开再现美术、摄影、视听作品等的权利；

（十一）广播权，即以有线或者无线方式公开传播或者转播作品，以及通过扩音器或者其他传送符号、声音、图像的类似工具向公众传播广播的作品的权利，但不包括本款第十二项规定的权利；

（十二）信息网络传播权，即以有线或者无线方式向公众提供，使公众可以在其选定的时间和地点获得作品的权利；

（十三）摄制权，即以摄制视听作品的方法将作品固定在载体上的权利；

（十四）改编权，即改变作品，创作出具有独创性的新作品的权利；

（十五）翻译权，即将作品从一种语言文字转换成另一种语言文字的权利；

（十六）汇编权，即将作品或者作品的片段通过选择或者编排，汇集成新作品的权利；

（十七）应当由著作权人享有的其他权利。

著作权人可以许可他人行使前款第五项至第十七项规定的权利，并依照约定或者本法有关规定获得报酬。

著作权人可以全部或者部分转让本条第一款第五项至第十七项规定的权利，并依照约定或者本法有关规定获得报酬。

第三十九条 【表演者权利】表演者对其表演享有下列权利：

（一）表明表演者身份；

（二）保护表演形象不受歪曲；

（三）许可他人从现场直播和公开传送其现场表演，并获得报酬；

（四）许可他人录音录像，并获得报酬；

（五）许可他人复制、发行、出租录有其表演的录音录像制品，并获得报酬；

（六）许可他人通过信息网络向公众传播其表演，并获得报酬。

被许可人以前款第三项至第六项规定的方式使用作品，还应当取得著作权人许可，并支付报酬。

第四十四条　【录音录像制作者专有权和权利保护期】录音录像制作者对其制作的录音录像制品，享有许可他人复制、发行、出租、通过信息网络向公众传播并获得报酬的权利；权利的保护期为五十年，截止于该制品首次制作完成后第五十年的12月31日。

被许可人复制、发行、通过信息网络向公众传播录音录像制品，应当同时取得著作权人、表演者许可，并支付报酬；被许可人出租录音像制品，还应当取得表演者许可，并支付报酬。

第四十七条　【广播组织专有权和权利保护期】广播电台、电视台有权禁止未经其许可的下列行为：

（一）将其播放的广播、电视以有线或者无线方式转播；

（二）将其播放的广播、电视录制以及复制；

（三）将其播放的广播、电视通过信息网络向公众传播。

广播电台、电视台行使前款规定的权利，不得影响、限制或者侵害他人行使著作权或者与著作权有关的权利。

本条第一款规定的权利的保护期为五十年，截止于该广播、电视首次播放后第五十年的12月31日。

第四十九条　【技术措施】为保护著作权和与著作权有关的权利，权利人可以采取技术措施。

未经权利人许可，任何组织或者个人不得故意避开或者破坏技术措施，不得以避开或者破坏技术措施为目的制造、进口或者向公众提供有关装置或者部件，不得故意为他人避开或者破坏技术措施提供技术服务。但是，法律、行政法规规定可以避开的情形除外。

  本法所称的技术措施，是指用于防止、限制未经权利人许可浏览、欣赏作品、表演、录音录像制品或者通过信息网络向公众提供作品、表演、录音录像制品的有效技术、装置或者部件。

第五十条 【可避开技术措施的情形】下列情形可以避开技术措施，但不得向他人提供避开技术措施的技术、装置或者部件，不得侵犯权利人依法享有的其他权利：

  （一）为学校课堂教学或者科学研究，提供少量已经发表的作品，供教学或者科研人员使用，而该作品无法通过正常途径获取；

  （二）不以营利为目的，以阅读障碍者能够感知的无障碍方式向其提供已经发表的作品，而该作品无法通过正常途径获取；

  （三）国家机关依照行政、监察、司法程序执行公务；

  （四）对计算机及其系统或者网络的安全性能进行测试；

  （五）进行加密研究或者计算机软件反向工程研究。

  前款规定适用于对与著作权有关的权利的限制。

第五十三条 【侵权行为的民事、行政、刑事责任】有下列侵权行为的，应当根据情况，承担本法第五十二条规定的民事责任；侵权行为同时损害公共利益的，由主管著作权的部门责令停止侵权行为，予以警告，没收违法所得，没收、无害化销毁处理侵权复制品以及主要用于制作侵权复制品的材料、工具、设备等，违法经营额五万元以上的，可以并处违法经营额一倍以上五倍以下的罚款；没有违法经营额、违法经营额难以计算或者不足五万元的，可以并处二十五万元以下的罚款；构成犯罪的，依法追究刑事责任：

  （一）未经著作权人许可，复制、发行、表演、放映、广播、汇编、通过信息网络向公众传播其作品的，本法另有规定的除外；

  （二）出版他人享有专有出版权的图书的；

  （三）未经表演者许可，复制、发行录有其表演的录音录像制品，或者通过信息网络向公众传播其表演的，本法另有规定的除外；

  （四）未经录音录像制作者许可，复制、发行、通过信息网络向

公众传播其制作的录音录像制品的,本法另有规定的除外;

(五)未经许可,播放、复制或者通过信息网络向公众传播广播、电视的,本法另有规定的除外;

(六)未经著作权人或者与著作权有关的权利人许可,故意避开或者破坏技术措施的,故意制造、进口或者向他人提供主要用于避开、破坏技术措施的装置或者部件的,或者故意为他人避开或者破坏技术措施提供技术服务的,法律、行政法规另有规定的除外;

(七)未经著作权人或者与著作权有关的权利人许可,故意删除或者改变作品、版式设计、表演、录音录像制品或者广播、电视上的权利管理信息的,知道或者应当知道作品、版式设计、表演、录音录像制品或者广播、电视上的权利管理信息未经许可被删除或者改变,仍然向公众提供的,法律、行政法规另有规定的除外;

(八)制作、出售假冒他人署名的作品的。

第六十四条 【计算机软件、信息网络传播权的保护】计算机软件、信息网络传播权的保护办法由国务院另行规定。

中华人民共和国个人信息保护法

1. 2021年8月20日第十三届全国人民代表大会常务委员会第三十次会议通过
2. 2021年8月20日中华人民共和国主席令第91号公布
3. 自2021年11月1日起施行

目 录

第一章 总 则
第二章 个人信息处理规则
　第一节 一般规定
　第二节 敏感个人信息的处理规则
　第三节 国家机关处理个人信息的特别规定
第三章 个人信息跨境提供的规则

第四章 个人在个人信息处理活动中的权利
第五章 个人信息处理者的义务
第六章 履行个人信息保护职责的部门
第七章 法律责任
第八章 附　　则

第一章 总　　则

第一条 【立法目的】为了保护个人信息权益,规范个人信息处理活动,促进个人信息合理利用,根据宪法,制定本法。

第二条 【个人信息受法律保护】自然人的个人信息受法律保护,任何组织、个人不得侵害自然人的个人信息权益。

第三条 【适用范围】在中华人民共和国境内处理自然人个人信息的活动,适用本法。

在中华人民共和国境外处理中华人民共和国境内自然人个人信息的活动,有下列情形之一的,也适用本法:

（一）以向境内自然人提供产品或者服务为目的;

（二）分析、评估境内自然人的行为;

（三）法律、行政法规规定的其他情形。

第四条 【个人信息与个人信息处理】个人信息是以电子或者其他方式记录的与已识别或者可识别的自然人有关的各种信息,不包括匿名化处理后的信息。

个人信息的处理包括个人信息的收集、存储、使用、加工、传输、提供、公开、删除等。

第五条 【合法、正当、必要、诚信原则】处理个人信息应当遵循合法、正当、必要和诚信原则,不得通过误导、欺诈、胁迫等方式处理个人信息。

第六条 【最小化处理原则】处理个人信息应当具有明确、合理的目的,并应当与处理目的直接相关,采取对个人权益影响最小的方式。

收集个人信息,应当限于实现处理目的的最小范围,不得过度收集个人信息。

第七条 【公开、透明原则】处理个人信息应当遵循公开、透明原则,公开个人信息处理规则,明示处理的目的、方式和范围。

第八条 【信息质量原则】处理个人信息应当保证个人信息的质量,避免因个人信息不准确、不完整对个人权益造成不利影响。

第九条 【安全责任原则】个人信息处理者应当对其个人信息处理活动负责,并采取必要措施保障所处理的个人信息的安全。

第十条 【依法处理原则】任何组织、个人不得非法收集、使用、加工、传输他人个人信息,不得非法买卖、提供或者公开他人个人信息;不得从事危害国家安全、公共利益的个人信息处理活动。

第十一条 【国家关于个人信息保护的职能】国家建立健全个人信息保护制度,预防和惩治侵害个人信息权益的行为,加强个人信息保护宣传教育,推动形成政府、企业、相关社会组织、公众共同参与个人信息保护的良好环境。

第十二条 【国际合作】国家积极参与个人信息保护国际规则的制定,促进个人信息保护方面的国际交流与合作,推动与其他国家、地区、国际组织之间的个人信息保护规则、标准等互认。

第二章 个人信息处理规则

第一节 一般规定

第十三条 【处理个人信息的情形】符合下列情形之一的,个人信息处理者方可处理个人信息:

(一)取得个人的同意;

(二)为订立、履行个人作为一方当事人的合同所必需,或者按照依法制定的劳动规章制度和依法签订的集体合同实施人力资源管理所必需;

(三)为履行法定职责或者法定义务所必需;

(四)为应对突发公共卫生事件,或者紧急情况下为保护自然人的生命健康和财产安全所必需;

（五）为公共利益实施新闻报道、舆论监督等行为，在合理的范围内处理个人信息；

（六）依照本法规定在合理的范围内处理个人自行公开或者其他已经合法公开的个人信息；

（七）法律、行政法规规定的其他情形。

依照本法其他有关规定，处理个人信息应当取得个人同意，但是有前款第二项至第七项规定情形的，不需取得个人同意。

第十四条 【知情同意规则】基于个人同意处理个人信息的，该同意应当由个人在充分知情的前提下自愿、明确作出。法律、行政法规规定处理个人信息应当取得个人单独同意或者书面同意的，从其规定。

个人信息的处理目的、处理方式和处理的个人信息种类发生变更的，应当重新取得个人同意。

第十五条 【个人有权撤回同意】基于个人同意处理个人信息的，个人有权撤回其同意。个人信息处理者应当提供便捷的撤回同意的方式。

个人撤回同意，不影响撤回前基于个人同意已进行的个人信息处理活动的效力。

第十六条 【不同意不影响使用产品和服务】个人信息处理者不得以个人不同意处理其个人信息或者撤回同意为由，拒绝提供产品或者服务；处理个人信息属于提供产品或者服务所必需的除外。

第十七条 【应当告知的事项】个人信息处理者在处理个人信息前，应当以显著方式、清晰易懂的语言真实、准确、完整地向个人告知下列事项：

（一）个人信息处理者的名称或者姓名和联系方式；

（二）个人信息的处理目的、处理方式，处理的个人信息种类、保存期限；

（三）个人行使本法规定权利的方式和程序；

（四）法律、行政法规规定应当告知的其他事项。

前款规定事项发生变更的，应当将变更部分告知个人。

个人信息处理者通过制定个人信息处理规则的方式告知第一款规定事项的,处理规则应当公开,并且便于查阅和保存。

第十八条 【应当告知的例外情形】个人信息处理者处理个人信息,有法律、行政法规规定应当保密或者不需要告知的情形的,可以不向个人告知前条第一款规定的事项。

紧急情况下为保护自然人的生命健康和财产安全无法及时向个人告知的,个人信息处理者应当在紧急情况消除后及时告知。

第十九条 【个人信息的保存期限】除法律、行政法规另有规定外,个人信息的保存期限应当为实现处理目的所必要的最短时间。

第二十条 【合作处理个人信息】两个以上的个人信息处理者共同决定个人信息的处理目的和处理方式的,应当约定各自的权利和义务。但是,该约定不影响个人向其中任何一个个人信息处理者要求行使本法规定的权利。

个人信息处理者共同处理个人信息,侵害个人信息权益造成损害的,应当依法承担连带责任。

第二十一条 【委托处理个人信息】个人信息处理者委托处理个人信息的,应当与受托人约定委托处理的目的、期限、处理方式、个人信息的种类、保护措施以及双方的权利和义务等,并对受托人的个人信息处理活动进行监督。

受托人应当按照约定处理个人信息,不得超出约定的处理目的、处理方式等处理个人信息;委托合同不生效、无效、被撤销或者终止的,受托人应当将个人信息返还个人信息处理者或者予以删除,不得保留。

未经个人信息处理者同意,受托人不得转委托他人处理个人信息。

第二十二条 【组织机构变更对个人信息处理的影响】个人信息处理者因合并、分立、解散、被宣告破产等原因需要转移个人信息的,应当向个人告知接收方的名称或者姓名和联系方式。接收方应当继续履行个人信息处理者的义务。接收方变更原先的处理目的、处理方式的,应当依照本法规定重新取得个人同意。

第二十三条 【个人信息处理者对外提供个人信息】个人信息处理者向其他个人信息处理者提供其处理的个人信息的,应当向个人告知接收方的名称或者姓名、联系方式、处理目的、处理方式和个人信息的种类,并取得个人的单独同意。接收方应当在上述处理目的、处理方式和个人信息的种类等范围内处理个人信息。接收方变更原先的处理目的、处理方式的,应当依照本法规定重新取得个人同意。

第二十四条 【利用个人信息进行自动化决策】个人信息处理者利用个人信息进行自动化决策,应当保证决策的透明度和结果公平、公正,不得对个人在交易价格等交易条件上实行不合理的差别待遇。

通过自动化决策方式向个人进行信息推送、商业营销,应当同时提供不针对其个人特征的选项,或者向个人提供便捷的拒绝方式。

通过自动化决策方式作出对个人权益有重大影响的决定,个人有权要求个人信息处理者予以说明,并有权拒绝个人信息处理者仅通过自动化决策的方式作出决定。

第二十五条 【个人信息不得公开】个人信息处理者不得公开其处理的个人信息,取得个人单独同意的除外。

第二十六条 【安装图像采集、个人身份识别设备】在公共场所安装图像采集、个人身份识别设备,应当为维护公共安全所必需,遵守国家有关规定,并设置显著的提示标识。所收集的个人图像、身份识别信息只能用于维护公共安全的目的,不得用于其他目的;取得个人单独同意的除外。

第二十七条 【处理已公开的个人信息】个人信息处理者可以在合理的范围内处理个人自行公开或者其他已经合法公开的个人信息;个人明确拒绝的除外。个人信息处理者处理已公开的个人信息,对个人权益有重大影响的,应当依照本法规定取得个人同意。

第二节 敏感个人信息的处理规则

第二十八条 【敏感个人信息的定义及处理原则】敏感个人信息是一

旦泄露或者非法使用，容易导致自然人的人格尊严受到侵害或者人身、财产安全受到危害的个人信息，包括生物识别、宗教信仰、特定身份、医疗健康、金融账户、行踪轨迹等信息，以及不满十四周岁未成年人的个人信息。

只有在具有特定的目的和充分的必要性，并采取严格保护措施的情形下，个人信息处理者方可处理敏感个人信息。

第二十九条　【敏感个人信息特别同意规则】处理敏感个人信息应当取得个人的单独同意；法律、行政法规规定处理敏感个人信息应当取得书面同意的，从其规定。

第三十条　【敏感个人信息告知义务】个人信息处理者处理敏感个人信息的，除本法第十七条第一款规定的事项外，还应当向个人告知处理敏感个人信息的必要性以及对个人权益的影响；依照本法规定可以不向个人告知的除外。

第三十一条　【未成年人个人信息的处理规则】个人信息处理者处理不满十四周岁未成年人个人信息的，应当取得未成年人的父母或者其他监护人的同意。

个人信息处理者处理不满十四周岁未成年人个人信息的，应当制定专门的个人信息处理规则。

第三十二条　【处理敏感个人信息的法定限制】法律、行政法规对处理敏感个人信息规定应当取得相关行政许可或者作出其他限制的，从其规定。

第三节　国家机关处理个人信息的特别规定

第三十三条　【国家机关处理个人信息的法律适用】国家机关处理个人信息的活动，适用本法；本节有特别规定的，适用本节规定。

第三十四条　【国家机关处理个人信息的权限与程序】国家机关为履行法定职责处理个人信息，应当依照法律、行政法规规定的权限、程序进行，不得超出履行法定职责所必需的范围和限度。

第三十五条　【个人的知情权及其例外】国家机关为履行法定职责处理个人信息，应当依照本法规定履行告知义务；有本法第十八条第一款规定的情形，或者告知将妨碍国家机关履行法定职责的除外。

第三十六条　【个人信息的境内存储与向境外提供】国家机关处理的个人信息应当在中华人民共和国境内存储；确需向境外提供的，应当进行安全评估。安全评估可以要求有关部门提供支持与协助。

第三十七条　【法定授权组织处理个人信息的法律适用】法律、法规授权的具有管理公共事务职能的组织为履行法定职责处理个人信息，适用本法关于国家机关处理个人信息的规定。

第三章　个人信息跨境提供的规则

第三十八条　【向境外提供个人信息的条件】个人信息处理者因业务等需要，确需向中华人民共和国境外提供个人信息的，应当具备下列条件之一：

（一）依照本法第四十条的规定通过国家网信部门组织的安全评估；

（二）按照国家网信部门的规定经专业机构进行个人信息保护认证；

（三）按照国家网信部门制定的标准合同与境外接收方订立合同，约定双方的权利和义务；

（四）法律、行政法规或者国家网信部门规定的其他条件。

中华人民共和国缔结或者参加的国际条约、协定对向中华人民共和国境外提供个人信息的条件等有规定的，可以按照其规定执行。

个人信息处理者应当采取必要措施，保障境外接收方处理个人信息的活动达到本法规定的个人信息保护标准。

第三十九条　【向境外提供个人信息的告知与同意】个人信息处理者向中华人民共和国境外提供个人信息的，应当向个人告知境外接收方的名称或者姓名、联系方式、处理目的、处理方式、个人信息的种类以及个人向境外接收方行使本法规定权利的方式和程序等事项，并取得个人的单独同意。

第四十条　【个人信息的境内存储与信息出境的安全评估】关键信息

基础设施运营者和处理个人信息达到国家网信部门规定数量的个人信息处理者,应当将在中华人民共和国境内收集和产生的个人信息存储在境内。确需向境外提供的,应当通过国家网信部门组织的安全评估;法律、行政法规和国家网信部门规定可以不进行安全评估的,从其规定。

第四十一条　【外国司法或执法机构获取个人信息的处理和批准】中华人民共和国主管机关根据有关法律和中华人民共和国缔结或者参加的国际条约、协定,或者按照平等互惠原则,处理外国司法或者执法机构关于提供存储于境内个人信息的请求。非经中华人民共和国主管机关批准,个人信息处理者不得向外国司法或者执法机构提供存储于中华人民共和国境内的个人信息。

第四十二条　【个人信息提供黑名单制度】境外的组织、个人从事侵害中华人民共和国公民的个人信息权益,或者危害中华人民共和国国家安全、公共利益的个人信息处理活动的,国家网信部门可以将其列入限制或者禁止个人信息提供清单,予以公告,并采取限制或者禁止向其提供个人信息等措施。

第四十三条　【对等原则】任何国家或者地区在个人信息保护方面对中华人民共和国采取歧视性的禁止、限制或者其他类似措施的,中华人民共和国可以根据实际情况对该国家或者地区对等采取措施。

第四章　个人在个人信息处理活动中的权利

第四十四条　【知情权和决定权】个人对其个人信息的处理享有知情权、决定权,有权限制或者拒绝他人对其个人信息进行处理;法律、行政法规另有规定的除外。

第四十五条　【查阅、复制权和可携带权】个人有权向个人信息处理者查阅、复制其个人信息;有本法第十八条第一款、第三十五条规定情形的除外。

　　个人请求查阅、复制其个人信息的,个人信息处理者应当及时提供。

个人请求将个人信息转移至其指定的个人信息处理者,符合国家网信部门规定条件的,个人信息处理者应当提供转移的途径。

第四十六条 【更正、补充权】个人发现其个人信息不准确或者不完整的,有权请求个人信息处理者更正、补充。

个人请求更正、补充其个人信息的,个人信息处理者应当对其个人信息予以核实,并及时更正、补充。

第四十七条 【删除权】有下列情形之一的,个人信息处理者应当主动删除个人信息;个人信息处理者未删除的,个人有权请求删除:

(一)处理目的已实现、无法实现或者为实现处理目的不再必要;

(二)个人信息处理者停止提供产品或者服务,或者保存期限已届满;

(三)个人撤回同意;

(四)个人信息处理者违反法律、行政法规或者违反约定处理个人信息;

(五)法律、行政法规规定的其他情形。

法律、行政法规规定的保存期限未届满,或者删除个人信息从技术上难以实现的,个人信息处理者应当停止除存储和采取必要的安全保护措施之外的处理。

第四十八条 【规则解释说明权】个人有权要求个人信息处理者对其个人信息处理规则进行解释说明。

第四十九条 【死者个人信息利益保护】自然人死亡的,其近亲属为了自身的合法、正当利益,可以对死者的相关个人信息行使本章规定的查阅、复制、更正、删除等权利;死者生前另有安排的除外。

第五十条 【申请受理和处理机制】个人信息处理者应当建立便捷的个人行使权利的申请受理和处理机制。拒绝个人行使权利的请求的,应当说明理由。

个人信息处理者拒绝个人行使权利的请求的,个人可以依法向人民法院提起诉讼。

第五章 个人信息处理者的义务

第五十一条 【合规保障义务】个人信息处理者应当根据个人信息的处理目的、处理方式、个人信息的种类以及对个人权益的影响、可能存在的安全风险等,采取下列措施确保个人信息处理活动符合法律、行政法规的规定,并防止未经授权的访问以及个人信息泄露、篡改、丢失:

(一)制定内部管理制度和操作规程;

(二)对个人信息实行分类管理;

(三)采取相应的加密、去标识化等安全技术措施;

(四)合理确定个人信息处理的操作权限,并定期对从业人员进行安全教育和培训;

(五)制定并组织实施个人信息安全事件应急预案;

(六)法律、行政法规规定的其他措施。

第五十二条 【个人信息保护负责人】处理个人信息达到国家网信部门规定数量的个人信息处理者应当指定个人信息保护负责人,负责对个人信息处理活动以及采取的保护措施等进行监督。

个人信息处理者应当公开个人信息保护负责人的联系方式,并将个人信息保护负责人的姓名、联系方式等报送履行个人信息保护职责的部门。

第五十三条 【境外个人信息处理者设立专门机构或者指定代表的义务】本法第三条第二款规定的中华人民共和国境外的个人信息处理者,应当在中华人民共和国境内设立专门机构或者指定代表,负责处理个人信息保护相关事务,并将有关机构的名称或者代表的姓名、联系方式等报送履行个人信息保护职责的部门。

第五十四条 【合规审计义务】个人信息处理者应当定期对其处理个人信息遵守法律、行政法规的情况进行合规审计。

第五十五条 【事前个人信息保护影响评估义务】有下列情形之一的,个人信息处理者应当事前进行个人信息保护影响评估,并对处理情况进行记录:

(一)处理敏感个人信息；

(二)利用个人信息进行自动化决策；

(三)委托处理个人信息、向其他个人信息处理者提供个人信息、公开个人信息；

(四)向境外提供个人信息；

(五)其他对个人权益有重大影响的个人信息处理活动。

第五十六条 【个人信息保护影响评估内容】个人信息保护影响评估应当包括下列内容：

(一)个人信息的处理目的、处理方式等是否合法、正当、必要；

(二)对个人权益的影响及安全风险；

(三)所采取的保护措施是否合法、有效并与风险程度相适应。

个人信息保护影响评估报告和处理情况记录应当至少保存三年。

第五十七条 【对个人信息安全事件的补救和通知义务】发生或者可能发生个人信息泄露、篡改、丢失的，个人信息处理者应当立即采取补救措施，并通知履行个人信息保护职责的部门和个人。通知应当包括下列事项：

(一)发生或者可能发生个人信息泄露、篡改、丢失的信息种类、原因和可能造成的危害；

(二)个人信息处理者采取的补救措施和个人可以采取的减轻危害的措施；

(三)个人信息处理者的联系方式。

个人信息处理者采取措施能够有效避免信息泄露、篡改、丢失造成危害的，个人信息处理者可以不通知个人；履行个人信息保护职责的部门认为可能造成危害的，有权要求个人信息处理者通知个人。

第五十八条 【大型互联网平台的特别义务】提供重要互联网平台服务、用户数量巨大、业务类型复杂的个人信息处理者，应当履行下列义务：

(一)按照国家规定建立健全个人信息保护合规制度体系，成立主要由外部成员组成的独立机构对个人信息保护情况进行监督；

（二）遵循公开、公平、公正的原则，制定平台规则，明确平台内产品或者服务提供者处理个人信息的规范和保护个人信息的义务；

（三）对严重违反法律、行政法规处理个人信息的平台内的产品或者服务提供者，停止提供服务；

（四）定期发布个人信息保护社会责任报告，接受社会监督。

第五十九条　【受托人的个人信息保护义务】接受委托处理个人信息的受托人，应当依照本法和有关法律、行政法规的规定，采取必要措施保障所处理的个人信息的安全，并协助个人信息处理者履行本法规定的义务。

第六章　履行个人信息保护职责的部门

第六十条　【个人信息保护职责分工】国家网信部门负责统筹协调个人信息保护工作和相关监督管理工作。国务院有关部门依照本法和有关法律、行政法规的规定，在各自职责范围内负责个人信息保护和监督管理工作。

县级以上地方人民政府有关部门的个人信息保护和监督管理职责，按照国家有关规定确定。

前两款规定的部门统称为履行个人信息保护职责的部门。

第六十一条　【个人信息保护职责】履行个人信息保护职责的部门履行下列个人信息保护职责：

（一）开展个人信息保护宣传教育，指导、监督个人信息处理者开展个人信息保护工作；

（二）接受、处理与个人信息保护有关的投诉、举报；

（三）组织对应用程序等个人信息保护情况进行测评，并公布测评结果；

（四）调查、处理违法个人信息处理活动；

（五）法律、行政法规规定的其他职责。

第六十二条 【国家网信部门统筹协调职责】国家网信部门统筹协调有关部门依据本法推进下列个人信息保护工作：

(一)制定个人信息保护具体规则、标准；

(二)针对小型个人信息处理者、处理敏感个人信息以及人脸识别、人工智能等新技术、新应用,制定专门的个人信息保护规则、标准；

(三)支持研究开发和推广应用安全、方便的电子身份认证技术,推进网络身份认证公共服务建设；

(四)推进个人信息保护社会化服务体系建设,支持有关机构开展个人信息保护评估、认证服务；

(五)完善个人信息保护投诉、举报工作机制。

第六十三条 【监督检查措施及当事人配合义务】履行个人信息保护职责的部门履行个人信息保护职责,可以采取下列措施：

(一)询问有关当事人,调查与个人信息处理活动有关的情况；

(二)查阅、复制当事人与个人信息处理活动有关的合同、记录、账簿以及其他有关资料；

(三)实施现场检查,对涉嫌违法的个人信息处理活动进行调查；

(四)检查与个人信息处理活动有关的设备、物品；对有证据证明是用于违法个人信息处理活动的设备、物品,向本部门主要负责人书面报告并经批准,可以查封或者扣押。

履行个人信息保护职责的部门依法履行职责,当事人应当予以协助、配合,不得拒绝、阻挠。

第六十四条 【个人信息安全风险处置及侵害公民个人信息事件移送处理】履行个人信息保护职责的部门在履行职责中,发现个人信息处理活动存在较大风险或者发生个人信息安全事件的,可以按照规定的权限和程序对该个人信息处理者的法定代表人或者主要负责人进行约谈,或者要求个人信息处理者委托专业机构对其个人信息处理活动进行合规审计。个人信息处理者应当按照要求采取措施,进行整改,消除隐患。

履行个人信息保护职责的部门在履行职责中,发现违法处理个人信息涉嫌犯罪的,应当及时移送公安机关依法处理。

第六十五条 【投诉、举报权益保障】任何组织、个人有权对违法个人信息处理活动向履行个人信息保护职责的部门进行投诉、举报。收到投诉、举报的部门应当依法及时处理,并将处理结果告知投诉、举报人。

履行个人信息保护职责的部门应当公布接受投诉、举报的联系方式。

第七章 法律责任

第六十六条 【行政处罚】违反本法规定处理个人信息,或者处理个人信息未履行本法规定的个人信息保护义务的,由履行个人信息保护职责的部门责令改正,给予警告,没收违法所得,对违法处理个人信息的应用程序,责令暂停或者终止提供服务;拒不改正的,并处一百万元以下罚款;对直接负责的主管人员和其他直接责任人员处一万元以上十万元以下罚款。

有前款规定的违法行为,情节严重的,由省级以上履行个人信息保护职责的部门责令改正,没收违法所得,并处五千万元以下或者上一年度营业额百分之五以下罚款,并可以责令暂停相关业务或者停业整顿、通报有关主管部门吊销相关业务许可或者吊销营业执照;对直接负责的主管人员和其他直接责任人员处十万元以上一百万元以下罚款,并可以决定禁止其在一定期限内担任相关企业的董事、监事、高级管理人员和个人信息保护负责人。

第六十七条 【信用惩戒】有本法规定的违法行为的,依照有关法律、行政法规的规定记入信用档案,并予以公示。

第六十八条 【国家机关不履行个人信息保护义务、履行个人信息保护职责部门的工作人员渎职的法律责任】国家机关不履行本法规定的个人信息保护义务的,由其上级机关或者履行个人信息保护职责的部门责令改正;对直接负责的主管人员和其他直接责任人员依法给予处分。

履行个人信息保护职责的部门的工作人员玩忽职守、滥用职权、徇私舞弊,尚不构成犯罪的,依法给予处分。

第六十九条 【民事侵权责任】处理个人信息侵害个人信息权益造成损害,个人信息处理者不能证明自己没有过错的,应当承担损害赔偿等侵权责任。

前款规定的损害赔偿责任按照个人因此受到的损失或者个人信息处理者因此获得的利益确定;个人因此受到的损失和个人信息处理者因此获得的利益难以确定的,根据实际情况确定赔偿数额。

第七十条 【个人信息保护公益诉讼】个人信息处理者违反本法规定处理个人信息,侵害众多个人的权益的,人民检察院、法律规定的消费者组织和由国家网信部门确定的组织可以依法向人民法院提起诉讼。

第七十一条 【治安管理处罚、刑事责任】违反本法规定,构成违反治安管理行为的,依法给予治安管理处罚;构成犯罪的,依法追究刑事责任。

第八章 附　　则

第七十二条 【对本法适用范围的特别规定】自然人因个人或者家庭事务处理个人信息的,不适用本法。

法律对各级人民政府及其有关部门组织实施的统计、档案管理活动中的个人信息处理有规定的,适用其规定。

第七十三条 【用语含义】本法下列用语的含义:

(一)个人信息处理者,是指在个人信息处理活动中自主决定处理目的、处理方式的组织、个人。

(二)自动化决策,是指通过计算机程序自动分析、评估个人的行为习惯、兴趣爱好或者经济、健康、信用状况等,并进行决策的活动。

(三)去标识化,是指个人信息经过处理,使其在不借助额外信息的情况下无法识别特定自然人的过程。

(四)匿名化,是指个人信息经过处理无法识别特定自然人且不能复原的过程。

第七十四条 【施行日期】本法自2021年11月1日起施行。

信息网络传播权保护条例

1. 2006年5月18日国务院令第468号公布
2. 根据2013年1月30日国务院令第634号《关于修改〈信息网络传播权保护条例〉的决定》修订

第一条 为保护著作权人、表演者、录音录像制作者(以下统称权利人)的信息网络传播权,鼓励有益于社会主义精神文明、物质文明建设的作品的创作和传播,根据《中华人民共和国著作权法》(以下简称著作权法),制定本条例。

第二条 权利人享有的信息网络传播权受著作权法和本条例保护。除法律、行政法规另有规定的外,任何组织或者个人将他人的作品、表演、录音录像制品通过信息网络向公众提供,应当取得权利人许可,并支付报酬。

第三条 依法禁止提供的作品、表演、录音录像制品,不受本条例保护。

权利人行使信息网络传播权,不得违反宪法和法律、行政法规,不得损害公共利益。

第四条 为了保护信息网络传播权,权利人可以采取技术措施。

任何组织或者个人不得故意避开或者破坏技术措施,不得故意制造、进口或者向公众提供主要用于避开或者破坏技术措施的装置或者部件,不得故意为他人避开或者破坏技术措施提供技术服务。但是,法律、行政法规规定可以避开的除外。

第五条 未经权利人许可,任何组织或者个人不得进行下列行为:

(一)故意删除或者改变通过信息网络向公众提供的作品、表演、录音录像制品的权利管理电子信息,但由于技术上的原因无法避免删除或者改变的除外；

（二）通过信息网络向公众提供明知或者应知未经权利人许可被删除或者改变权利管理电子信息的作品、表演、录音录像制品。

第六条 通过信息网络提供他人作品，属于下列情形的，可以不经著作权人许可，不向其支付报酬：

（一）为介绍、评论某一作品或者说明某一问题，在向公众提供的作品中适当引用已经发表的作品；

（二）为报道时事新闻，在向公众提供的作品中不可避免地再现或者引用已经发表的作品；

（三）为学校课堂教学或者科学研究，向少数教学、科研人员提供少量已经发表的作品；

（四）国家机关为执行公务，在合理范围内向公众提供已经发表的作品；

（五）将中国公民、法人或者其他组织已经发表的、以汉语言文字创作的作品翻译成的少数民族语言文字作品，向中国境内少数民族提供；

（六）不以营利为目的，以盲人能够感知的独特方式向盲人提供已经发表的文字作品；

（七）向公众提供在信息网络上已经发表的关于政治、经济问题的时事性文章；

（八）向公众提供在公众集会上发表的讲话。

第七条 图书馆、档案馆、纪念馆、博物馆、美术馆等可以不经著作权人许可，通过信息网络向本馆馆舍内服务对象提供本馆收藏的合法出版的数字作品和依法为陈列或者保存版本的需要以数字化形式复制的作品，不向其支付报酬，但不得直接或者间接获得经济利益。当事人另有约定的除外。

前款规定的为陈列或者保存版本需要以数字化形式复制的作品，应当是已经损毁或者濒临损毁、丢失或者失窃，或者其存储格式已经过时，并且在市场上无法购买或者只能以明显高于标定的价格购买的作品。

第八条　为通过信息网络实施九年制义务教育或者国家教育规划,可以不经著作权人许可,使用其已经发表作品的片断或者短小的文字作品、音乐作品或者单幅的美术作品、摄影作品制作课件,由制作课件或者依法取得课件的远程教育机构通过信息网络向注册学生提供,但应当向著作权人支付报酬。

第九条　为扶助贫困,通过信息网络向农村地区的公众免费提供中国公民、法人或者其他组织已经发表的种植养殖、防病治病、防灾减灾等与扶助贫困有关的作品和适应基本文化需求的作品,网络服务提供者应当在提供前公告拟提供的作品及其作者、拟支付报酬的标准。自公告之日起30日内,著作权人不同意提供的,网络服务提供者不得提供其作品;自公告之日起满30日,著作权人没有异议的,网络服务提供者可以提供其作品,并按照公告的标准向著作权人支付报酬。网络服务提供者提供著作权人的作品后,著作权人不同意提供的,网络服务提供者应当立即删除著作权人的作品,并按照公告的标准向著作权人支付提供作品期间的报酬。

依照前款规定提供作品的,不得直接或者间接获得经济利益。

第十条　依照本条例规定不经著作权人许可、通过信息网络向公众提供其作品的,还应当遵守下列规定:

(一)除本条例第六条第一项至第六项、第七条规定的情形外,不得提供作者事先声明不许提供的作品;

(二)指明作品的名称和作者的姓名(名称);

(三)依照本条例规定支付报酬;

(四)采取技术措施,防止本条例第七条、第八条、第九条规定的服务对象以外的其他人获得著作权人的作品,并防止本条例第七条规定的服务对象的复制行为对著作权人利益造成实质性损害;

(五)不得侵犯著作权人依法享有的其他权利。

第十一条　通过信息网络提供他人表演、录音录像制品的,应当遵守本条例第六条至第十条的规定。

第十二条　属于下列情形的,可以避开技术措施,但不得向他人提供

避开技术措施的技术、装置或者部件,不得侵犯权利人依法享有的其他权利:

(一)为学校课堂教学或者科学研究,通过信息网络向少数教学、科研人员提供已经发表的作品、表演、录音录像制品,而该作品、表演、录音录像制品只能通过信息网络获取;

(二)不以营利为目的,通过信息网络以盲人能够感知的独特方式向盲人提供已经发表的文字作品,而该作品只能通过信息网络获取;

(三)国家机关依照行政、司法程序执行公务;

(四)在信息网络上对计算机及其系统或者网络的安全性能进行测试。

第十三条　著作权行政管理部门为了查处侵犯信息网络传播权的行为,可以要求网络服务提供者提供涉嫌侵权的服务对象的姓名(名称)、联系方式、网络地址等资料。

第十四条　对提供信息存储空间或者提供搜索、链接服务的网络服务提供者,权利人认为其服务所涉及的作品、表演、录音录像制品,侵犯自己的信息网络传播权或者被删除、改变了自己的权利管理电子信息的,可以向该网络服务提供者提交书面通知,要求网络服务提供者删除该作品、表演、录音录像制品,或者断开与该作品、表演、录音录像制品的链接。通知书应当包含下列内容:

(一)权利人的姓名(名称)、联系方式和地址;

(二)要求删除或者断开链接的侵权作品、表演、录音录像制品的名称和网络地址;

(三)构成侵权的初步证明材料。

权利人应当对通知书的真实性负责。

第十五条　网络服务提供者接到权利人的通知书后,应当立即删除涉嫌侵权的作品、表演、录音录像制品,或者断开与涉嫌侵权的作品、表演、录音录像制品的链接,并同时将通知书转送提供作品、表演、录音录像制品的服务对象;服务对象网络地址不明、无法转送的,应当将通知书的内容同时在信息网络上公告。

第十六条 服务对象接到网络服务提供者转送的通知书后,认为其提供的作品、表演、录音录像制品未侵犯他人权利的,可以向网络服务提供者提交书面说明,要求恢复被删除的作品、表演、录音录像制品,或者恢复与被断开的作品、表演、录音录像制品的链接。书面说明应当包含下列内容:

(一)服务对象的姓名(名称)、联系方式和地址;

(二)要求恢复的作品、表演、录音录像制品的名称和网络地址;

(三)不构成侵权的初步证明材料。

服务对象应当对书面说明的真实性负责。

第十七条 网络服务提供者接到服务对象的书面说明后,应当立即恢复被删除的作品、表演、录音录像制品,或者可以恢复与被断开的作品、表演、录音录像制品的链接,同时将服务对象的书面说明转送权利人。权利人不得再通知网络服务提供者删除该作品、表演、录音录像制品,或者断开与该作品、表演、录音录像制品的链接。

第十八条 违反本条例规定,有下列侵权行为之一的,根据情况承担停止侵害、消除影响、赔礼道歉、赔偿损失等民事责任;同时损害公共利益的,可以由著作权行政管理部门责令停止侵权行为,没收违法所得,非法经营额5万元以上的,可处非法经营额1倍以上5倍以下的罚款;没有非法经营额或者非法经营额5万元以下的,根据情节轻重,可处25万元以下的罚款;情节严重的,著作权行政管理部门可以没收主要用于提供网络服务的计算机等设备;构成犯罪的,依法追究刑事责任:

(一)通过信息网络擅自向公众提供他人的作品、表演、录音录像制品的;

(二)故意避开或者破坏技术措施的;

(三)故意删除或者改变通过信息网络向公众提供的作品、表演、录音录像制品的权利管理电子信息,或者通过信息网络向公众提供明知或者应知未经权利人许可而被删除或者改变权利管理电

子信息的作品、表演、录音录像制品的;

(四)为扶助贫困通过信息网络向农村地区提供作品、表演、录音录像制品超过规定范围,或者未按照公告的标准支付报酬,或者在权利人不同意提供其作品、表演、录音录像制品后未立即删除的;

(五)通过信息网络提供他人的作品、表演、录音录像制品,未指明作品、表演、录音录像制品的名称或者作者、表演者、录音录像制作者的姓名(名称),或者未支付报酬,或者未依照本条例规定采取技术措施防止服务对象以外的其他人获得他人的作品、表演、录音录像制品,或者未防止服务对象的复制行为对权利人利益造成实质性损害的。

第十九条 违反本条例规定,有下列行为之一的,由著作权行政管理部门予以警告,没收违法所得,没收主要用于避开、破坏技术措施的装置或者部件;情节严重的,可以没收主要用于提供网络服务的计算机等设备;非法经营额 5 万元以上的,可处非法经营额 1 倍以上 5 倍以下的罚款;没有非法经营额或者非法经营额 5 万元以下的,根据情节轻重,可处 25 万元以下的罚款;构成犯罪的,依法追究刑事责任:

(一)故意制造、进口或者向他人提供主要用于避开、破坏技术措施的装置或者部件,或者故意为他人避开或者破坏技术措施提供技术服务的;

(二)通过信息网络提供他人的作品、表演、录音录像制品,获得经济利益的;

(三)为扶助贫困通过信息网络向农村地区提供作品、表演、录音录像制品,未在提供前公告作品、表演、录音录像制品的名称和作者、表演者、录音录像制作者的姓名(名称)以及报酬标准的。

第二十条 网络服务提供者根据服务对象的指令提供网络自动接入服务,或者对服务对象提供的作品、表演、录音录像制品提供自动传输服务,并具备下列条件的,不承担赔偿责任:

(一)未选择并且未改变所传输的作品、表演、录音录像制品;

(二)向指定的服务对象提供该作品、表演、录音录像制品,并防止指定的服务对象以外的其他人获得。

第二十一条 网络服务提供者为提高网络传输效率,自动存储从其他网络服务提供者获得的作品、表演、录音录像制品,根据技术安排自动向服务对象提供,并具备下列条件的,不承担赔偿责任:

(一)未改变自动存储的作品、表演、录音录像制品;

(二)不影响提供作品、表演、录音录像制品的原网络服务提供者掌握服务对象获取该作品、表演、录音录像制品的情况;

(三)在原网络服务提供者修改、删除或者屏蔽该作品、表演、录音录像制品时,根据技术安排自动予以修改、删除或者屏蔽。

第二十二条 网络服务提供者为服务对象提供信息存储空间,供服务对象通过信息网络向公众提供作品、表演、录音录像制品,并具备下列条件的,不承担赔偿责任:

(一)明确标示该信息存储空间是为服务对象所提供,并公开网络服务提供者的名称、联系人、网络地址;

(二)未改变服务对象所提供的作品、表演、录音录像制品;

(三)不知道也没有合理的理由应当知道服务对象提供的作品、表演、录音录像制品侵权;

(四)未从服务对象提供作品、表演、录音录像制品中直接获得经济利益;

(五)在接到权利人的通知书后,根据本条例规定删除权利人认为侵权的作品、表演、录音录像制品。

第二十三条 网络服务提供者为服务对象提供搜索或者链接服务,在接到权利人的通知书后,根据本条例规定断开与侵权的作品、表演、录音录像制品的链接的,不承担赔偿责任;但是,明知或者应知所链接的作品、表演、录音录像制品侵权的,应当承担共同侵权责任。

第二十四条 因权利人的通知导致网络服务提供者错误删除作品、表演、录音录像制品,或者错误断开与作品、表演、录音录像制品的链接,给服务对象造成损失的,权利人应当承担赔偿责任。

第二十五条　网络服务提供者无正当理由拒绝提供或者拖延提供涉嫌侵权的服务对象的姓名（名称）、联系方式、网络地址等资料的，由著作权行政管理部门予以警告；情节严重的，没收主要用于提供网络服务的计算机等设备。

第二十六条　本条例下列用语的含义：

信息网络传播权，是指以有线或者无线方式向公众提供作品、表演或者录音录像制品，使公众可以在其个人选定的时间和地点获得作品、表演或者录音录像制品的权利。

技术措施，是指用于防止、限制未经权利人许可浏览、欣赏作品、表演、录音录像制品的或者通过信息网络向公众提供作品、表演、录音录像制品的有效技术、装置或者部件。

权利管理电子信息，是指说明作品及其作者、表演及其表演者、录音录像制品及其制作者的信息，作品、表演、录音录像制品权利人的信息和使用条件的信息，以及表示上述信息的数字或者代码。

第二十七条　本条例自 2006 年 7 月 1 日起施行。

电信和互联网用户个人信息保护规定

1. 2013 年 7 月 16 日工业和信息化部令第 24 号公布
2. 自 2013 年 9 月 1 日起施行

第一章　总　　则

第一条　为了保护电信和互联网用户的合法权益，维护网络信息安全，根据《全国人民代表大会常务委员会关于加强网络信息保护的决定》、《中华人民共和国电信条例》和《互联网信息服务管理办法》等法律、行政法规，制定本规定。

第二条　在中华人民共和国境内提供电信服务和互联网信息服务过程中收集、使用用户个人信息的活动，适用本规定。

第三条　工业和信息化部和各省、自治区、直辖市通信管理局(以下统称电信管理机构)依法对电信和互联网用户个人信息保护工作实施监督管理。

第四条　本规定所称用户个人信息，是指电信业务经营者和互联网信息服务提供者在提供服务的过程中收集的用户姓名、出生日期、身份证件号码、住址、电话号码、账号和密码等能够单独或者与其他信息结合识别用户的信息以及用户使用服务的时间、地点等信息。

第五条　电信业务经营者、互联网信息服务提供者在提供服务的过程中收集、使用用户个人信息，应当遵循合法、正当、必要的原则。

第六条　电信业务经营者、互联网信息服务提供者对其在提供服务过程中收集、使用的用户个人信息的安全负责。

第七条　国家鼓励电信和互联网行业开展用户个人信息保护自律工作。

第二章　信息收集和使用规范

第八条　电信业务经营者、互联网信息服务提供者应当制定用户个人信息收集、使用规则，并在其经营或者服务场所、网站等予以公布。

第九条　未经用户同意，电信业务经营者、互联网信息服务提供者不得收集、使用用户个人信息。

　　电信业务经营者、互联网信息服务提供者收集、使用用户个人信息的，应当明确告知用户收集、使用信息的目的、方式和范围，查询、更正信息的渠道以及拒绝提供信息的后果等事项。

　　电信业务经营者、互联网信息服务提供者不得收集其提供服务所必需以外的用户个人信息或者将信息用于提供服务之外的目的，不得以欺骗、误导或者强迫等方式或者违反法律、行政法规以及双方的约定收集、使用信息。

　　电信业务经营者、互联网信息服务提供者在用户终止使用电信服务或者互联网信息服务后，应当停止对用户个人信息的收集和使用,并为用户提供注销号码或者账号的服务。

　　法律、行政法规对本条第一款至第四款规定的情形另有规定的,从其规定。

第十条　电信业务经营者、互联网信息服务提供者及其工作人员对在提供服务过程中收集、使用的用户个人信息应当严格保密,不得泄露、篡改或者毁损,不得出售或者非法向他人提供。

第十一条　电信业务经营者、互联网信息服务提供者委托他人代理市场销售和技术服务等直接面向用户的服务性工作,涉及收集、使用用户个人信息的,应当对代理人的用户个人信息保护工作进行监督和管理,不得委托不符合本规定有关用户个人信息保护要求的代理人代办相关服务。

第十二条　电信业务经营者、互联网信息服务提供者应当建立用户投诉处理机制,公布有效的联系方式,接受与用户个人信息保护有关的投诉,并自接到投诉之日起十五日内答复投诉人。

第三章　安全保障措施

第十三条　电信业务经营者、互联网信息服务提供者应当采取以下措施防止用户个人信息泄露、毁损、篡改或者丢失:

　　(一)确定各部门、岗位和分支机构的用户个人信息安全管理责任;

　　(二)建立用户个人信息收集、使用及其相关活动的工作流程和安全管理制度;

　　(三)对工作人员及代理人实行权限管理,对批量导出、复制、销毁信息实行审查,并采取防泄密措施;

　　(四)妥善保管记录用户个人信息的纸介质、光介质、电磁介质等载体,并采取相应的安全储存措施;

　　(五)对储存用户个人信息的信息系统实行接入审查,并采取防入侵、防病毒等措施;

　　(六)记录对用户个人信息进行操作的人员、时间、地点、事项等信息;

（七）按照电信管理机构的规定开展通信网络安全防护工作；

（八）电信管理机构规定的其他必要措施。

第十四条　电信业务经营者、互联网信息服务提供者保管的用户个人信息发生或者可能发生泄露、毁损、丢失的，应当立即采取补救措施；造成或者可能造成严重后果的，应当立即向准予其许可或者备案的电信管理机构报告，配合相关部门进行的调查处理。

电信管理机构应当对报告或者发现的可能违反本规定的行为的影响进行评估；影响特别重大的，相关省、自治区、直辖市通信管理局应当向工业和信息化部报告。电信管理机构在依据本规定作出处理决定前，可以要求电信业务经营者和互联网信息服务提供者暂停有关行为，电信业务经营者和互联网信息服务提供者应当执行。

第十五条　电信业务经营者、互联网信息服务提供者应当对其工作人员进行用户个人信息保护相关知识、技能和安全责任培训。

第十六条　电信业务经营者、互联网信息服务提供者应当对用户个人信息保护情况每年至少进行一次自查，记录自查情况，及时消除自查中发现的安全隐患。

第四章　监督检查

第十七条　电信管理机构应当对电信业务经营者、互联网信息服务提供者保护用户个人信息的情况实施监督检查。

电信管理机构实施监督检查时，可以要求电信业务经营者、互联网信息服务提供者提供相关材料，进入其生产经营场所调查情况，电信业务经营者、互联网信息服务提供者应当予以配合。

电信管理机构实施监督检查，应当记录监督检查的情况，不得妨碍电信业务经营者、互联网信息服务提供者正常的经营或者服务活动，不得收取任何费用。

第十八条　电信管理机构及其工作人员对在履行职责中知悉的用户个人信息应当予以保密，不得泄露、篡改或者毁损，不得出售或者非法向他人提供。

第十九条 电信管理机构实施电信业务经营许可及经营许可证年检时,应当对用户个人信息保护情况进行审查。

第二十条 电信管理机构应当将电信业务经营者、互联网信息服务提供者违反本规定的行为记入其社会信用档案并予以公布。

第二十一条 鼓励电信和互联网行业协会依法制定有关用户个人信息保护的自律性管理制度,引导会员加强自律管理,提高用户个人信息保护水平。

第五章 法律责任

第二十二条 电信业务经营者、互联网信息服务提供者违反本规定第八条、第十二条规定的,由电信管理机构依据职权责令限期改正,予以警告,可以并处一万元以下的罚款。

第二十三条 电信业务经营者、互联网信息服务提供者违反本规定第九条至第十一条、第十三条至第十六条、第十七条第二款规定的,由电信管理机构依据职权责令限期改正,予以警告,可以并处一万元以上三万元以下的罚款,向社会公告;构成犯罪的,依法追究刑事责任。

第二十四条 电信管理机构工作人员在对用户个人信息保护工作实施监督管理的过程中玩忽职守、滥用职权、徇私舞弊的,依法给予处理;构成犯罪的,依法追究刑事责任。

第六章 附 则

第二十五条 本规定自 2013 年 9 月 1 日起施行。

最高人民法院关于审理涉及计算机网络域名民事纠纷案件适用法律若干问题的解释

1. 2001年6月26日最高人民法院审判委员会第1182次会议通过、2001年7月17日公布、自2001年7月24日起施行(法释〔2001〕24号)
2. 根据2020年12月23日最高人民法院审判委员会第1823次会议通过、2020年12月29日公布的《最高人民法院关于修改〈最高人民法院关于审理侵犯专利权纠纷案件应用法律若干问题的解释(二)〉等十八件知识产权类司法解释的决定》(法释〔2020〕19号)修正

为了正确审理涉及计算机网络域名注册、使用等行为的民事纠纷案件(以下简称域名纠纷案件),根据《中华人民共和国民法典》《中华人民共和国反不正当竞争法》和《中华人民共和国民事诉讼法》(以下简称民事诉讼法)等法律的规定,作如下解释:

第一条 对于涉及计算机网络域名注册、使用等行为的民事纠纷,当事人向人民法院提起诉讼,经审查符合民事诉讼法第一百一十九条规定的,人民法院应当受理。

第二条 涉及域名的侵权纠纷案件,由侵权行为地或者被告住所地的中级人民法院管辖。对难以确定侵权行为地和被告住所地的,原告发现该域名的计算机终端等设备所在地可以视为侵权行为地。

涉外域名纠纷案件包括当事人一方或者双方是外国人、无国籍人、外国企业或组织、国际组织,或者域名注册地在外国的域名纠纷案件。在中华人民共和国领域内发生的涉外域名纠纷案件,依照民事诉讼法第四编的规定确定管辖。

第三条 域名纠纷案件的案由,根据双方当事人争议的法律关系的性质确定,并在其前冠以计算机网络域名;争议的法律关系的性质难以确定的,可以通称为计算机网络域名纠纷案件。

第四条 人民法院审理域名纠纷案件,对符合以下各项条件的,应当

认定被告注册、使用域名等行为构成侵权或者不正当竞争：

（一）原告请求保护的民事权益合法有效；

（二）被告域名或其主要部分构成对原告驰名商标的复制、模仿、翻译或音译；或者与原告的注册商标、域名等相同或近似，足以造成相关公众的误认；

（三）被告对该域名或其主要部分不享有权益，也无注册、使用该域名的正当理由；

（四）被告对该域名的注册、使用具有恶意。

第五条 被告的行为被证明具有下列情形之一的，人民法院应当认定其具有恶意：

（一）为商业目的将他人驰名商标注册为域名的；

（二）为商业目的注册、使用与原告的注册商标、域名等相同或近似的域名，故意造成与原告提供的产品、服务或者原告网站的混淆，误导网络用户访问其网站或其他在线站点的；

（三）曾要约高价出售、出租或者以其他方式转让该域名获取不正当利益的；

（四）注册域名后自己并不使用也未准备使用，而有意阻止权利人注册该域名的；

（五）具有其他恶意情形的。

被告举证证明在纠纷发生前其所持有的域名已经获得一定的知名度，且能与原告的注册商标、域名等相区别，或者具有其他情形足以证明其不具有恶意的，人民法院可以不认定被告具有恶意。

第六条 人民法院审理域名纠纷案件，根据当事人的请求以及案件的具体情况，可以对涉及的注册商标是否驰名依法作出认定。

第七条 人民法院认定域名注册、使用等行为构成侵权或者不正当竞争的，可以判令被告停止侵权、注销域名，或者依原告的请求判令由原告注册使用该域名；给权利人造成实际损害的，可以判令被告赔偿损失。

侵权人故意侵权且情节严重，原告有权向人民法院请求惩罚性赔偿。

最高人民法院关于审理侵害信息网络传播权
民事纠纷案件适用法律若干问题的规定

1. 2012年11月26日最高人民法院审判委员会第1561次会议通过、2012年12月17日公布、自2013年1月1日起施行(法释〔2012〕20号)
2. 根据2020年12月23日最高人民法院审判委员会第1823次会议通过、2020年12月29日公布的《最高人民法院关于修改〈最高人民法院关于审理侵犯专利权纠纷案件应用法律若干问题的解释(二)〉等十八件知识产权类司法解释的决定》(法释〔2020〕19号)修正

为正确审理侵害信息网络传播权民事纠纷案件,依法保护信息网络传播权,促进信息网络产业健康发展,维护公共利益,根据《中华人民共和国民法典》《中华人民共和国著作权法》《中华人民共和国民事诉讼法》等有关法律规定,结合审判实际,制定本规定。

第一条 人民法院审理侵害信息网络传播权民事纠纷案件,在依法行使裁量权时,应当兼顾权利人、网络服务提供者和社会公众的利益。

第二条 本规定所称信息网络,包括以计算机、电视机、固定电话机、移动电话机等电子设备为终端的计算机互联网、广播电视网、固定通信网、移动通信网等信息网络,以及向公众开放的局域网络。

第三条 网络用户、网络服务提供者未经许可,通过信息网络提供权利人享有信息网络传播权的作品、表演、录音录像制品,除法律、行政法规另有规定外,人民法院应当认定其构成侵害信息网络传播权行为。

通过上传到网络服务器、设置共享文件或者利用文件分享软件等方式,将作品、表演、录音录像制品置于信息网络中,使公众能够在个人选定的时间和地点以下载、浏览或者其他方式获得的,人民法院应当认定其实施了前款规定的提供行为。

第四条 有证据证明网络服务提供者与他人以分工合作等方式共同提供作品、表演、录音录像制品,构成共同侵权行为的,人民法院应当判令其承担连带责任。网络服务提供者能够证明其仅提供自动接入、自动传输、信息存储空间、搜索、链接、文件分享技术等网络服务,主张其不构成共同侵权行为的,人民法院应予支持。

第五条 网络服务提供者以提供网页快照、缩略图等方式实质替代其他网络服务提供者向公众提供相关作品的,人民法院应当认定其构成提供行为。

前款规定的提供行为不影响相关作品的正常使用,且未不合理损害权利人对该作品的合法权益,网络服务提供者主张其未侵害信息网络传播权的,人民法院应予支持。

第六条 原告有初步证据证明网络服务提供者提供了相关作品、表演、录音录像制品,但网络服务提供者能够证明其仅提供网络服务,且无过错的,人民法院不应认定为构成侵权。

第七条 网络服务提供者在提供网络服务时教唆或者帮助网络用户实施侵害信息网络传播权行为的,人民法院应当判令其承担侵权责任。

网络服务提供者以言语、推介技术支持、奖励积分等方式诱导、鼓励网络用户实施侵害信息网络传播权行为的,人民法院应当认定其构成教唆侵权行为。

网络服务提供者明知或者应知网络用户利用网络服务侵害信息网络传播权,未采取删除、屏蔽、断开链接等必要措施,或者提供技术支持等帮助行为的,人民法院应当认定其构成帮助侵权行为。

第八条 人民法院应当根据网络服务提供者的过错,确定其是否承担教唆、帮助侵权责任。网络服务提供者的过错包括对于网络用户侵害信息网络传播权行为的明知或者应知。

网络服务提供者未对网络用户侵害信息网络传播权的行为主动进行审查的,人民法院不应据此认定其具有过错。

网络服务提供者能够证明已采取合理、有效的技术措施,仍难以发现网络用户侵害信息网络传播权行为的,人民法院应当认定其不具有过错。

第九条　人民法院应当根据网络用户侵害信息网络传播权的具体事实是否明显，综合考虑以下因素，认定网络服务提供者是否构成应知：

（一）基于网络服务提供者提供服务的性质、方式及其引发侵权的可能性大小，应当具备的管理信息的能力；

（二）传播的作品、表演、录音录像制品的类型、知名度及侵权信息的明显程度；

（三）网络服务提供者是否主动对作品、表演、录音录像制品进行了选择、编辑、修改、推荐等；

（四）网络服务提供者是否积极采取了预防侵权的合理措施；

（五）网络服务提供者是否设置便捷程序接收侵权通知并及时对侵权通知作出合理的反应；

（六）网络服务提供者是否针对同一网络用户的重复侵权行为采取了相应的合理措施；

（七）其他相关因素。

第十条　网络服务提供者在提供网络服务时，对热播影视作品等以设置榜单、目录、索引、描述性段落、内容简介等方式进行推荐，且公众可以在其网页上直接以下载、浏览或者其他方式获得的，人民法院可以认定其应知网络用户侵害信息网络传播权。

第十一条　网络服务提供者从网络用户提供的作品、表演、录音录像制品中直接获得经济利益的，人民法院应当认定其对该网络用户侵害信息网络传播权的行为负有较高的注意义务。

网络服务提供者针对特定作品、表演、录音录像制品投放广告获取收益，或者获取与其传播的作品、表演、录音录像制品存在其他特定联系的经济利益，应当认定为前款规定的直接获得经济利益。网络服务提供者因提供网络服务而收取一般性广告费、服务费等，不属于本款规定的情形。

第十二条　有下列情形之一的，人民法院可以根据案件具体情况，认定提供信息存储空间服务的网络服务提供者应知网络用户侵害信息网络传播权：

（一）将热播影视作品等置于首页或者其他主要页面等能够为网络服务提供者明显感知的位置的；

（二）对热播影视作品等的主题、内容主动进行选择、编辑、整理、推荐，或者为其设立专门的排行榜的；

（三）其他可以明显感知相关作品、表演、录音录像制品为未经许可提供，仍未采取合理措施的情形。

第十三条 网络服务提供者接到权利人以书信、传真、电子邮件等方式提交的通知及构成侵权的初步证据，未及时根据初步证据和服务类型采取必要措施的，人民法院应当认定其明知相关侵害信息网络传播权行为。

第十四条 人民法院认定网络服务提供者转送通知、采取必要措施是否及时，应当根据权利人提交通知的形式，通知的准确程度，采取措施的难易程度，网络服务的性质，所涉作品、表演、录音录像制品的类型、知名度、数量等因素综合判断。

第十五条 侵害信息网络传播权民事纠纷案件由侵权行为地或者被告住所地人民法院管辖。侵权行为地包括实施被诉侵权行为的网络服务器、计算机终端等设备所在地。侵权行为地和被告住所地均难以确定或者在境外的，原告发现侵权内容的计算机终端等设备所在地可以视为侵权行为地。

第十六条 本规定施行之日起，《最高人民法院关于审理涉及计算机网络著作权纠纷案件适用法律若干问题的解释》（法释〔2006〕11号）同时废止。

本规定施行之后尚未终审的侵害信息网络传播权民事纠纷案件，适用本规定。本规定施行前已经终审，当事人申请再审或者按照审判监督程序决定再审的，不适用本规定。

最高人民法院关于审理利用信息网络侵害人身权益民事纠纷案件适用法律若干问题的规定

1. 2014年6月23日最高人民法院审判委员会第1621次会议通过、2014年8月21日公布、自2014年10月10日起施行(法释〔2014〕11号)
2. 根据2020年12月23日最高人民法院审判委员会第1823次会议通过、2020年12月29日公布的《最高人民法院关于修改〈最高人民法院关于在民事审判工作中适用《中华人民共和国工会法》若干问题的解释〉等二十七件民事类司法解释的决定》(法释〔2020〕17号)修正

为正确审理利用信息网络侵害人身权益民事纠纷案件,根据《中华人民共和国民法典》《全国人民代表大会常务委员会关于加强网络信息保护的决定》《中华人民共和国民事诉讼法》等法律的规定,结合审判实践,制定本规定。

第一条 本规定所称的利用信息网络侵害人身权益民事纠纷案件,是指利用信息网络侵害他人姓名权、名称权、名誉权、荣誉权、肖像权、隐私权等人身权益引起的纠纷案件。

第二条 原告依据民法典第一千一百九十五条、第一千一百九十七条的规定起诉网络用户或者网络服务提供者的,人民法院应予受理。

原告仅起诉网络用户,网络用户请求追加涉嫌侵权的网络服务提供者为共同被告或者第三人的,人民法院应予准许。

原告仅起诉网络服务提供者,网络服务提供者请求追加可以确定的网络用户为共同被告或者第三人的,人民法院应予准许。

第三条 原告起诉网络服务提供者,网络服务提供者以涉嫌侵权的信息系网络用户发布为由抗辩的,人民法院可以根据原告的请求及案件的具体情况,责令网络服务提供者向人民法院提供能够确定涉嫌侵权的网络用户的姓名(名称)、联系方式、网络地址等

信息。

网络服务提供者无正当理由拒不提供的，人民法院可以依据民事诉讼法第一百一十四条的规定对网络服务提供者采取处罚等措施。

原告根据网络服务提供者提供的信息请求追加网络用户为被告，人民法院应予准许。

第四条 人民法院适用民法典第一千一百九十五条第二款的规定，认定网络服务提供者采取的删除、屏蔽、断开链接等必要措施是否及时，应当根据网络服务的类型和性质、有效通知的形式和准确程度、网络信息侵害权益的类型和程度等因素综合判断。

第五条 其发布的信息被采取删除、屏蔽、断开链接等措施的网络用户，主张网络服务提供者承担违约责任或者侵权责任，网络服务提供者以收到民法典第一千一百九十五条第一款规定的有效通知为由抗辩的，人民法院应予支持。

第六条 人民法院依据民法典第一千一百九十七条认定网络服务提供者是否"知道或者应当知道"，应当综合考虑下列因素：

（一）网络服务提供者是否以人工或者自动方式对侵权网络信息以推荐、排名、选择、编辑、整理、修改等方式作出处理；

（二）网络服务提供者应当具备的管理信息的能力，以及所提供服务的性质、方式及其引发侵权的可能性大小；

（三）该网络信息侵害人身权益的类型及明显程度；

（四）该网络信息的社会影响程度或者一定时间内的浏览量；

（五）网络服务提供者采取预防侵权措施的技术可能性及其是否采取了相应的合理措施；

（六）网络服务提供者是否针对同一网络用户的重复侵权行为或者同一侵权信息采取了相应的合理措施；

（七）与本案相关的其他因素。

第七条 人民法院认定网络用户或者网络服务提供者转载网络信息行为的过错及其程度，应当综合以下因素：

（一）转载主体所承担的与其性质、影响范围相适应的注意义务；

（二）所转载信息侵害他人人身权益的明显程度；

（三）对所转载信息是否作出实质性修改，是否添加或者修改文章标题，导致其与内容严重不符以及误导公众的可能性。

第八条 网络用户或者网络服务提供者采取诽谤、诋毁等手段，损害公众对经营主体的信赖，降低其产品或者服务的社会评价，经营主体请求网络用户或者网络服务提供者承担侵权责任的，人民法院应依法予以支持。

第九条 网络用户或者网络服务提供者，根据国家机关依职权制作的文书和公开实施的职权行为等信息来源所发布的信息，有下列情形之一，侵害他人人身权益，被侵权人请求侵权人承担侵权责任的，人民法院应予支持：

（一）网络用户或者网络服务提供者发布的信息与前述信息来源内容不符；

（二）网络用户或者网络服务提供者以添加侮辱性内容、诽谤性信息、不当标题或者通过增删信息、调整结构、改变顺序等方式致人误解；

（三）前述信息来源已被公开更正，但网络用户拒绝更正或者网络服务提供者不予更正；

（四）前述信息来源已被公开更正，网络用户或者网络服务提供者仍然发布更正之前的信息。

第十条 被侵权人与构成侵权的网络用户或者网络服务提供者达成一方支付报酬，另一方提供删除、屏蔽、断开链接等服务的协议，人民法院应认定为无效。

擅自篡改、删除、屏蔽特定网络信息或者以断开链接的方式阻止他人获取网络信息，发布该信息的网络用户或者网络服务提供者请求侵权人承担侵权责任的，人民法院应予支持。接受他人委托实施该行为的，委托人与受托人承担连带责任。

第十一条 网络用户或者网络服务提供者侵害他人人身权益，造成财产损失或者严重精神损害，被侵权人依据民法典第一千一百八十二条和第一千一百八十三条的规定,请求其承担赔偿责任的,人民法院应予支持。

第十二条 被侵权人为制止侵权行为所支付的合理开支,可以认定为民法典第一千一百八十二条规定的财产损失。合理开支包括被侵权人或者委托代理人对侵权行为进行调查、取证的合理费用。人民法院根据当事人的请求和具体案情,可以将符合国家有关部门规定的律师费用计算在赔偿范围内。

被侵权人因人身权益受侵害造成的财产损失以及侵权人因此获得的利益难以确定的,人民法院可以根据具体案情在50万元以下的范围内确定赔偿数额。

第十三条 本规定施行后人民法院正在审理的一审、二审案件适用本规定。

本规定施行前已经终审,本规定施行后当事人申请再审或者按照审判监督程序决定再审的案件,不适用本规定。

三、网络犯罪

中华人民共和国反电信网络诈骗法

1. 2022年9月2日第十三届全国人民代表大会常务委员会第三十六次会议通过
2. 2022年9月2日中华人民共和国主席令第119号公布
3. 自2022年12月1日起施行

目 录

第一章 总 则
第二章 电信治理
第三章 金融治理
第四章 互联网治理
第五章 综合措施
第六章 法律责任
第七章 附 则

第一章 总 则

第一条 【立法目的】为了预防、遏制和惩治电信网络诈骗活动,加强反电信网络诈骗工作,保护公民和组织的合法权益,维护社会稳定和国家安全,根据宪法,制定本法。

第二条 【电信网络诈骗的定义】本法所称电信网络诈骗,是指以非法占有为目的,利用电信网络技术手段,通过远程、非接触等方式,诈骗公私财物的行为。

第三条 【适用范围】打击治理在中华人民共和国境内实施的电信网

络诈骗活动或者中华人民共和国公民在境外实施的电信网络诈骗活动,适用本法。

境外的组织、个人针对中华人民共和国境内实施电信网络诈骗活动的,或者为他人针对境内实施电信网络诈骗活动提供产品、服务等帮助的,依照本法有关规定处理和追究责任。

第四条 【基本原则】反电信网络诈骗工作坚持以人民为中心,统筹发展和安全;坚持系统观念、法治思维,注重源头治理、综合治理;坚持齐抓共管、群防群治,全面落实打防管控各项措施,加强社会宣传教育防范;坚持精准防治,保障正常生产经营活动和群众生活便利。

第五条 【保护国家秘密、商业秘密和个人隐私】反电信网络诈骗工作应当依法进行,维护公民和组织的合法权益。

有关部门和单位、个人应当对在反电信网络诈骗工作过程中知悉的国家秘密、商业秘密和个人隐私、个人信息予以保密。

第六条 【各方职责】国务院建立反电信网络诈骗工作机制,统筹协调打击治理工作。

地方各级人民政府组织领导本行政区域内反电信网络诈骗工作,确定反电信网络诈骗目标任务和工作机制,开展综合治理。

公安机关牵头负责反电信网络诈骗工作,金融、电信、网信、市场监管等有关部门依照职责履行监管主体责任,负责本行业领域反电信网络诈骗工作。

人民法院、人民检察院发挥审判、检察职能作用,依法防范、惩治电信网络诈骗活动。

电信业务经营者、银行业金融机构、非银行支付机构、互联网服务提供者承担风险防控责任,建立反电信网络诈骗内部控制机制和安全责任制度,加强新业务涉诈风险安全评估。

第七条 【协同联动工作机制】有关部门、单位在反电信网络诈骗工作中应当密切协作,实现跨行业、跨地域协同配合、快速联动,加强专业队伍建设,有效打击治理电信网络诈骗活动。

第八条 【宣传教育、单位和个人防范】各级人民政府和有关部门应当加强反电信网络诈骗宣传，普及相关法律和知识，提高公众对各类电信网络诈骗方式的防骗意识和识骗能力。

教育行政、市场监管、民政等有关部门和村民委员会、居民委员会，应当结合电信网络诈骗受害群体的分布等特征，加强对老年人、青少年等群体的宣传教育，增强反电信网络诈骗宣传教育的针对性、精准性，开展反电信网络诈骗宣传教育进学校、进企业、进社区、进农村、进家庭等活动。

各单位应当加强内部防范电信网络诈骗工作，对工作人员开展防范电信网络诈骗教育；个人应当加强电信网络诈骗防范意识。单位、个人应当协助、配合有关部门依照本法规定开展反电信网络诈骗工作。

第二章　电信治理

第九条　【电话用户实名制】电信业务经营者应当依法全面落实电话用户真实身份信息登记制度。

基础电信企业和移动通信转售企业应当承担对代理商落实电话用户实名制管理责任，在协议中明确代理商实名制登记的责任和有关违约处置措施。

第十条　【办卡数量和风险管理】办理电话卡不得超出国家有关规定限制的数量。

对经识别存在异常办卡情形的，电信业务经营者有权加强核查或者拒绝办卡。具体识别办法由国务院电信主管部门制定。

国务院电信主管部门组织建立电话用户开卡数量核验机制和风险信息共享机制，并为用户查询名下电话卡信息提供便捷渠道。

第十一条　【监测识别处置涉诈异常电话卡】电信业务经营者对监测识别的涉诈异常电话卡用户应当重新进行实名核验，根据风险等级采取有区别的、相应的核验措施。对未按规定核验或者核验未通过的，电信业务经营者可以限制、暂停有关电话卡功能。

第十二条　【物联网卡管理】电信业务经营者建立物联网卡用户风险评估制度，评估未通过的，不得向其销售物联网卡；严格登记物联网卡用户身份信息；采取有效技术措施限定物联网卡开通功能、使用场景和适用设备。

单位用户从电信业务经营者购买物联网卡再将载有物联网卡的设备销售给其他用户的，应当核验和登记用户身份信息，并将销量、存量及用户实名信息传送给号码归属的电信业务经营者。

电信业务经营者对物联网卡的使用建立监测预警机制。对存在异常使用情形的，应当采取暂停服务、重新核验身份和使用场景或者其他合同约定的处置措施。

第十三条 【改号电话、虚假和不规范主叫防治】电信业务经营者应当规范真实主叫号码传送和电信线路出租，对改号电话进行封堵拦截和溯源核查。

电信业务经营者应当严格规范国际通信业务出入口局主叫号码传送，真实、准确向用户提示来电号码所属国家或者地区，对网内和网间虚假主叫、不规范主叫进行识别、拦截。

第十四条 【涉诈非法设备、软件防治】任何单位和个人不得非法制造、买卖、提供或者使用下列设备、软件：

（一）电话卡批量插入设备；

（二）具有改变主叫号码、虚拟拨号、互联网电话违规接入公用电信网络等功能的设备、软件；

（三）批量账号、网络地址自动切换系统，批量接收提供短信验证、语音验证的平台；

（四）其他用于实施电信网络诈骗等违法犯罪的设备、软件。

电信业务经营者、互联网服务提供者应当采取技术措施，及时识别、阻断前款规定的非法设备、软件接入网络，并向公安机关和相关行业主管部门报告。

第三章 金融治理

第十五条 【金融业务尽职调查】银行业金融机构、非银行支付机构为客户开立银行账户、支付账户及提供支付结算服务，和与客户业务关系存续期间，应当建立客户尽职调查制度，依法识别受益所有人,采取相应风险管理措施,防范银行账户、支付账户等被用于电信网络诈骗活动。

第十六条 【开户数量和风险管理】开立银行账户、支付账户不得超出国家有关规定限制的数量。

对经识别存在异常开户情形的,银行业金融机构、非银行支付机构有权加强核查或者拒绝开户。

中国人民银行、国务院银行业监督管理机构组织有关清算机构建立跨机构开户数量核验机制和风险信息共享机制,并为客户提供查询名下银行账户、支付账户的便捷渠道。银行业金融机构、非银行支付机构应当按照国家有关规定提供开户情况和有关风险信息。相关信息不得用于反电信网络诈骗以外的其他用途。

第十七条 【企业账户管理措施】银行业金融机构、非银行支付机构应当建立开立企业账户异常情形的风险防控机制。金融、电信、市场监管、税务等有关部门建立开立企业账户相关信息共享查询系统,提供联网核查服务。

市场主体登记机关应当依法对企业实名登记履行身份信息核验职责;依照规定对登记事项进行监督检查,对可能存在虚假登记、涉诈异常的企业重点监督检查,依法撤销登记的,依照前款的规定及时共享信息;为银行业金融机构、非银行支付机构进行客户尽职调查和依法识别受益所有人提供便利。

第十八条 【监测、识别、处置涉诈异常账户和可疑交易】银行业金融机构、非银行支付机构应当对银行账户、支付账户及支付结算服务加强监测,建立完善符合电信网络诈骗活动特征的异常账户和可疑交易监测机制。

中国人民银行统筹建立跨银行业金融机构、非银行支付机构的反洗钱统一监测系统,会同国务院公安部门完善与电信网络诈骗犯罪资金流转特点相适应的反洗钱可疑交易报告制度。

对监测识别的异常账户和可疑交易,银行业金融机构、非银行支付机构应当根据风险情况,采取核实交易情况、重新核验身份、延迟支付结算、限制或者中止有关业务等必要的防范措施。

银行业金融机构、非银行支付机构依照第一款规定开展异常账户和可疑交易监测时，可以收集异常客户互联网协议地址、网卡地址、支付受理终端信息等必要的交易信息、设备位置信息。上述信息未经客户授权，不得用于反电信网络诈骗以外的其他用途。

第十九条　【交易信息透传】银行业金融机构、非银行支付机构应当按照国家有关规定，完整、准确传输直接提供商品或者服务的商户名称、收付款客户名称及账号等交易信息，保证交易信息的真实、完整和支付全流程中的一致性。

第二十条　【涉诈资金处置】国务院公安部门会同有关部门建立完善电信网络诈骗涉案资金即时查询、紧急止付、快速冻结、及时解冻和资金返还制度，明确有关条件、程序和救济措施。

公安机关依法决定采取上述措施的，银行业金融机构、非银行支付机构应当予以配合。

第四章　互联网治理

第二十一条　【互联网实名制】电信业务经营者、互联网服务提供者为用户提供下列服务，在与用户签订协议或者确认提供服务时，应当依法要求用户提供真实身份信息，用户不提供真实身份信息的，不得提供服务：

（一）提供互联网接入服务；

（二）提供网络代理等网络地址转换服务；

（三）提供互联网域名注册、服务器托管、空间租用、云服务、内容分发服务；

（四）提供信息、软件发布服务，或者提供即时通讯、网络交易、网络游戏、网络直播发布、广告推广服务。

第二十二条　【监测、识别、处置涉诈异常互联网账号】互联网服务提供者对监测识别的涉诈异常账号应当重新核验，根据国家有关规定采取限制功能、暂停服务等处置措施。

互联网服务提供者应当根据公安机关、电信主管部门要求，对涉案电话卡、涉诈异常电话卡所关联注册的有关互联网账号进行核验,根据风险情况,采取限期改正、限制功能、暂停使用、关闭账号、禁止重新注册等处置措施。

第二十三条 【移动互联网应用程序治理】设立移动互联网应用程序应当按照国家有关规定向电信主管部门办理许可或者备案手续。

为应用程序提供封装、分发服务的,应当登记并核验应用程序开发运营者的真实身份信息,核验应用程序的功能、用途。

公安、电信、网信等部门和电信业务经营者、互联网服务提供者应当加强对分发平台以外途径下载传播的涉诈应用程序重点监测、及时处置。

第二十四条 【域名解析、跳转和网址链接转换服务管理】提供域名解析、域名跳转、网址链接转换服务的,应当按照国家有关规定,核验域名注册、解析信息和互联网协议地址的真实性、准确性,规范域名跳转,记录并留存所提供相应服务的日志信息,支持实现对解析、跳转、转换记录的溯源。

第二十五条 【涉诈"黑灰产"防治和履行合理注意义务】任何单位和个人不得为他人实施电信网络诈骗活动提供下列支持或者帮助:

(一)出售、提供个人信息;

(二)帮助他人通过虚拟货币交易等方式洗钱;

(三)其他为电信网络诈骗活动提供支持或者帮助的行为。

电信业务经营者、互联网服务提供者应当依照国家有关规定,履行合理注意义务,对利用下列业务从事涉诈支持、帮助活动进行监测识别和处置:

(一)提供互联网接入、服务器托管、网络存储、通讯传输、线路出租、域名解析等网络资源服务;

(二)提供信息发布或者搜索、广告推广、引流推广等网络推广服务;

(三)提供应用程序、网站等网络技术、产品的制作、维护服务;

(四)提供支付结算服务。

第二十六条 【依法协助办案、移送涉诈犯罪线索和风险信息】公安机关办理电信网络诈骗案件依法调取证据的，互联网服务提供者应当及时提供技术支持和协助。

互联网服务提供者依照本法规定对有关涉诈信息、活动进行监测时，发现涉诈违法犯罪线索、风险信息的，应当依照国家有关规定，根据涉诈风险类型、程度情况移送公安、金融、电信、网信等部门。有关部门应当建立完善反馈机制，将相关情况及时告知移送单位。

第五章 综合措施

第二十七条 【公安机关打击职责】 公安机关应当建立完善打击治理电信网络诈骗工作机制，加强专门队伍和专业技术建设，各警种、各地公安机关应当密切配合，依法有效惩处电信网络诈骗活动。

公安机关接到电信网络诈骗活动的报案或者发现电信网络诈骗活动，应当依照《中华人民共和国刑事诉讼法》的规定立案侦查。

第二十八条 【监督检查活动】 金融、电信、网信部门依照职责对银行业金融机构、非银行支付机构、电信业务经营者、互联网服务提供者落实本法规定情况进行监督检查。有关监督检查活动应当依法规范开展。

第二十九条 【个人信息保护】 个人信息处理者应当依照《中华人民共和国个人信息保护法》等法律规定，规范个人信息处理，加强个人信息保护，建立个人信息被用于电信网络诈骗的防范机制。

履行个人信息保护职责的部门、单位对可能被电信网络诈骗利用的物流信息、交易信息、贷款信息、医疗信息、婚介信息等实施重点保护。公安机关办理电信网络诈骗案件，应当同时查证犯罪所利用的个人信息来源，依法追究相关人员和单位责任。

第三十条 【宣传教育义务、举报奖励和保护】 电信业务经营者、银行业金融机构、非银行支付机构、互联网服务提供者应当对从业人员和用户开展反电信网络诈骗宣传，在有关业务活动中对防范电信网络诈骗作出提示，对本领域新出现的电信网络诈骗手段及时向用户作出提醒，对非法买卖、出租、出借本人有关卡、账户、账号等被用于电信网络诈骗的法律责任作出警示。

新闻、广播、电视、文化、互联网信息服务等单位,应当面向社会有针对性地开展反电信网络诈骗宣传教育。

任何单位和个人有权举报电信网络诈骗活动,有关部门应当依法及时处理,对提供有效信息的举报人依照规定给予奖励和保护。

第三十一条 【非法转让"两卡"惩戒措施】任何单位和个人不得非法买卖、出租、出借电话卡、物联网卡、电信线路、短信端口、银行账户、支付账户、互联网账号等,不得提供实名核验帮助;不得假冒他人身份或者虚构代理关系开立上述卡、账户、账号等。

对经设区的市级以上公安机关认定的实施前款行为的单位、个人和相关组织者,以及因从事电信网络诈骗活动或者关联犯罪受过刑事处罚的人员,可以按照国家有关规定记入信用记录,采取限制其有关卡、账户、账号等功能和停止非柜面业务、暂停新业务、限制入网等措施。对上述认定和措施有异议的,可以提出申诉,有关部门应当建立健全申诉渠道、信用修复和救济制度。具体办法由国务院公安部门会同有关主管部门规定。

第三十二条 【技术反制措施和申诉救济】国家支持电信业务经营者、银行业金融机构、非银行支付机构、互联网服务提供者研究开发有关电信网络诈骗反制技术,用于监测识别、动态封堵和处置涉诈异常信息、活动。

国务院公安部门、金融管理部门、电信主管部门和国家网信部门等应当统筹负责本行业领域反制技术措施建设,推进涉电信网络诈骗样本信息数据共享,加强涉诈用户信息交叉核验,建立有关涉诈异常信息、活动的监测识别、动态封堵和处置机制。

依据本法第十一条、第十二条、第十八条、第二十二条和前款规定,对涉诈异常情形采取限制、暂停服务等处置措施的,应当告知处置原因、救济渠道及需要提交的资料等事项,被处置对象可以向作出决定或者采取措施的部门、单位提出申诉。作出决定的部门、单位应当建立完善申诉渠道,及时受理申诉并核查,核查通过的,应当即时解除有关措施。

第三十三条 【涉诈网络身份认证公共服务】国家推进网络身份认证公共服务建设,支持个人、企业自愿使用,电信业务经营者、银行业金融机构、非银行支付机构、互联网服务提供者对存在涉诈异常的电话卡、银行账户、支付账户、互联网账号,可以通过国家网络身份认证公共服务对用户身份重新进行核验。

第三十四条 【预警劝阻和被害人救助】公安机关应当会同金融、电信、网信部门组织银行业金融机构、非银行支付机构、电信业务经营者、互联网服务提供者等建立预警劝阻系统,对预警发现的潜在被害人,根据情况及时采取相应劝阻措施。对电信网络诈骗案件应当加强追赃挽损,完善涉案资金处置制度,及时返还被害人的合法财产。对遭受重大生活困难的被害人,符合国家有关救助条件的,有关方面依照规定给予救助。

第三十五条 【特定风险防范措施】经国务院反电信网络诈骗工作机制决定或者批准,公安、金融、电信等部门对电信网络诈骗活动严重的特定地区,可以依照国家有关规定采取必要的临时风险防范措施。

第三十六条 【限制出境措施】对前往电信网络诈骗活动严重地区的人员,出境活动存在重大涉电信网络诈骗活动嫌疑的,移民管理机构可以决定不准其出境。

因从事电信网络诈骗活动受过刑事处罚的人员,设区的市级以上公安机关可以根据犯罪情况和预防再犯罪的需要,决定自处罚完毕之日起六个月至三年以内不准其出境,并通知移民管理机构执行。

第三十七条 【国际合作】国务院公安部门等会同外交部门加强国际执法司法合作,与有关国家、地区、国际组织建立有效合作机制,通过开展国际警务合作等方式,提升在信息交流、调查取证、侦查抓捕、追赃挽损等方面的合作水平,有效打击遏制跨境电信网络诈骗活动。

第六章 法律责任

第三十八条 【从事电信网络诈骗活动的刑事责任和行政责任】组织、策划、实施、参与电信网络诈骗活动或者为电信网络诈骗活动提供帮助,构成犯罪的,依法追究刑事责任。

前款行为尚不构成犯罪的,由公安机关处十日以上十五日以下拘留;没收违法所得,处违法所得一倍以上十倍以下罚款,没有违法所得或者违法所得不足一万元的,处十万元以下罚款。

第三十九条 【违反本法有关电信治理规定的处罚】电信业务经营者违反本法规定,有下列情形之一的,由有关主管部门责令改正,情节较轻的,给予警告、通报批评,或者处五万元以上五十万元以下罚款;情节严重的,处五十万元以上五百万元以下罚款,并可以由有关主管部门责令暂停相关业务、停业整顿、吊销相关业务许可证或者吊销营业执照,对其直接负责的主管人员和其他直接责任人员,处一万元以上二十万元以下罚款:

(一)未落实国家有关规定确定的反电信网络诈骗内部控制机制的;

(二)未履行电话卡、物联网卡实名制登记职责的;

(三)未履行对电话卡、物联网卡的监测识别、监测预警和相关处置职责的;

(四)未对物联网卡用户进行风险评估,或者未限定物联网卡的开通功能、使用场景和适用设备的;

(五)未采取措施对改号电话、虚假主叫或者具有相应功能的非法设备进行监测处置的。

第四十条 【违反本法有关金融治理规定的处罚】银行业金融机构、非银行支付机构违反本法规定,有下列情形之一的,由有关主管部门责令改正,情节较轻的,给予警告、通报批评,或者处五万元以上五十万元以下罚款;情节严重的,处五十万元以上五百万元以下罚款,并可以由有关主管部门责令停止新增业务、缩减业务类型或者业务范围、暂停相关业务、停业整顿、吊销相关业务许可证或者吊销营业执照，对其直接负责的主管人员和其他直接责任人员，处一万元以上二十万元以下罚款：

（一）未落实国家有关规定确定的反电信网络诈骗内部控制机制的；

（二）未履行尽职调查义务和有关风险管理措施的；

（三）未履行对异常账户、可疑交易的风险监测和相关处置义务的；

（四）未按照规定完整、准确传输有关交易信息的。

第四十一条 【违反本法有关互联网治理规定的处罚】电信业务经营者、互联网服务提供者违反本法规定，有下列情形之一的，由有关主管部门责令改正，情节较轻的，给予警告、通报批评，或者处五万元以上五十万元以下罚款；情节严重的，处五十万元以上五百万元以下罚款，并可以由有关主管部门责令暂停相关业务、停业整顿、关闭网站或者应用程序、吊销相关业务许可证或者吊销营业执照，对其直接负责的主管人员和其他直接责任人员，处一万元以上二十万元以下罚款：

（一）未落实国家有关规定确定的反电信网络诈骗内部控制机制的；

（二）未履行网络服务实名制职责，或者未对涉案、涉诈电话卡关联注册互联网账号进行核验的；

（三）未按照国家有关规定，核验域名注册、解析信息和互联网协议地址的真实性、准确性，规范域名跳转，或者记录并留存所提供相应服务的日志信息的；

（四）未登记核验移动互联网应用程序开发运营者的真实身份信息或者未核验应用程序的功能、用途，为其提供应用程序封装、分发服务的；

（五）未履行对涉诈互联网账号和应用程序，以及其他电信网络诈骗信息、活动的监测识别和处置义务的；

（六）拒不依法为查处电信网络诈骗犯罪提供技术支持和协助，或者未按规定移送有关违法犯罪线索、风险信息的。

第四十二条 【从事涉诈黑灰产业的法律责任】违反本法第十四条、第二十五条第一款规定的,没收违法所得,由公安机关或者有关主管部门处违法所得一倍以上十倍以下罚款,没有违法所得或者违法所得不足五万元的,处五十万元以下罚款;情节严重的,由公安机关并处十五日以下拘留。

第四十三条 【未履行合理注意义务的处罚】违反本法第二十五条第二款规定,由有关主管部门责令改正,情节较轻的,给予警告、通报批评,或者处五万元以上五十万元以下罚款;情节严重的,处五十万元以上五百万元以下罚款,并可以由有关主管部门责令暂停相关业务、停业整顿、关闭网站或者应用程序,对其直接负责的主管人员和其他直接责任人员,处一万元以上二十万元以下罚款。

第四十四条 【非法转让电话卡、银行卡的处罚】违反本法第三十一条第一款规定的,没收违法所得,由公安机关处违法所得一倍以上十倍以下罚款,没有违法所得或者违法所得不足二万元的,处二十万元以下罚款;情节严重的,并处十五日以下拘留。

第四十五条 【失职渎职和其他违反本法规定的行为的刑事责任】反电信网络诈骗工作有关部门、单位的工作人员滥用职权、玩忽职守、徇私舞弊,或者有其他违反本法规定行为,构成犯罪的,依法追究刑事责任。

第四十六条 【民事责任衔接规定】组织、策划、实施、参与电信网络诈骗活动或者为电信网络诈骗活动提供相关帮助的违法犯罪人员,除依法承担刑事责任、行政责任以外,造成他人损害的,依照《中华人民共和国民法典》等法律的规定承担民事责任。

　　电信业务经营者、银行业金融机构、非银行支付机构、互联网服务提供者等违反本法规定,造成他人损害的,依照《中华人民共和国民法典》等法律的规定承担民事责任。

第四十七条 【公益诉讼】人民检察院在履行反电信网络诈骗职责中,对于侵害国家利益和社会公共利益的行为,可以依法向人民法院提起公益诉讼。

第四十八条 【行政复议、行政诉讼】有关单位和个人对依照本法作出的行政处罚和行政强制措施决定不服的,可以依法申请行政复议或者提起行政诉讼。

第七章 附 则

第四十九条 【与其他法律衔接】反电信网络诈骗工作涉及的有关管理和责任制度,本法没有规定的,适用《中华人民共和国网络安全法》《中华人民共和国个人信息保护法》《中华人民共和国反洗钱法》等相关法律规定。

第五十条 【施行日期】本法自2022年12月1日起施行。

中华人民共和国刑法(节录)

1. 1979年7月1日第五届全国人民代表大会第二次会议通过
2. 1997年3月14日第八届全国人民代表大会第五次会议修订
3. 根据1998年12月29日第九届全国人民代表大会常务委员会第六次会议通过的《关于惩治骗购外汇、逃汇和非法买卖外汇犯罪的决定》,1999年12月25日第九届全国人民代表大会常务委员会第十三次会议通过的《中华人民共和国刑法修正案》,2001年8月31日第九届全国人民代表大会常务委员会第二十三次会议通过的《中华人民共和国刑法修正案(二)》,2001年12月29日第九届全国人民代表大会常务委员会第二十五次会议通过的《中华人民共和国刑法修正案(三)》,2002年12月28日第九届全国人民代表大会常务委员会第三十一次会议通过的《中华人民共和国刑法修正案(四)》,2005年2月28日第十届全国人民代表大会常务委员会第十四次会议通过的《中华人民共和国刑法修正案(五)》,2006年6月29日第十届全国人民代表大会常务委员会第二十二次会议通过的《中华人民共和国刑法修正案(六)》,2009年2月28日第十一届全国人民代表大会常务委员会第七次会议通过的《中华人民共和国刑法修正案(七)》,2009年8月27日第十一届全国人民代表大会常务委员会第十次会议通过的《关于修改部分法律的决定》,2011年2月25日第十一届全国人民代表大会常务委员会第十九次会议通过的《中华人民共和国刑法修正案(八)》,2015年8月29日第十二届全国人民代表大会常务委员会第十六次会议通过的《中华人民共和国刑法修正案(九)》,2017年11月4日第十二届全国人民代表大会常务委员会第三十次会议通过的《中华人民共和国刑法修正案（十）》、2020年12月26日第十三届全国人民代表大会常务委员会第二十四次会议通过的《中华人民共和国刑法修正案（十一）》和2023年12月29日第十四届全国人民代表大会常务委员会第七次会议通过的《中华人民共和国刑法修正案（十二）》修正

第二编 分 则

第一章 危害国家安全罪

第一百零二条 【背叛国家罪】勾结外国,危害中华人民共和国的主权、领土完整和安全的,处无期徒刑或者十年以上有期徒刑。

与境外机构、组织、个人相勾结,犯前款罪的,依照前款的规定处罚。

第一百零三条 【分裂国家罪】组织、策划、实施分裂国家、破坏国家统一的,对首要分子或者罪行重大的,处无期徒刑或者十年以上有期徒刑;对积极参加的,处三年以上十年以下有期徒刑;对其他参加的,处三年以下有期徒刑、拘役、管制或者剥夺政治权利。

【煽动分裂国家罪】煽动分裂国家、破坏国家统一的,处五年以下有期徒刑、拘役、管制或者剥夺政治权利;首要分子或者罪行重大的,处五年以上有期徒刑。

第一百零四条 【武装叛乱、暴乱罪】组织、策划、实施武装叛乱或者武装暴乱的,对首要分子或者罪行重大的,处无期徒刑或者十年以上有期徒刑;对积极参加的,处三年以上十年以下有期徒刑;对其他参加的,处三年以下有期徒刑、拘役、管制或者剥夺政治权利。

策动、胁迫、勾引、收买国家机关工作人员、武装部队人员、人民警察、民兵进行武装叛乱或者武装暴乱的,依照前款的规定从重处罚。

第一百零五条 【颠覆国家政权罪】组织、策划、实施颠覆国家政权、推翻社会主义制度的,对首要分子或者罪行重大的,处无期徒刑或者十年以上有期徒刑;对积极参加的,处三年以上十年以下有期徒刑;对其他参加的,处三年以下有期徒刑、拘役、管制或者剥夺政治

权利。

【煽动颠覆国家政权罪】以造谣、诽谤或者其他方式煽动颠覆国家政权、推翻社会主义制度的,处五年以下有期徒刑、拘役、管制或者剥夺政治权利;首要分子或者罪行重大的,处五年以上有期徒刑。

第一百零六条 【与境外勾结的处罚规定】与境外机构、组织、个人相勾结,实施本章第一百零三条、第一百零四条、第一百零五条规定之罪的,依照各该条的规定从重处罚。

第一百零七条 【资助危害国家安全犯罪活动罪】境内外机构、组织或者个人资助实施本章第一百零二条、第一百零三条、第一百零四条、第一百零五条规定之罪的,对直接责任人员,处五年以下有期徒刑、拘役、管制或者剥夺政治权利;情节严重的,处五年以上有期徒刑。

第一百零八条 【投敌叛变罪】投敌叛变的,处三年以上十年以下有期徒刑;情节严重或者带领武装部队人员、人民警察、民兵投敌叛变的,处十年以上有期徒刑或者无期徒刑。

第一百零九条 【叛逃罪】国家机关工作人员在履行公务期间,擅离岗位,叛逃境外或者在境外叛逃的,处五年以下有期徒刑、拘役、管制或者剥夺政治权利;情节严重的,处五年以上十年以下有期徒刑。

掌握国家秘密的国家工作人员叛逃境外或者在境外叛逃的,依照前款的规定从重处罚。

第一百一十条 【间谍罪】有下列间谍行为之一,危害国家安全的,处十年以上有期徒刑或者无期徒刑;情节较轻的,处三年以上十年以下有期徒刑:

(一)参加间谍组织或者接受间谍组织及其代理人的任务的;
(二)为敌人指示轰击目标的。

第一百一十一条 【为境外窃取、刺探、收买、非法提供国家秘密、情报罪】为境外的机构、组织、人员窃取、刺探、收买、非法提供国家秘密或者情报的,处五年以上十年以下有期徒刑;情节特别严重的,处十年以上有期徒刑或者无期徒刑;情节较轻的,处五年以下有期徒刑、拘役、管制或者剥夺政治权利。

第一百一十二条 【资敌罪】战时供给敌人武器装备、军用物资资敌的,处十年以上有期徒刑或者无期徒刑;情节较轻的,处三年以上十年以下有期徒刑。

第一百一十三条 【危害国家安全罪适用死刑、没收财产的规定】本章上述危害国家安全罪行中,除第一百零三条第二款、第一百零五条、第一百零七条、第一百零九条外,对国家和人民危害特别严重、情节特别恶劣的,可以判处死刑。

犯本章之罪的,可以并处没收财产。

第三章　破坏社会主义市场经济秩序罪

第七节　侵犯知识产权罪

第二百一十七条 【侵犯著作权罪】以营利为目的,有下列侵犯著作权或者与著作权有关的权利的情形之一,违法所得数额较大或者有其他严重情节的,处三年以下有期徒刑,并处或者单处罚金;违法所得数额巨大或者有其他特别严重情节的,处三年以上十年以下有期徒刑,并处罚金:

(一)未经著作权人许可,复制发行、通过信息网络向公众传播其文字作品、音乐、美术、视听作品、计算机软件及法律、行政法规规定的其他作品的;

(二)出版他人享有专有出版权的图书的;

(三)未经录音录像制作者许可,复制发行、通过信息网络向公众传播其制作的录音录像的;

(四)未经表演者许可,复制发行录有其表演的录音录像制品,或者通过信息网络向公众传播其表演的;

(五)制作、出售假冒他人署名的美术作品的;

(六)未经著作权人或者与著作权有关的权利人许可,故意避开或者破坏权利人为其作品、录音录像制品等采取的保护著作权或者与著作权有关的权利的技术措施的。

第二百一十九条 【侵犯商业秘密罪】有下列侵犯商业秘密行为之一,情节严重的,处三年以下有期徒刑,并处或者单处罚金;情节特别严重的,处三年以上十年以下有期徒刑,并处罚金:

(一)以盗窃、贿赂、欺诈、胁迫、电子侵入或者其他不正当手段获取权利人的商业秘密的;

(二)披露、使用或者允许他人使用以前项手段获取的权利人的商业秘密的;

(三)违反保密义务或者违反权利人有关保守商业秘密的要求,披露、使用或者允许他人使用其所掌握的商业秘密的。

明知前款所列行为,获取、披露、使用或者允许他人使用该商业秘密的,以侵犯商业秘密论。

本条所称权利人,是指商业秘密的所有人和经商业秘密所有人许可的商业秘密使用人。

第四章 侵犯公民人身权利、民主权利罪

第二百四十六条 【侮辱罪;诽谤罪】以暴力或者其他方法公然侮辱他人或者捏造事实诽谤他人,情节严重的,处三年以下有期徒刑、拘役、管制或者剥夺政治权利。

前款罪,告诉的才处理,但是严重危害社会秩序和国家利益的除外。

通过信息网络实施第一款规定的行为,被害人向人民法院告诉,但提供证据确有困难的,人民法院可以要求公安机关提供协助。

第六章 妨害社会管理秩序罪

第一节 扰乱公共秩序罪

第二百八十五条 【非法侵入计算机信息系统罪】违反国家规定,侵入国家事务、国防建设、尖端科学技术领域的计算机信息系统的,

处三年以下有期徒刑或者拘役。

【非法获取计算机信息系统数据、非法控制计算机信息系统罪】违反国家规定，侵入前款规定以外的计算机信息系统或者采用其他技术手段，获取该计算机信息系统中存储、处理或者传输的数据，或者对该计算机信息系统实施非法控制，情节严重的，处三年以下有期徒刑或者拘役，并处或者单处罚金；情节特别严重的，处三年以上七年以下有期徒刑，并处罚金。

【提供侵入、非法控制计算机信息系统程序、工具罪】提供专门用于侵入、非法控制计算机信息系统的程序、工具，或者明知他人实施侵入、非法控制计算机信息系统的违法犯罪行为而为其提供程序、工具，情节严重的，依照前款的规定处罚。

单位犯前三款罪的，对单位判处罚金，并对其直接负责的主管人员和其他直接责任人员，依照各该款的规定处罚。

第二百八十六条 【破坏计算机信息系统罪】违反国家规定，对计算机信息系统功能进行删除、修改、增加、干扰，造成计算机信息系统不能正常运行，后果严重的，处五年以下有期徒刑或者拘役；后果特别严重的，处五年以上有期徒刑。

违反国家规定，对计算机信息系统中存储、处理或者传输的数据和应用程序进行删除、修改、增加的操作，后果严重的，依照前款的规定处罚。

故意制作、传播计算机病毒等破坏性程序，影响计算机系统正常运行，后果严重的，依照第一款的规定处罚。

单位犯前三款罪的，对单位判处罚金，并对其直接负责的主管人员和其他直接责任人员，依照第一款的规定处罚。

第二百八十六条之一 【拒不履行信息网络安全管理义务罪】网络服务提供者不履行法律、行政法规规定的信息网络安全管理义务，经监管部门责令采取改正措施而拒不改正，有下列情形之一的，处三年以下有期徒刑、拘役或者管制，并处或者单处罚金：

（一）致使违法信息大量传播的；

（二）致使用户信息泄露，造成严重后果的；

(三)致使刑事案件证据灭失,情节严重的;

(四)有其他严重情节的。

单位犯前款罪的,对单位判处罚金,并对其直接负责的主管人员和其他直接责任人员,依照前款的规定处罚。

有前两款行为,同时构成其他犯罪的,依照处罚较重的规定定罪处罚。

第二百八十七条 【利用计算机实施犯罪的提示性规定】利用计算机实施金融诈骗、盗窃、贪污、挪用公款、窃取国家秘密或者其他犯罪的,依照本法有关规定定罪处罚。

第二百八十七条之一 【非法利用信息网络罪】利用信息网络实施下列行为之一,情节严重的,处三年以下有期徒刑或者拘役,并处或者单处罚金:

(一)设立用于实施诈骗、传授犯罪方法、制作或者销售违禁物品、管制物品等违法犯罪活动的网站、通讯群组的;

(二)发布有关制作或者销售毒品、枪支、淫秽物品等违禁物品、管制物品或者其他违法犯罪信息的;

(三)为实施诈骗等违法犯罪活动发布信息的。

单位犯前款罪的,对单位判处罚金,并对其直接负责的主管人员和其他直接责任人员,依照第一款的规定处罚。

有前两款行为,同时构成其他犯罪的,依照处罚较重的规定定罪处罚。

第二百八十七条之二 【帮助信息网络犯罪活动罪】明知他人利用信息网络实施犯罪,为其犯罪提供互联网接入、服务器托管、网络存储、通讯传输等技术支持,或者提供广告推广、支付结算等帮助,情节严重的,处三年以下有期徒刑或者拘役,并处或者单处罚金。

单位犯前款罪的,对单位判处罚金,并对其直接负责的主管人员和其他直接责任人员,依照第一款的规定处罚。

有前两款行为,同时构成其他犯罪的,依照处罚较重的规定定罪处罚。

第二百九十一条之一 【投放虚假危险物质罪;编造、故意传播虚假

恐怖信息罪】投放虚假的爆炸性、毒害性、放射性、传染病病原体等物质，或者编造爆炸威胁、生化威胁、放射威胁等恐怖信息，或者明知是编造的恐怖信息而故意传播，严重扰乱社会秩序的，处五年以下有期徒刑、拘役或者管制；造成严重后果的，处五年以上有期徒刑。

【**编造、故意传播虚假信息罪**】编造虚假的险情、疫情、灾情、警情，在信息网络或者其他媒体上传播，或者明知是上述虚假信息，故意在信息网络或者其他媒体上传播，严重扰乱社会秩序的，处三年以下有期徒刑、拘役或者管制；造成严重后果的，处三年以上七年以下有期徒刑。

最高人民法院、最高人民检察院关于办理利用互联网、移动通讯终端、声讯台制作、复制、出版、贩卖、传播淫秽电子信息刑事案件具体应用法律若干问题的解释

1. 2004年9月1日最高人民法院审判委员会第1323次会议、2004年9月2日最高人民检察院第十届检察委员会第26次会议通过
2. 2004年9月3日公布
3. 法释〔2004〕11号
4. 自2004年9月6日起施行

为依法惩治利用互联网、移动通讯终端制作、复制、出版、贩卖、传播淫秽电子信息、通过声讯台传播淫秽语音信息等犯罪活动，维护公共网络、通讯的正常秩序，保障公众的合法权益，根据《中华人民共和国刑法》、《全国人民代表大会常务委员会关于维护互联网安全的决定》的规定，现对办理该类刑事案件具体应用法律的若干问题解释如下：

第一条 以牟利为目的，利用互联网、移动通讯终端制作、复制、出版、贩卖、传播淫秽电子信息，具有下列情形之一的，依照刑法第三

百六十三条第一款的规定,以制作、复制、出版、贩卖、传播淫秽物品牟利罪定罪处罚:

(一)制作、复制、出版、贩卖、传播淫秽电影、表演、动画等视频文件二十个以上的;

(二)制作、复制、出版、贩卖、传播淫秽音频文件一百个以上的;

(三)制作、复制、出版、贩卖、传播淫秽电子刊物、图片、文章、短信息等二百件以上的;

(四)制作、复制、出版、贩卖、传播的淫秽电子信息,实际被点击数达到一万次以上的;

(五)以会员制方式出版、贩卖、传播淫秽电子信息,注册会员达二百人以上的;

(六)利用淫秽电子信息收取广告费、会员注册费或者其他费用,违法所得一万元以上的;

(七)数量或者数额虽未达到第(一)项至第(六)项规定标准,但分别达到其中两项以上标准一半以上的;

(八)造成严重后果的。

利用聊天室、论坛、即时通信软件、电子邮件等方式,实施第一款规定行为的,依照刑法第三百六十三条第一款的规定,以制作、复制、出版、贩卖、传播淫秽物品牟利罪定罪处罚。

第二条 实施第一条规定的行为,数量或者数额达到第一条第一款第(一)项至第(六)项规定标准五倍以上的,应当认定为刑法第三百六十三条第一款规定的"情节严重";达到规定标准二十五倍以上的,应当认定为"情节特别严重"。

第三条 不以牟利为目的,利用互联网或者移动通讯终端传播淫秽电子信息,具有下列情形之一的,依照刑法第三百六十四条第一款的规定,以传播淫秽物品罪定罪处罚:

(一)数量达到第一条第一款第(一)项至第(五)项规定标准二倍以上的;

(二)数量分别达到第一条第一款第(一)项至第(五)项两项

以上标准的;

(三)造成严重后果的。

利用聊天室、论坛、即时通信软件、电子邮件等方式,实施第一款规定行为的,依照刑法第三百六十四条第一款的规定,以传播淫秽物品罪定罪处罚。

第四条 明知是淫秽电子信息而在自己所有、管理或者使用的网站或者网页上提供直接链接的,其数量标准根据所链接的淫秽电子信息的种类计算。

第五条 以牟利为目的,通过声讯台传播淫秽语音信息,具有下列情形之一的,依照刑法第三百六十三条第一款的规定,对直接负责的主管人员和其他直接责任人员以传播淫秽物品牟利罪定罪处罚:

(一)向一百人次以上传播的;

(二)违法所得一万元以上的;

(三)造成严重后果的。

实施前款规定行为,数量或者数额达到前款第(一)项至第(二)项规定标准五倍以上的,应当认定为刑法第三百六十三条第一款规定的"情节严重";达到规定标准二十五倍以上的,应当认定为"情节特别严重"。

第六条 实施本解释前五条规定的犯罪,具有下列情形之一的,依照刑法第三百六十三条第一款、第三百六十四条第一款的规定从重处罚:

(一)制作、复制、出版、贩卖、传播具体描绘不满十八周岁未成年人性行为的淫秽电子信息的;

(二)明知是具体描绘不满十八周岁的未成年人性行为的淫秽电子信息而在自己所有、管理或者使用的网站或者网页上提供直接链接的;

(三)向不满十八周岁的未成年人贩卖、传播淫秽电子信息和语音信息的;

(四)通过使用破坏性程序、恶意代码修改用户计算机设置等方法,强制用户访问、下载淫秽电子信息的。

第七条 明知他人实施制作、复制、出版、贩卖、传播淫秽电子信息犯罪，为其提供互联网接入、服务器托管、网络存储空间、通讯传输通道、费用结算等帮助的，对直接负责的主管人员和其他直接责任人员，以共同犯罪论处。

第八条　利用互联网、移动通讯终端、声讯台贩卖、传播淫秽书刊、影片、录像带、录音带等以实物为载体的淫秽物品的，依照《最高人民法院关于审理非法出版物刑事案件具体应用法律若干问题的解释》的有关规定定罪处罚。

第九条　刑法第三百六十七条第一款规定的"其他淫秽物品"，包括具体描绘性行为或者露骨宣扬色情的诲淫性的视频文件、音频文件、电子刊物、图片、文章、短信息等互联网、移动通讯终端电子信息和声讯台语音信息。

有关人体生理、医学知识的电子信息和声讯台语音信息不是淫秽物品。包含色情内容的有艺术价值的电子文学、艺术作品不视为淫秽物品。

最高人民法院、最高人民检察院关于办理利用互联网、移动通讯终端、声讯台制作、复制、出版、贩卖、传播淫秽电子信息刑事案件具体应用法律若干问题的解释（二）

1. 2010年1月18日最高人民法院审判委员会第1483次会议、2010年1月14日最高人民检察院第十一届检察委员会第28次会议通过
2. 2010年2月2日公布
3. 法释〔2010〕3号
4. 自2010年2月4日起施行

为依法惩治利用互联网、移动通讯终端制作、复制、出版、贩卖、传播淫秽电子信息，通过声讯台传播淫秽语音信息等犯罪活动，维护社会秩序，保障公民权益，根据《中华人民共和国刑法》、全

国人民代表大会常务委员会《关于维护互联网安全的决定》的规定,现对办理该类刑事案件具体应用法律的若干问题解释如下:

第一条 以牟利为目的,利用互联网、移动通讯终端制作、复制、出版、贩卖、传播淫秽电子信息的,依照最高人民法院、最高人民检察院《关于办理利用互联网、移动通讯终端、声讯台制作、复制、出版、贩卖、传播淫秽电子信息刑事案件具体应用法律若干问题的解释》第一条、第二条的规定定罪处罚。

以牟利为目的,利用互联网、移动通讯终端制作、复制、出版、贩卖、传播内容含有不满十四周岁未成年人的淫秽电子信息,具有下列情形之一的,依照刑法第三百六十三条第一款的规定,以制作、复制、出版、贩卖、传播淫秽物品牟利罪定罪处罚:

(一)制作、复制、出版、贩卖、传播淫秽电影、表演、动画等视频文件十个以上的;

(二)制作、复制、出版、贩卖、传播淫秽音频文件五十个以上的;

(三)制作、复制、出版、贩卖、传播淫秽电子刊物、图片、文章等一百件以上的;

(四)制作、复制、出版、贩卖、传播的淫秽电子信息,实际被点击数达到五千次以上的;

(五)以会员制方式出版、贩卖、传播淫秽电子信息,注册会员达一百人以上的;

(六)利用淫秽电子信息收取广告费、会员注册费或者其他费用,违法所得五千元以上的;

(七)数量或者数额虽未达到第(一)项至第(六)项规定标准,但分别达到其中两项以上标准一半以上的;

(八)造成严重后果的。

实施第二款规定的行为,数量或者数额达到第二款第(一)项至第(七)项规定标准五倍以上的,应当认定为刑法第三百六十三条第一款规定的"情节严重";达到规定标准二十五倍以上的,应当认定为"情节特别严重"。

第二条 利用互联网、移动通讯终端传播淫秽电子信息的,依照最高人民法院、最高人民检察院《关于办理利用互联网、移动通讯终端、声讯台制作、复制、出版、贩卖、传播淫秽电子信息刑事案件具体应用法律若干问题的解释》第三条的规定定罪处罚。

利用互联网、移动通讯终端传播内容含有不满十四周岁未成年人的淫秽电子信息,具有下列情形之一的,依照刑法第三百六十四条第一款的规定,以传播淫秽物品罪定罪处罚:

(一)数量达到第一条第二款第(一)项至第(五)项规定标准二倍以上的;

(二)数量分别达到第一条第二款第(一)项至第(五)项两项以上标准的;

(三)造成严重后果的。

第三条 利用互联网建立主要用于传播淫秽电子信息的群组,成员达三十人以上或者造成严重后果的,对建立者、管理者和主要传播者,依照刑法第三百六十四条第一款的规定,以传播淫秽物品罪定罪处罚。

第四条 以牟利为目的,网站建立者、直接负责的管理者明知他人制作、复制、出版、贩卖、传播的是淫秽电子信息,允许或者放任他人在自己所有、管理的网站或者网页上发布,具有下列情形之一的,依照刑法第三百六十三条第一款的规定,以传播淫秽物品牟利罪定罪处罚:

(一)数量或者数额达到第一条第二款第(一)项至第(六)项规定标准五倍以上的;

(二)数量或者数额分别达到第一条第二款第(一)项至第(六)项两项以上标准二倍以上的;

(三)造成严重后果的。

实施前款规定的行为,数量或者数额达到第一条第二款第(一)项至第(七)项规定标准二十五倍以上的,应当认定为刑法第三百六十三条第一款规定的"情节严重";达到规定标准一百倍以上的,应当认定为"情节特别严重"。

第五条 网站建立者、直接负责的管理者明知他人制作、复制、出版、贩卖、传播的是淫秽电子信息,允许或者放任他人在自己所有、管理的网站或者网页上发布,具有下列情形之一的,依照刑法第三百六十四条第一款的规定,以传播淫秽物品罪定罪处罚:

(一)数量达到第一条第二款第(一)项至第(五)项规定标准十倍以上的;

(二)数量分别达到第一条第二款第(一)项至第(五)项两项以上标准五倍以上的;

(三)造成严重后果的。

第六条 电信业务经营者、互联网信息服务提供者明知是淫秽网站,为其提供互联网接入、服务器托管、网络存储空间、通讯传输通道、代收费等服务,并收取服务费,具有下列情形之一的,对直接负责的主管人员和其他直接责任人员,依照刑法第三百六十三条第一款的规定,以传播淫秽物品牟利罪定罪处罚:

(一)为五个以上淫秽网站提供上述服务的;

(二)为淫秽网站提供互联网接入、服务器托管、网络存储空间、通讯传输通道等服务,收取服务费数额在二万元以上的;

(三)为淫秽网站提供代收费服务,收取服务费数额在五万元以上的;

(四)造成严重后果的。

实施前款规定的行为,数量或者数额达到前款第(一)项至第(三)项规定标准五倍以上的,应当认定为刑法第三百六十三条第一款规定的"情节严重";达到规定标准二十五倍以上的,应当认定为"情节特别严重"。

第七条 明知是淫秽网站,以牟利为目的,通过投放广告等方式向其直接或者间接提供资金,或者提供费用结算服务,具有下列情形之一的,对直接负责的主管人员和其他直接责任人员,依照刑法第三百六十三条第一款的规定,以制作、复制、出版、贩卖、传播淫秽物品牟利罪的共同犯罪处罚:

(一)向十个以上淫秽网站投放广告或者以其他方式提供资

金的；

(二)向淫秽网站投放广告二十条以上的；

(三)向十个以上淫秽网站提供费用结算服务的；

(四)以投放广告或者其他方式向淫秽网站提供资金数额在五万元以上的；

(五)为淫秽网站提供费用结算服务，收取服务费数额在二万元以上的；

(六)造成严重后果的。

实施前款规定的行为，数量或者数额达到前款第(一)项至第(五)项规定标准五倍以上的，应当认定为刑法第三百六十三条第一款规定的"情节严重"；达到规定标准二十五倍以上的，应当认定为"情节特别严重"。

第八条 实施第四条至第七条规定的行为，具有下列情形之一的，应当认定行为人"明知"，但是有证据证明确实不知道的除外：

(一)行政主管机关书面告知后仍然实施上述行为的；

(二)接到举报后不履行法定管理职责的；

(三)为淫秽网站提供互联网接入、服务器托管、网络存储空间、通讯传输通道、代收费、费用结算等服务，收取服务费明显高于市场价格的；

(四)向淫秽网站投放广告，广告点击率明显异常的；

(五)其他能够认定行为人明知的情形。

第九条 一年内多次实施制作、复制、出版、贩卖、传播淫秽电子信息行为未经处理，数量或者数额累计计算构成犯罪的，应当依法定罪处罚。

第十条 单位实施制作、复制、出版、贩卖、传播淫秽电子信息犯罪的，依照《中华人民共和国刑法》、最高人民法院、最高人民检察院《关于办理利用互联网、移动通讯终端、声讯台制作、复制、出版、贩卖、传播淫秽电子信息刑事案件具体应用法律若干问题的解释》和本解释规定的相应个人犯罪的定罪量刑标准，对直接负责的主管人员和其他直接责任人员定罪处罚，并对单位判处罚金。

第十一条　对于以牟利为目的,实施制作、复制、出版、贩卖、传播淫秽电子信息犯罪的,人民法院应当综合考虑犯罪的违法所得、社会危害性等情节,依法判处罚金或者没收财产。罚金数额一般在违法所得的一倍以上五倍以下。

第十二条　最高人民法院、最高人民检察院《关于办理利用互联网、移动通讯终端、声讯台制作、复制、出版、贩卖、传播淫秽电子信息刑事案件具体应用法律若干问题的解释》和本解释所称网站,是指可以通过互联网域名、IP 地址等方式访问的内容提供站点。

以制作、复制、出版、贩卖、传播淫秽电子信息为目的建立或者建立后主要从事制作、复制、出版、贩卖、传播淫秽电子信息活动的网站,为淫秽网站。

第十三条　以前发布的司法解释与本解释不一致的,以本解释为准。

最高人民法院、最高人民检察院关于办理危害计算机信息系统安全刑事案件应用法律若干问题的解释

1. 2011 年 6 月 20 日最高人民法院审判委员会第 1524 次会议、2011 年 7 月 11 日最高人民检察院第十一届检察委员会第 63 次会议通过
2. 2011 年 8 月 1 日公布
3. 法释〔2011〕19 号
4. 自 2011 年 9 月 1 日起施行

为依法惩治危害计算机信息系统安全的犯罪活动,根据《中华人民共和国刑法》、《全国人民代表大会常务委员会关于维护互联网安全的决定》的规定,现就办理这类刑事案件应用法律的若干问题解释如下:

第一条　非法获取计算机信息系统数据或者非法控制计算机信息系统,具有下列情形之一的,应当认定为刑法第二百八十五条第二款

规定的"情节严重"：

（一）获取支付结算、证券交易、期货交易等网络金融服务的身份认证信息十组以上的；

（二）获取第（一）项以外的身份认证信息五百组以上的；

（三）非法控制计算机信息系统二十台以上的；

（四）违法所得五千元以上或者造成经济损失一万元以上的；

（五）其他情节严重的情形。

实施前款规定行为，具有下列情形之一的，应当认定为刑法第二百八十五条第二款规定的"情节特别严重"：

（一）数量或者数额达到前款第（一）项至第（四）项规定标准五倍以上的；

（二）其他情节特别严重的情形。

明知是他人非法控制的计算机信息系统，而对该计算机信息系统的控制权加以利用的，依照前两款的规定定罪处罚。

第二条 具有下列情形之一的程序、工具，应当认定为刑法第二百八十五条第三款规定的"专门用于侵入、非法控制计算机信息系统的程序、工具"：

（一）具有避开或者突破计算机信息系统安全保护措施，未经授权或者超越授权获取计算机信息系统数据的功能的；

（二）具有避开或者突破计算机信息系统安全保护措施，未经授权或者超越授权对计算机信息系统实施控制的功能的；

（三）其他专门设计用于侵入、非法控制计算机信息系统、非法获取计算机信息系统数据的程序、工具。

第三条 提供侵入、非法控制计算机信息系统的程序、工具，具有下列情形之一的，应当认定为刑法第二百八十五条第三款规定的"情节严重"：

（一）提供能够用于非法获取支付结算、证券交易、期货交易等网络金融服务身份认证信息的专门性程序、工具五人次以上的；

（二）提供第（一）项以外的专门用于侵入、非法控制计算机信息系统的程序、工具二十人次以上的；

（三）明知他人实施非法获取支付结算、证券交易、期货交易等网络金融服务身份认证信息的违法犯罪行为而为其提供程序、工具五人次以上的；

（四）明知他人实施第（三）项以外的侵入、非法控制计算机信息系统的违法犯罪行为而为其提供程序、工具二十人次以上的；

（五）违法所得五千元以上或者造成经济损失一万元以上的；

（六）其他情节严重的情形。

实施前款规定行为，具有下列情形之一的，应当认定为提供侵入、非法控制计算机信息系统的程序、工具"情节特别严重"：

（一）数量或者数额达到前款第（一）项至第（五）项规定标准五倍以上的；

（二）其他情节特别严重的情形。

第四条 破坏计算机信息系统功能、数据或者应用程序，具有下列情形之一的，应当认定为刑法第二百八十六条第一款和第二款规定的"后果严重"：

（一）造成十台以上计算机信息系统的主要软件或者硬件不能正常运行的；

（二）对二十台以上计算机信息系统中存储、处理或者传输的数据进行删除、修改、增加操作的；

（三）违法所得五千元以上或者造成经济损失一万元以上的；

（四）造成为一百台以上计算机信息系统提供域名解析、身份认证、计费等基础服务或者为一万以上用户提供服务的计算机信息系统不能正常运行累计一小时以上的；

（五）造成其他严重后果的。

实施前款规定行为，具有下列情形之一的，应当认定为破坏计算机信息系统"后果特别严重"：

（一）数量或者数额达到前款第（一）项至第（三）项规定标准五倍以上的；

（二）造成为五百台以上计算机信息系统提供域名解析、身份认证、计费等基础服务或者为五万以上用户提供服务的计算机信

息系统不能正常运行累计一小时以上的;

（三）破坏国家机关或者金融、电信、交通、教育、医疗、能源等领域提供公共服务的计算机信息系统的功能、数据或者应用程序,致使生产、生活受到严重影响或者造成恶劣社会影响的;

（四）造成其他特别严重后果的。

第五条 具有下列情形之一的程序,应当认定为刑法第二百八十六条第三款规定的"计算机病毒等破坏性程序":

（一）能够通过网络、存储介质、文件等媒介,将自身的部分、全部或者变种进行复制、传播,并破坏计算机系统功能、数据或者应用程序的;

（二）能够在预先设定条件下自动触发,并破坏计算机系统功能、数据或者应用程序的;

（三）其他专门设计用于破坏计算机系统功能、数据或者应用程序的程序。

第六条 故意制作、传播计算机病毒等破坏性程序,影响计算机系统正常运行,具有下列情形之一的,应当认定为刑法第二百八十六条第三款规定的"后果严重":

（一）制作、提供、传输第五条第（一）项规定的程序,导致该程序通过网络、存储介质、文件等媒介传播的;

（二）造成二十台以上计算机系统被植入第五条第（二）、（三）项规定的程序的;

（三）提供计算机病毒等破坏性程序十人次以上的;

（四）违法所得五千元以上或者造成经济损失一万元以上的;

（五）造成其他严重后果的。

实施前款规定行为,具有下列情形之一的,应当认定为破坏计算机信息系统"后果特别严重":

（一）制作、提供、传输第五条第（一）项规定的程序,导致该程序通过网络、存储介质、文件等媒介传播,致使生产、生活受到严重影响或者造成恶劣社会影响的;

（二）数量或者数额达到前款第（二）项至第（四）项规定标准

五倍以上的；

(三)造成其他特别严重后果的。

第七条 明知是非法获取计算机信息系统数据犯罪所获取的数据、非法控制计算机信息系统犯罪所获取的计算机信息系统控制权，而予以转移、收购、代为销售或者以其他方法掩饰、隐瞒，违法所得五千元以上的，应当依照刑法第三百一十二条第一款的规定，以掩饰、隐瞒犯罪所得罪定罪处罚。

实施前款规定行为，违法所得五万元以上的，应当认定为刑法第三百一十二条第一款规定的"情节严重"。

单位实施第一款规定行为的，定罪量刑标准依照第一款、第二款的规定执行。

第八条 以单位名义或者单位形式实施危害计算机信息系统安全犯罪，达到本解释规定的定罪量刑标准的，应当依照刑法第二百八十五条、第二百八十六条的规定追究直接负责的主管人员和其他直接责任人员的刑事责任。

第九条 明知他人实施刑法第二百八十五条、第二百八十六条规定的行为，具有下列情形之一的，应当认定为共同犯罪，依照刑法第二百八十五条、第二百八十六条的规定处罚：

(一)为其提供用于破坏计算机信息系统功能、数据或者应用程序的程序、工具，违法所得五千元以上或者提供十人次以上的；

(二)为其提供互联网接入、服务器托管、网络存储空间、通讯传输通道、费用结算、交易服务、广告服务、技术培训、技术支持等帮助，违法所得五千元以上的；

(三)通过委托推广软件、投放广告等方式向其提供资金五千元以上的。

实施前款规定行为，数量或者数额达到前款规定标准五倍以上的，应当认定为刑法第二百八十五条、第二百八十六条规定的"情节特别严重"或者"后果特别严重"。

第十条 对于是否属于刑法第二百八十五条、第二百八十六条规定的"国家事务、国防建设、尖端科学技术领域的计算机信息系统"、

"专门用于侵入、非法控制计算机信息系统的程序、工具"、"计算机病毒等破坏性程序"难以确定的,应当委托省级以上负责计算机信息系统安全保护管理工作的部门检验。司法机关根据检验结论,并结合案件具体情况认定。

第十一条 本解释所称"计算机信息系统"和"计算机系统",是指具备自动处理数据功能的系统,包括计算机、网络设备、通信设备、自动化控制设备等。

本解释所称"身份认证信息",是指用于确认用户在计算机信息系统上操作权限的数据,包括账号、口令、密码、数字证书等。

本解释所称"经济损失",包括危害计算机信息系统犯罪行为给用户直接造成的经济损失,以及用户为恢复数据、功能而支出的必要费用。

最高人民法院、最高人民检察院关于办理利用信息网络实施诽谤等刑事案件适用法律若干问题的解释

1. 2013年9月5日最高人民法院审判委员会第1589次会议、2013年9月2日最高人民检察院第十二届检察委员会第9次会议通过
2. 2013年9月6日公布
3. 法释〔2013〕21号
4. 自2013年9月10日起施行

为保护公民、法人和其他组织的合法权益,维护社会秩序,根据《中华人民共和国刑法》、《全国人民代表大会常务委员会关于维护互联网安全的决定》等规定,对办理利用信息网络实施诽谤、寻衅滋事、敲诈勒索、非法经营等刑事案件适用法律的若干问题解释如下:

第一条 具有下列情形之一的,应当认定为刑法第二百四十六条第一款规定的"捏造事实诽谤他人":

（一）捏造损害他人名誉的事实，在信息网络上散布，或者组织、指使人员在信息网络上散布的；

（二）将信息网络上涉及他人的原始信息内容篡改为损害他人名誉的事实，在信息网络上散布，或者组织、指使人员在信息网络上散布的。

明知是捏造的损害他人名誉的事实，在信息网络上散布，情节恶劣的，以"捏造事实诽谤他人"论。

第二条 利用信息网络诽谤他人，具有下列情形之一的，应当认定为刑法第二百四十六条第一款规定的"情节严重"：

（一）同一诽谤信息实际被点击、浏览次数达到五千次以上，或者被转发次数达到五百次以上的；

（二）造成被害人或者其近亲属精神失常、自残、自杀等严重后果的；

（三）二年内曾因诽谤受过行政处罚，又诽谤他人的；

（四）其他情节严重的情形。

第三条 利用信息网络诽谤他人，具有下列情形之一的，应当认定为刑法第二百四十六条第二款规定的"严重危害社会秩序和国家利益"：

（一）引发群体性事件的；

（二）引发公共秩序混乱的；

（三）引发民族、宗教冲突的；

（四）诽谤多人，造成恶劣社会影响的；

（五）损害国家形象，严重危害国家利益的；

（六）造成恶劣国际影响的；

（七）其他严重危害社会秩序和国家利益的情形。

第四条 一年内多次实施利用信息网络诽谤他人行为未经处理，诽谤信息实际被点击、浏览、转发次数累计计算构成犯罪的，应当依法定罪处罚。

第五条 利用信息网络辱骂、恐吓他人，情节恶劣，破坏社会秩序的，依照刑法第二百九十三条第一款第（二）项的规定，以寻衅滋事罪定罪处罚。

编造虚假信息,或者明知是编造的虚假信息,在信息网络上散布,或者组织、指使人员在信息网络上散布,起哄闹事,造成公共秩序严重混乱的,依照刑法第二百九十三条第一款第(四)项的规定,以寻衅滋事罪定罪处罚。

第六条 以在信息网络上发布、删除等方式处理网络信息为由,威胁、要挟他人,索取公私财物,数额较大,或者多次实施上述行为的,依照刑法第二百七十四条的规定,以敲诈勒索罪定罪处罚。

第七条 违反国家规定,以营利为目的,通过信息网络有偿提供删除信息服务,或者明知是虚假信息,通过信息网络有偿提供发布信息等服务,扰乱市场秩序,具有下列情形之一的,属于非法经营行为"情节严重",依照刑法第二百二十五条第(四)项的规定,以非法经营罪定罪处罚:

(一)个人非法经营数额在五万元以上,或者违法所得数额在二万元以上的;

(二)单位非法经营数额在十五万元以上,或者违法所得数额在五万元以上的。

实施前款规定的行为,数额达到前款规定的数额五倍以上的,应当认定为刑法第二百二十五条规定的"情节特别严重"。

第八条 明知他人利用信息网络实施诽谤、寻衅滋事、敲诈勒索、非法经营等犯罪,为其提供资金、场所、技术支持等帮助的,以共同犯罪论处。

第九条 利用信息网络实施诽谤、寻衅滋事、敲诈勒索、非法经营犯罪,同时又构成刑法第二百二十一条规定的损害商业信誉、商品声誉罪,第二百七十八条规定的煽动暴力抗拒法律实施罪,第二百九十一条之一规定的编造、故意传播虚假恐怖信息罪等犯罪的,依照处罚较重的规定定罪处罚。

第十条 本解释所称信息网络,包括以计算机、电视机、固定电话机、移动电话机等电子设备为终端的计算机互联网、广播电视网、固定通信网、移动通信网等信息网络,以及向公众开放的局域网络。

最高人民法院、最高人民检察院关于办理侵犯公民个人信息刑事案件适用法律若干问题的解释

1. 2017年3月20日最高人民法院审判委员会第1712次会议、2017年4月26日最高人民检察院第十二届检察委员会第63次会议通过
2. 2017年5月8日公布
3. 法释〔2017〕10号
4. 自2017年6月1日起施行

　　为依法惩治侵犯公民个人信息犯罪活动,保护公民个人信息安全和合法权益,根据《中华人民共和国刑法》《中华人民共和国刑事诉讼法》的有关规定,现就办理此类刑事案件适用法律的若干问题解释如下:

第一条　刑法第二百五十三条之一规定的"公民个人信息",是指以电子或者其他方式记录的能够单独或者与其他信息结合识别特定自然人身份或者反映特定自然人活动情况的各种信息,包括姓名、身份证件号码、通信通讯联系方式、住址、账号密码、财产状况、行踪轨迹等。

第二条　违反法律、行政法规、部门规章有关公民个人信息保护的规定的,应当认定为刑法第二百五十三条之一规定的"违反国家有关规定"。

第三条　向特定人提供公民个人信息,以及通过信息网络或者其他途径发布公民个人信息的,应当认定为刑法第二百五十三条之一规定的"提供公民个人信息"。

　　未经被收集者同意,将合法收集的公民个人信息向他人提供的,属于刑法第二百五十三条之一规定的"提供公民个人信息",但是经过处理无法识别特定个人且不能复原的除外。

第四条　违反国家有关规定,通过购买、收受、交换等方式获取公民

个人信息,或者在履行职责、提供服务过程中收集公民个人信息的,属于刑法第二百五十三条之一第三款规定的"以其他方法非法获取公民个人信息"。

第五条 非法获取、出售或者提供公民个人信息,具有下列情形之一的,应当认定为刑法第二百五十三条之一规定的"情节严重":

(一)出售或者提供行踪轨迹信息,被他人用于犯罪的;

(二)知道或者应当知道他人利用公民个人信息实施犯罪,向其出售或者提供的;

(三)非法获取、出售或者提供行踪轨迹信息、通信内容、征信信息、财产信息五十条以上的;

(四)非法获取、出售或者提供住宿信息、通信记录、健康生理信息、交易信息等其他可能影响人身、财产安全的公民个人信息五百条以上的;

(五)非法获取、出售或者提供第三项、第四项规定以外的公民个人信息五千条以上的;

(六)数量未达到第三项至第五项规定标准,但是按相应比例合计达到有关数量标准的;

(七)违法所得五千元以上的;

(八)将在履行职责或者提供服务过程中获得的公民个人信息出售或者提供给他人,数量或者数额达到第三项至第七项规定标准一半以上的;

(九)曾因侵犯公民个人信息受过刑事处罚或者二年内受过行政处罚,又非法获取、出售或者提供公民个人信息的;

(十)其他情节严重的情形。

实施前款规定的行为,具有下列情形之一的,应当认定为刑法第二百五十三条之一第一款规定的"情节特别严重":

(一)造成被害人死亡、重伤、精神失常或者被绑架等严重后果的;

(二)造成重大经济损失或者恶劣社会影响的;

(三)数量或者数额达到前款第三项至第八项规定标准十倍以

上的；

（四）其他情节特别严重的情形。

第六条 为合法经营活动而非法购买、收受本解释第五条第一款第三项、第四项规定以外的公民个人信息，具有下列情形之一的，应当认定为刑法第二百五十三条之一规定的"情节严重"：

（一）利用非法购买、收受的公民个人信息获利五万元以上的；

（二）曾因侵犯公民个人信息受过刑事处罚或者二年内受过行政处罚，又非法购买、收受公民个人信息的；

（三）其他情节严重的情形。

实施前款规定的行为，将购买、收受的公民个人信息非法出售或者提供的，定罪量刑标准适用本解释第五条的规定。

第七条 单位犯刑法第二百五十三条之一规定之罪的，依照本解释规定的相应自然人犯罪的定罪量刑标准，对直接负责的主管人员和其他直接责任人员定罪处罚，并对单位判处罚金。

第八条 设立用于实施非法获取、出售或者提供公民个人信息违法犯罪活动的网站、通讯群组，情节严重的，应当依照刑法第二百八十七条之一的规定，以非法利用信息网络罪定罪处罚；同时构成侵犯公民个人信息罪的，依照侵犯公民个人信息罪定罪处罚。

第九条 网络服务提供者拒不履行法律、行政法规规定的信息网络安全管理义务，经监管部门责令采取改正措施而拒不改正，致使用户的公民个人信息泄露，造成严重后果的，应当依照刑法第二百八十六条之一的规定，以拒不履行信息网络安全管理义务罪定罪处罚。

第十条 实施侵犯公民个人信息犯罪，不属于"情节特别严重"，行为人系初犯，全部退赃，并确有悔罪表现的，可以认定为情节轻微，不起诉或者免予刑事处罚；确有必要判处刑罚的，应当从宽处罚。

第十一条 非法获取公民个人信息后又出售或者提供的，公民个人信息的条数不重复计算。

向不同单位或者个人分别出售、提供同一公民个人信息的，公民个人信息的条数累计计算。

对批量公民个人信息的条数，根据查获的数量直接认定，但是有证据证明信息不真实或者重复的除外。

第十二条　对于侵犯公民个人信息犯罪,应当综合考虑犯罪的危害程度、犯罪的违法所得数额以及被告人的前科情况、认罪悔罪态度等,依法判处罚金。罚金数额一般在违法所得的一倍以上五倍以下。

第十三条　本解释自 2017 年 6 月 1 日起施行。

最高人民法院、最高人民检察院关于办理非法利用信息网络、帮助信息网络犯罪活动等刑事案件适用法律若干问题的解释

1. 2019 年 6 月 3 日最高人民法院审判委员会第 1771 次会议、2019 年 9 月 4 日最高人民检察院第十三届检察委员会第 23 次会议通过
2. 2019 年 10 月 21 日公布
3. 法释〔2019〕15 号
4. 自 2019 年 11 月 1 日起施行

　　为依法惩治拒不履行信息网络安全管理义务、非法利用信息网络、帮助信息网络犯罪活动等犯罪,维护正常网络秩序,根据《中华人民共和国刑法》《中华人民共和国刑事诉讼法》的规定,现就办理此类刑事案件适用法律的若干问题解释如下:

第一条　提供下列服务的单位和个人,应当认定为刑法第二百八十六条之一第一款规定的"网络服务提供者":

　　(一)网络接入、域名注册解析等信息网络接入、计算、存储、传输服务;

　　(二)信息发布、搜索引擎、即时通讯、网络支付、网络预约、网络购物、网络游戏、网络直播、网站建设、安全防护、广告推广、应用商店等信息网络应用服务;

　　(三)利用信息网络提供的电子政务、通信、能源、交通、水利、金融、教育、医疗等公共服务。

第二条 刑法第二百八十六条之一第一款规定的"监管部门责令采取改正措施",是指网信、电信、公安等依照法律、行政法规的规定承担信息网络安全监管职责的部门,以责令整改通知书或者其他文书形式,责令网络服务提供者采取改正措施。

认定"经监管部门责令采取改正措施而拒不改正",应当综合考虑监管部门责令改正是否具有法律、行政法规依据,改正措施及期限要求是否明确、合理,网络服务提供者是否具有按照要求采取改正措施的能力等因素进行判断。

第三条 拒不履行信息网络安全管理义务,具有下列情形之一的,应当认定为刑法第二百八十六条之一第一款第一项规定的"致使违法信息大量传播":

(一)致使传播违法视频文件二百个以上的;

(二)致使传播违法视频文件以外的其他违法信息二千个以上的;

(三)致使传播违法信息,数量虽未达到第一项、第二项规定标准,但是按相应比例折算合计达到有关数量标准的;

(四)致使向二千个以上用户账号传播违法信息的;

(五)致使利用群组成员账号数累计三千以上的通讯群组或者关注人员账号数累计三万以上的社交网络传播违法信息的;

(六)致使违法信息实际被点击数达到五万以上的;

(七)其他致使违法信息大量传播的情形。

第四条 拒不履行信息网络安全管理义务,致使用户信息泄露,具有下列情形之一的,应当认定为刑法第二百八十六条之一第一款第二项规定的"造成严重后果":

(一)致使泄露行踪轨迹信息、通信内容、征信信息、财产信息五百条以上的;

(二)致使泄露住宿信息、通信记录、健康生理信息、交易信息等其他可能影响人身、财产安全的用户信息五千条以上的;

(三)致使泄露第一项、第二项规定以外的用户信息五万条以上的;

（四）数量虽未达到第一项至第三项规定标准，但是按相应比例折算合计达到有关数量标准的；

（五）造成他人死亡、重伤、精神失常或者被绑架等严重后果的；

（六）造成重大经济损失的；

（七）严重扰乱社会秩序的；

（八）造成其他严重后果的。

第五条　拒不履行信息网络安全管理义务，致使影响定罪量刑的刑事案件证据灭失，具有下列情形之一的，应当认定为刑法第二百八十六条之一第一款第三项规定的"情节严重"：

（一）造成危害国家安全犯罪、恐怖活动犯罪、黑社会性质组织犯罪、贪污贿赂犯罪案件的证据灭失的；

（二）造成可能判处五年有期徒刑以上刑罚犯罪案件的证据灭失的；

（三）多次造成刑事案件证据灭失的；

（四）致使刑事诉讼程序受到严重影响的；

（五）其他情节严重的情形。

第六条　拒不履行信息网络安全管理义务，具有下列情形之一的，应当认定为刑法第二百八十六条之一第一款第四项规定的"有其他严重情节"：

（一）对绝大多数用户日志未留存或者未落实真实身份信息认证义务的；

（二）二年内经多次责令改正拒不改正的；

（三）致使信息网络服务被主要用于违法犯罪的；

（四）致使信息网络服务、网络设施被用于实施网络攻击，严重影响生产、生活的；

（五）致使信息网络服务被用于实施危害国家安全犯罪、恐怖活动犯罪、黑社会性质组织犯罪、贪污贿赂犯罪或者其他重大犯罪的；

（六）致使国家机关或者通信、能源、交通、水利、金融、教育、医疗等领域提供公共服务的信息网络受到破坏，严重影响生产、生活的；

（七）其他严重违反信息网络安全管理义务的情形。

第七条　刑法第二百八十七条之一规定的"违法犯罪"，包括犯罪行为和属于刑法分则规定的行为类型但尚未构成犯罪的违法行为。

第八条　以实施违法犯罪活动为目的而设立或者设立后主要用于实施违法犯罪活动的网站、通讯群组，应当认定为刑法第二百八十七条之一第一款第一项规定的"用于实施诈骗、传授犯罪方法、制作或者销售违禁物品、管制物品等违法犯罪活动的网站、通讯群组"。

第九条　利用信息网络提供信息的链接、截屏、二维码、访问账号密码及其他指引访问服务的，应当认定为刑法第二百八十七条之一第一款第二项、第三项规定的"发布信息"。

第十条　非法利用信息网络，具有下列情形之一的，应当认定为刑法第二百八十七条之一第一款规定的"情节严重"：

（一）假冒国家机关、金融机构名义，设立用于实施违法犯罪活动的网站的；

（二）设立用于实施违法犯罪活动的网站，数量达到三个以上或者注册账号数累计达到二千以上的；

（三）设立用于实施违法犯罪活动的通讯群组，数量达到五个以上或者群组成员账号数累计达到一千以上的；

（四）发布有关违法犯罪的信息或者为实施违法犯罪活动发布信息，具有下列情形之一的：

1. 在网站上发布有关信息一百条以上的；

2. 向二千个以上用户账号发送有关信息的；

3. 向群组成员数累计达到三千以上的通讯群组发送有关信息的；

4. 利用关注人员账号数累计达到三万以上的社交网络传播有关信息的；

（五）违法所得一万元以上的；

（六）二年内曾因非法利用信息网络、帮助信息网络犯罪活动、危害计算机信息系统安全受过行政处罚，又非法利用信息网络的；

（七）其他情节严重的情形。

第十一条 为他人实施犯罪提供技术支持或者帮助,具有下列情形之一的,可以认定行为人明知他人利用信息网络实施犯罪,但是有相反证据的除外:

(一)经监管部门告知后仍然实施有关行为的;

(二)接到举报后不履行法定管理职责的;

(三)交易价格或者方式明显异常的;

(四)提供专门用于违法犯罪的程序、工具或者其他技术支持、帮助的;

(五)频繁采用隐蔽上网、加密通信、销毁数据等措施或者使用虚假身份,逃避监管或者规避调查的;

(六)为他人逃避监管或者规避调查提供技术支持、帮助的;

(七)其他足以认定行为人明知的情形。

第十二条 明知他人利用信息网络实施犯罪,为其犯罪提供帮助,具有下列情形之一的,应当认定为刑法第二百八十七条之二第一款规定的"情节严重":

(一)为三个以上对象提供帮助的;

(二)支付结算金额二十万元以上的;

(三)以投放广告等方式提供资金五万元以上的;

(四)违法所得一万元以上的;

(五)二年内曾因非法利用信息网络、帮助信息网络犯罪活动、危害计算机信息系统安全受过行政处罚,又帮助信息网络犯罪活动的;

(六)被帮助对象实施的犯罪造成严重后果的;

(七)其他情节严重的情形。

实施前款规定的行为,确因客观条件限制无法查证被帮助对象是否达到犯罪的程度,但相关数额总计达到前款第二项至第四项规定标准五倍以上,或者造成特别严重后果的,应当以帮助信息网络犯罪活动罪追究行为人的刑事责任。

第十三条 被帮助对象实施的犯罪行为可以确认,但尚未到案、尚未依法裁判或者因未达到刑事责任年龄等原因依法未予追究刑事责任的,不影响帮助信息网络犯罪活动罪的认定。

第十四条 单位实施本解释规定的犯罪的,依照本解释规定的相应自然人犯罪的定罪量刑标准,对直接负责的主管人员和其他直接责任人员定罪处罚,并对单位判处罚金。

第十五条 综合考虑社会危害程度、认罪悔罪态度等情节,认为犯罪情节轻微的,可以不起诉或者免予刑事处罚;情节显著轻微危害不大的,不以犯罪论处。

第十六条 多次拒不履行信息网络安全管理义务、非法利用信息网络、帮助信息网络犯罪活动构成犯罪,依法应当追诉的,或者二年内多次实施前述行为未经处理的,数量或者数额累计计算。

第十七条 对于实施本解释规定的犯罪被判处刑罚的,可以根据犯罪情况和预防再犯罪的需要,依法宣告职业禁止;被判处管制、宣告缓刑的,可以根据犯罪情况,依法宣告禁止令。

第十八条 对于实施本解释规定的犯罪的,应当综合考虑犯罪的危害程度、违法所得数额以及被告人的前科情况、认罪悔罪态度等,依法判处罚金。

第十九条 本解释自 2019 年 11 月 1 日起施行。

最高人民法院、最高人民检察院、公安部关于办理网络赌博犯罪案件适用法律若干问题的意见

1. 2010 年 8 月 31 日发布
2. 公通字〔2010〕40 号

各省、自治区、直辖市高级人民法院、人民检察院、公安厅、局,新疆维吾尔自治区高级人民法院生产建设兵团分院、新疆生产建设兵团人民检察院、公安局:

为依法惩治网络赌博犯罪活动,根据《中华人民共和国刑法》、《中华人民共和国刑事诉讼法》和《最高人民法院、最高人民检察

院关于办理赌博刑事案件具体应用法律若干问题的解释》等有关规定,结合司法实践,现就办理网络赌博犯罪案件适用法律的若干问题,提出如下意见:

一、关于网上开设赌场犯罪的定罪量刑标准

利用互联网、移动通讯终端等传输赌博视频、数据,组织赌博活动,具有下列情形之一的,属于刑法第三百零三条第二款规定的"开设赌场"行为:

(一)建立赌博网站并接受投注的;

(二)建立赌博网站并提供给他人组织赌博的;

(三)为赌博网站担任代理并接受投注的;

(四)参与赌博网站利润分成的。

实施前款规定的行为,具有下列情形之一的,应当认定为刑法第三百零三条第二款规定的"情节严重":

(一)抽头渔利数额累计达到三万元以上的;

(二)赌资数额累计达到三十万元以上的;

(三)参赌人数累计达到一百二十人以上的;

(四)建立赌博网站后通过提供给他人组织赌博,违法所得数额在三万元以上的;

(五)参与赌博网站利润分成,违法所得数额在三万元以上的;

(六)为赌博网站招募下级代理,由下级代理接受投注的;

(七)招揽未成年人参与网络赌博的;

(八)其他情节严重的情形。

二、关于网上开设赌场共同犯罪的认定和处罚

明知是赌博网站,而为其提供下列服务或者帮助的,属于开设赌场罪的共同犯罪,依照刑法第三百零三条第二款的规定处罚:

(一)为赌博网站提供互联网接入、服务器托管、网络存储空间、通讯传输通道、投放广告、发展会员、软件开发、技术支持等服务,收取服务费数额在二万元以上的;

(二)为赌博网站提供资金支付结算服务,收取服务费数额在一万元以上或者帮助收取赌资二十万元以上的;

（三）为十个以上赌博网站投放与网址、赔率等信息有关的广告或者为赌博网站投放广告累计一百条以上的。

实施前款规定的行为，数量或者数额达到前款规定标准五倍以上的，应当认定为刑法第三百零三条第二款规定的"情节严重"。

实施本条第一款规定的行为，具有下列情形之一的，应当认定行为人"明知"，但是有证据证明确实不知道的除外：

（一）收到行政主管机关书面等方式的告知后，仍然实施上述行为的；

（二）为赌博网站提供互联网接入、服务器托管、网络存储空间、通讯传输通道、投放广告、软件开发、技术支持、资金支付结算等服务，收取服务费明显异常的；

（三）在执法人员调查时，通过销毁、修改数据、账本等方式故意规避调查或者向犯罪嫌疑人通风报信的；

（四）其他有证据证明行为人明知的。

如果有开设赌场的犯罪嫌疑人尚未到案，但是不影响对已到案共同犯罪嫌疑人、被告人的犯罪事实认定的，可以依法对已到案者定罪处罚。

三、关于网络赌博犯罪的参赌人数、赌资数额和网站代理的认定

赌博网站的会员账号数可以认定为参赌人数，如果查实一个账号多人使用或者多个账号一人使用的，应当按照实际使用的人数计算参赌人数。

赌资数额可以按照在网络上投注或者赢取的点数乘以每一点实际代表的金额认定。

对于将资金直接或间接兑换为虚拟货币、游戏道具等虚拟物品，并用其作为筹码投注的，赌资数额按照购买该虚拟物品所需资金数额或者实际支付资金数额认定。

对于开设赌场犯罪中用于接收、流转赌资的银行账户内的资金，犯罪嫌疑人、被告人不能说明合法来源的，可以认定为赌资。向该银行账户转入、转出资金的银行账户数量可以认定为参赌人数。如果查实一个账户多人使用或多个账户一人使用的，应当按

照实际使用的人数计算参赌人数。

有证据证明犯罪嫌疑人在赌博网站上的账号设置有下级账号的,应当认定其为赌博网站的代理。

四、关于网络赌博犯罪案件的管辖

网络赌博犯罪案件的地域管辖,应当坚持以犯罪地管辖为主、被告人居住地管辖为辅的原则。

"犯罪地"包括赌博网站服务器所在地、网络接入地,赌博网站建立者、管理者所在地,以及赌博网站代理人、参赌人实施网络赌博行为地等。

公安机关对侦办跨区域网络赌博犯罪案件的管辖权有争议的,应本着有利于查清犯罪事实、有利于诉讼的原则,认真协商解决。经协商无法达成一致的,报共同的上级公安机关指定管辖。对即将侦查终结的跨省(自治区、直辖市)重大网络赌博案件,必要时可由公安部商最高人民法院和最高人民检察院指定管辖。

为保证及时结案,避免超期羁押,人民检察院对于公安机关提请审查逮捕、移送审查起诉的案件,人民法院对于已进入审判程序的案件,犯罪嫌疑人、被告人及其辩护人提出管辖异议或者办案单位发现没有管辖权的,受案人民检察院、人民法院经审查可以依法报请上级人民检察院、人民法院指定管辖,不再自行移送有管辖权的人民检察院、人民法院。

五、关于电子证据的收集与保全

侦查机关对于能够证明赌博犯罪案件真实情况的网站页面、上网记录、电子邮件、电子合同、电子交易记录、电子账册等电子数据,应当作为刑事证据予以提取、复制、固定。

侦查人员应当对提取、复制、固定电子数据的过程制作相关文字说明,记录案由、对象、内容以及提取、复制、固定的时间、地点、方法,电子数据的规格、类别、文件格式等,并由提取、复制、固定电子数据的制作人、电子数据的持有人签名或者盖章,附所提取、复制、固定的电子数据一并随案移送。

对于电子数据存储在境外的计算机上的，或者侦查机关从赌博网站提取电子数据时犯罪嫌疑人未到案的，或者电子数据的持有人无法签字或者拒绝签字的，应当由能够证明提取、复制、固定过程的见证人签名或者盖章，记明有关情况。必要时，可对提取、复制、固定有关电子数据的过程拍照或者录像。

最高人民法院、最高人民检察院、公安部关于办理电信网络诈骗等刑事案件适用法律若干问题的意见

1. 2016年12月19日发布
2. 法发〔2016〕32号

为依法惩治电信网络诈骗等犯罪活动，保护公民、法人和其他组织的合法权益，维护社会秩序，根据《中华人民共和国刑法》《中华人民共和国刑事诉讼法》等法律和有关司法解释的规定，结合工作实际，制定本意见。

一、总体要求

近年来，利用通讯工具、互联网等技术手段实施的电信网络诈骗犯罪活动持续高发，侵犯公民个人信息，扰乱无线电通讯管理秩序，掩饰、隐瞒犯罪所得、犯罪所得收益等上下游关联犯罪不断蔓延。此类犯罪严重侵害人民群众财产安全和其他合法权益，严重干扰电信网络秩序，严重破坏社会诚信，严重影响人民群众安全感和社会和谐稳定，社会危害性大，人民群众反映强烈。

人民法院、人民检察院、公安机关要针对电信网络诈骗等犯罪的特点，坚持全链条全方位打击，坚持依法从严从快惩处，坚持最大力度最大限度追赃挽损，进一步健全工作机制，加强协作配合，坚决有效遏制电信网络诈骗等犯罪活动，努力实现法律效果和社会效果的高度统一。

二、依法严惩电信网络诈骗犯罪

（一）根据最高人民法院、最高人民检察院《关于办理诈骗刑事案件具体应用法律若干问题的解释》第一条的规定，利用电信网络技术手段实施诈骗，诈骗公私财物价值三千元以上、三万元以上、五十万元以上的，应当分别认定为刑法第二百六十六条规定的"数额较大""数额巨大""数额特别巨大"。

二年内多次实施电信网络诈骗未经处理，诈骗数额累计计算构成犯罪的，应当依法定罪处罚。

（二）实施电信网络诈骗犯罪，达到相应数额标准，具有下列情形之一的，酌情从重处罚：

1.造成被害人或其近亲属自杀、死亡或者精神失常等严重后果的；

2.冒充司法机关等国家机关工作人员实施诈骗的；

3.组织、指挥电信网络诈骗犯罪团伙的；

4.在境外实施电信网络诈骗的；

5.曾因电信网络诈骗犯罪受过刑事处罚或者二年内曾因电信网络诈骗受过行政处罚的；

6.诈骗残疾人、老年人、未成年人、在校学生、丧失劳动能力人的财物，或者诈骗重病患者及其亲属财物的；

7.诈骗救灾、抢险、防汛、优抚、扶贫、移民、救济、医疗等款物的；

8.以赈灾、募捐等社会公益、慈善名义实施诈骗的；

9.利用电话追呼系统等技术手段严重干扰公安机关等部门工作的；

10.利用"钓鱼网站"链接、"木马"程序链接、网络渗透等隐蔽技术手段实施诈骗的。

（三）实施电信网络诈骗犯罪，诈骗数额接近"数额巨大""数额特别巨大"的标准，具有前述第（二）条规定的情形之一的，应当分别认定为刑法第二百六十六条规定的"其他严重情节""其他特别严重情节"。

上述规定的"接近",一般应掌握在相应数额标准的百分之八十以上。

(四)实施电信网络诈骗犯罪,犯罪嫌疑人、被告人实际骗得财物的,以诈骗罪(既遂)定罪处罚。诈骗数额难以查证,但具有下列情形之一的,应当认定为刑法第二百六十六条规定的"其他严重情节",以诈骗罪(未遂)定罪处罚:

1. 发送诈骗信息五千条以上的,或者拨打诈骗电话五百人次以上的;

2. 在互联网上发布诈骗信息,页面浏览量累计五千次以上的。

具有上述情形,数量达到相应标准十倍以上的,应当认定为刑法第二百六十六条规定的"其他特别严重情节",以诈骗罪(未遂)定罪处罚。

上述"拨打诈骗电话",包括拨出诈骗电话和接听被害人回拨电话。反复拨打、接听同一电话号码,以及反复向同一被害人发送诈骗信息的,拨打、接听电话次数、发送信息条数累计计算。

因犯罪嫌疑人、被告人故意隐匿、毁灭证据等原因,致拨打电话次数、发送信息条数的证据难以收集的,可以根据经查证属实的日拨打人次数、日发送信息条数,结合犯罪嫌疑人、被告人实施犯罪的时间、犯罪嫌疑人、被告人的供述等相关证据,综合予以认定。

(五)电信网络诈骗既有既遂,又有未遂,分别达到不同量刑幅度的,依照处罚较重的规定处罚;达到同一量刑幅度的,以诈骗罪既遂处罚。

(六)对实施电信网络诈骗犯罪的被告人裁量刑罚,在确定量刑起点、基准刑时,一般应就高选择。确定宣告刑时,应当综合全案事实情节,准确把握从重、从轻量刑情节的调节幅度,保证罪责刑相适应。

(七)对实施电信网络诈骗犯罪的被告人,应当严格控制适用缓刑的范围,严格掌握适用缓刑的条件。

(八)对实施电信网络诈骗犯罪的被告人,应当更加注重依法适用财产刑,加大经济上的惩罚力度,最大限度剥夺被告人再犯的能力。

三、全面惩处关联犯罪

（一）在实施电信网络诈骗活动中，非法使用"伪基站""黑广播"，干扰无线电通讯秩序，符合刑法第二百八十八条规定的，以扰乱无线电通讯管理秩序罪追究刑事责任。同时构成诈骗罪的，依照处罚较重的规定定罪处罚。

（二）违反国家有关规定，向他人出售或者提供公民个人信息，窃取或者以其他方法非法获取公民个人信息，符合刑法第二百五十三条之一规定的，以侵犯公民个人信息罪追究刑事责任。

使用非法获取的公民个人信息，实施电信网络诈骗犯罪行为，构成数罪的，应当依法予以并罚。

（三）冒充国家机关工作人员实施电信网络诈骗犯罪，同时构成诈骗罪和招摇撞骗罪的，依照处罚较重的规定定罪处罚。

（四）非法持有他人信用卡，没有证据证明从事电信网络诈骗犯罪活动，符合刑法第一百七十七条之一第一款第（二）项规定的，以妨害信用卡管理罪追究刑事责任。

（五）明知是电信网络诈骗犯罪所得及其产生的收益，以下列方式之一予以转账、套现、取现的，依照刑法第三百一十二条第一款的规定，以掩饰、隐瞒犯罪所得、犯罪所得收益罪追究刑事责任。但有证据证明确实不知道的除外：

1. 通过使用销售点终端机具（POS 机）刷卡套现等非法途径，协助转换或者转移财物的；

2. 帮助他人将巨额现金散存于多个银行账户，或在不同银行账户之间频繁划转的；

3. 多次使用或者使用多个非本人身份证明开设的信用卡、资金支付结算账户或者多次采用遮蔽摄像头、伪装等异常手段，帮助他人转账、套现、取现的；

4. 为他人提供非本人身份证明开设的信用卡、资金支付结算账户后，又帮助他人转账、套现、取现的；

5. 以明显异于市场的价格，通过手机充值、交易游戏点卡等方式套现的。

实施上述行为,事前通谋的,以共同犯罪论处。

实施上述行为,电信网络诈骗犯罪嫌疑人尚未到案或案件尚未依法裁判,但现有证据足以证明该犯罪行为确实存在的,不影响掩饰、隐瞒犯罪所得、犯罪所得收益罪的认定。

实施上述行为,同时构成其他犯罪的,依照处罚较重的规定定罪处罚。法律和司法解释另有规定的除外。

(六)网络服务提供者不履行法律、行政法规规定的信息网络安全管理义务,经监管部门责令采取改正措施而拒不改正,致使诈骗信息大量传播,或者用户信息泄露造成严重后果的,依照刑法第二百八十六条之一的规定,以拒不履行信息网络安全管理义务罪追究刑事责任。同时构成诈骗罪的,依照处罚较重的规定定罪处罚。

(七)实施刑法第二百八十七条之一、第二百八十七条之二规定之行为,构成非法利用信息网络罪、帮助信息网络犯罪活动罪,同时构成诈骗罪的,依照处罚较重的规定定罪处罚。

(八)金融机构、网络服务提供者、电信业务经营者等在经营活动中,违反国家有关规定,被电信网络诈骗犯罪分子利用,使他人遭受财产损失的,依法承担相应责任。构成犯罪的,依法追究刑事责任。

四、准确认定共同犯罪与主观故意

(一)三人以上为实施电信网络诈骗犯罪而组成的较为固定的犯罪组织,应依法认定为诈骗犯罪集团。对组织、领导犯罪集团的首要分子,按照集团所犯的全部罪行处罚。对犯罪集团中组织、指挥、策划者和骨干分子依法从严惩处。

对犯罪集团中起次要、辅助作用的从犯,特别是在规定期限内投案自首、积极协助抓获主犯、积极协助追赃的,依法从轻或减轻处罚。

对犯罪集团首要分子以外的主犯,应当按照其所参与的或者组织、指挥的全部犯罪处罚。全部犯罪包括能够查明具体诈骗数额的事实和能够查明发送诈骗信息条数、拨打诈骗电话人次数、诈骗信息网页浏览次数的事实。

（二）多人共同实施电信网络诈骗，犯罪嫌疑人、被告人应对其参与期间该诈骗团伙实施的全部诈骗行为承担责任。在其所参与的犯罪环节中起主要作用的，可以认定为主犯；起次要作用的，可以认定为从犯。

上述规定的"参与期间"，从犯罪嫌疑人、被告人着手实施诈骗行为开始起算。

（三）明知他人实施电信网络诈骗犯罪，具有下列情形之一的，以共同犯罪论处，但法律和司法解释另有规定的除外：

1. 提供信用卡、资金支付结算账户、手机卡、通讯工具的；
2. 非法获取、出售、提供公民个人信息的；
3. 制作、销售、提供"木马"程序和"钓鱼软件"等恶意程序的；
4. 提供"伪基站"设备或相关服务的；
5. 提供互联网接入、服务器托管、网络存储、通讯传输等技术支持，或者提供支付结算等帮助的；
6. 在提供改号软件、通话线路等技术服务时，发现主叫号码被修改为国内党政机关、司法机关、公共服务部门号码，或者境外用户改为境内号码，仍提供服务的；
7. 提供资金、场所、交通、生活保障等帮助的；
8. 帮助转移诈骗犯罪所得及其产生的收益，套现、取现的。

上述规定的"明知他人实施电信网络诈骗犯罪"，应当结合被告人的认知能力，既往经历，行为次数和手段，与他人关系，获利情况，是否曾因电信网络诈骗受过处罚，是否故意规避调查等主客观因素进行综合分析认定。

（四）负责招募他人实施电信网络诈骗犯罪活动，或者制作、提供诈骗方案、术语清单、语音包、信息等的，以诈骗共同犯罪论处。

（五）部分犯罪嫌疑人在逃，但不影响对已到案共同犯罪嫌疑人、被告人的犯罪事实认定的，可以依法先行追究已到案共同犯罪嫌疑人、被告人的刑事责任。

五、依法确定案件管辖

（一）电信网络诈骗犯罪案件一般由犯罪地公安机关立案侦查，如果由犯罪嫌疑人居住地公安机关立案侦查更为适宜的，可以由犯罪嫌疑人居住地公安机关立案侦查。犯罪地包括犯罪行为发生地和犯罪结果发生地。

"犯罪行为发生地"包括用于电信网络诈骗犯罪的网站服务器所在地，网站建立者、管理者所在地，被侵害的计算机信息系统或其管理者所在地，犯罪嫌疑人、被害人使用的计算机信息系统所在地，诈骗电话、短信息、电子邮件等的拨打地、发送地、到达地、接受地，以及诈骗行为持续发生的实施地、预备地、开始地、途经地、结束地。

"犯罪结果发生地"包括被害人被骗时所在地，以及诈骗所得财物的实际取得地、藏匿地、转移地、使用地、销售地等。

（二）电信网络诈骗最初发现地公安机关侦办的案件，诈骗数额当时未达到"数额较大"标准，但后续累计达到"数额较大"标准，可由最初发现地公安机关立案侦查。

（三）具有下列情形之一的，有关公安机关可以在其职责范围内并案侦查：

1. 一人犯数罪的；
2. 共同犯罪的；
3. 共同犯罪的犯罪嫌疑人还实施其他犯罪的；
4. 多个犯罪嫌疑人实施的犯罪存在直接关联，并案处理有利于查明案件事实的。

（四）对因网络交易、技术支持、资金支付结算等关系形成多层级链条、跨区域的电信网络诈骗等犯罪案件，可由共同上级公安机关按照有利于查清犯罪事实、有利于诉讼的原则，指定有关公安机关立案侦查。

（五）多个公安机关都有权立案侦查的电信网络诈骗等犯罪案件，由最初受理的公安机关或者主要犯罪地公安机关立案侦查。有争议的，按照有利于查清犯罪事实、有利于诉讼的原则，协商解决。经协商无法达成一致的，由共同上级公安机关指定有关公安机关立案侦查。

（六）在境外实施的电信网络诈骗等犯罪案件，可由公安部按照有利于查清犯罪事实、有利于诉讼的原则，指定有关公安机关立案侦查。

（七）公安机关立案、并案侦查，或因有争议，由共同上级公安机关指定立案侦查的案件，需要提请批准逮捕、移送审查起诉、提起公诉的，由该公安机关所在地的人民检察院、人民法院受理。

对重大疑难复杂案件和境外案件，公安机关应在指定立案侦查前，向同级人民检察院、人民法院通报。

（八）已确定管辖的电信诈骗共同犯罪案件，在逃的犯罪嫌疑人归案后，一般由原管辖的公安机关、人民检察院、人民法院管辖。

六、证据的收集和审查判断

（一）办理电信网络诈骗案件，确因被害人人数众多等客观条件的限制，无法逐一收集被害人陈述的，可以结合已收集的被害人陈述，以及经查证属实的银行账户交易记录、第三方支付结算账户交易记录、通话记录、电子数据等证据，综合认定被害人人数及诈骗资金数额等犯罪事实。

（二）公安机关采取技术侦查措施收集的案件证明材料，作为证据使用的，应当随案移送批准采取技术侦查措施的法律文书和所收集的证据材料，并对其来源等作出书面说明。

（三）依照国际条约、刑事司法协助、互助协议或平等互助原则，请求证据材料所在地司法机关收集，或通过国际警务合作机制、国际刑警组织启动合作取证程序收集的境外证据材料，经查证属实，可以作为定案的依据。公安机关应对其来源、提取人、提取时间或者提供人、提供时间以及保管移交的过程等作出说明。

对其他来自境外的证据材料，应当对其来源、提供人、提供时间以及提取人、提取时间进行审查。能够证明案件事实且符合刑事诉讼法规定的，可以作为证据使用。

七、涉案财物的处理

（一）公安机关侦办电信网络诈骗案件，应当随案移送涉案赃款赃物，并附清单。人民检察院提起公诉时，应一并移交受理案件的人民法院，同时就涉案赃款赃物的处理提出意见。

（二）涉案银行账户或者涉案第三方支付账户内的款项，对权属明确的被害人的合法财产，应当及时返还。确因客观原因无法查实全部被害人，但有证据证明该账户系用于电信网络诈骗犯罪，且被告人无法说明款项合法来源的，根据刑法第六十四条的规定，应认定为违法所得，予以追缴。

（三）被告人已将诈骗财物用于清偿债务或者转让给他人，具有下列情形之一的，应当依法追缴：

1. 对方明知是诈骗财物而收取的；
2. 对方无偿取得诈骗财物的；
3. 对方以明显低于市场的价格取得诈骗财物的；
4. 对方取得诈骗财物系源于非法债务或者违法犯罪活动的。

他人善意取得诈骗财物的，不予追缴。

最高人民法院、最高人民检察院、公安部关于办理电信网络诈骗等刑事案件适用法律若干问题的意见（二）

1. 2021年6月17日发布
2. 法发〔2021〕22号

为进一步依法严厉惩治电信网络诈骗犯罪，对其上下游关联犯罪实行全链条、全方位打击，根据《中华人民共和国刑法》《中华人民共和国刑事诉讼法》等法律和有关司法解释的规定，针对司法实践中出现的新的突出问题，结合工作实际，制定本意见。

一、电信网络诈骗犯罪地，除《最高人民法院、最高人民检察院、公安

部关于办理电信网络诈骗等刑事案件适用法律若干问题的意见》规定的犯罪行为发生地和结果发生地外,还包括:

(一)用于犯罪活动的手机卡、流量卡、物联网卡的开立地、销售地、转移地、藏匿地;

(二)用于犯罪活动的信用卡的开立地、销售地、转移地、藏匿地、使用地以及资金交易对手资金交付和汇出地;

(三)用于犯罪活动的银行账户、非银行支付账户的开立地、销售地、使用地以及资金交易对手资金交付和汇出地;

(四)用于犯罪活动的即时通讯信息、广告推广信息的发送地、接受地、到达地;

(五)用于犯罪活动的"猫池"(Modem Pool)、GOIP 设备、多卡宝等硬件设备的销售地、入网地、藏匿地;

(六)用于犯罪活动的互联网账号的销售地、登录地。

二、为电信网络诈骗犯罪提供作案工具、技术支持等帮助以及掩饰、隐瞒犯罪所得及其产生的收益,由此形成多层级犯罪链条的,或者利用同一网站、通讯群组、资金账户、作案窝点实施电信网络诈骗犯罪的,应当认定为多个犯罪嫌疑人、被告人实施的犯罪存在关联,人民法院、人民检察院、公安机关可以在其职责范围内并案处理。

三、有证据证实行为人参加境外诈骗犯罪集团或犯罪团伙,在境外针对境内居民实施电信网络诈骗犯罪行为,诈骗数额难以查证,但一年内出境赴境外诈骗犯罪窝点累计时间 30 日以上或多次出境赴境外诈骗犯罪窝点的,应当认定为刑法第二百六十六条规定的"其他严重情节",以诈骗罪依法追究刑事责任。有证据证明其出境从事正当活动的除外。

四、无正当理由持有他人的单位结算卡的,属于刑法第一百七十七条之一第一款第(二)项规定的"非法持有他人信用卡"。

五、非法获取、出售、提供具有信息发布、即时通讯、支付结算等功能的互联网账号密码、个人生物识别信息,符合刑法第二百五十三条之一规定的,以侵犯公民个人信息罪追究刑事责任。

对批量前述互联网账号密码、个人生物识别信息的条数,根据查获的数量直接认定,但有证据证明信息不真实或者重复的除外。

六、在网上注册办理手机卡、信用卡、银行账户、非银行支付账户时,为通过网上认证,使用他人身份证件信息并替换他人身份证件相片,属于伪造身份证件行为,符合刑法第二百八十条第三款规定的,以伪造身份证件罪追究刑事责任。

使用伪造、变造的身份证件或者盗用他人身份证件办理手机卡、信用卡、银行账户、非银行支付账户,符合刑法第二百八十条之一第一款规定的,以使用虚假身份证件、盗用身份证件罪追究刑事责任。

实施上述两款行为,同时构成其他犯罪的,依照处罚较重的规定定罪处罚。法律和司法解释另有规定的除外。

七、为他人利用信息网络实施犯罪而实施下列行为,可以认定为刑法第二百八十七条之二规定的"帮助"行为:

(一)收购、出售、出租信用卡、银行账户、非银行支付账户、具有支付结算功能的互联网账号密码、网络支付接口、网上银行数字证书的;

(二)收购、出售、出租他人手机卡、流量卡、物联网卡的。

八、认定刑法第二百八十七条之二规定的行为人明知他人利用信息网络实施犯罪,应当根据行为人收购、出售、出租前述第七条规定的信用卡、银行账户、非银行支付账户、具有支付结算功能的互联网账号密码、网络支付接口、网上银行数字证书,或者他人手机卡、流量卡、物联网卡等的次数、张数、个数,并结合行为人的认知能力、既往经历、交易对象、与实施信息网络犯罪的行为人的关系、提供技术支持或者帮助的时间和方式、获利情况以及行为人的供述等主客观因素,予以综合认定。

收购、出售、出租单位银行结算账户、非银行支付机构单位支付账户,或者电信、银行、网络支付等行业从业人员利用履行职责或提供服务便利,非法开办并出售、出租他人手机卡、信用卡、银行账户、非银行支付账户等的,可以认定为《最高人民法院、最高人民检察院关于办理非法利用信息网络、帮助信息网络犯罪活动等刑事案件适用法律若干问题的解释》第十一条第(七)项规定的"其他足以认定行为人明知的情形"。但有相反证据的除外。

九、明知他人利用信息网络实施犯罪,为其犯罪提供下列帮助之一的,可以认定为《最高人民法院、最高人民检察院关于办理非法利用信息网络、帮助信息网络犯罪活动等刑事案件适用法律若干问题的解释》第十二条第一款第(七)项规定的"其他情节严重的情形":

(一)收购、出售、出租信用卡、银行账户、非银行支付账户、具有支付结算功能的互联网账号密码、网络支付接口、网上银行数字证书5张(个)以上的;

(二)收购、出售、出租他人手机卡、流量卡、物联网卡20张以上的。

十、电商平台预付卡、虚拟货币、手机充值卡、游戏点卡、游戏装备等经销商,在公安机关调查案件过程中,被明确告知其交易对象涉嫌电信网络诈骗犯罪,仍与其继续交易,符合刑法第二百八十七条之二规定的,以帮助信息网络犯罪活动罪追究刑事责任。同时构成其他犯罪的,依照处罚较重的规定定罪处罚。

十一、明知是电信网络诈骗犯罪所得及其产生的收益,以下列方式之一予以转账、套现、取现,符合刑法第三百一十二条第一款规定的,以掩饰、隐瞒犯罪所得、犯罪所得收益罪追究刑事责任。但有证据证明确实不知道的除外。

(一)多次使用或者使用多个非本人身份证明开设的收款码、网络支付接口等,帮助他人转账、套现、取现的;

(二)以明显异于市场的价格,通过电商平台预付卡、虚拟货币、手机充值卡、游戏点卡、游戏装备等转换财物、套现的;

(三)协助转换或者转移财物,收取明显高于市场的"手续费"的。

实施上述行为,事前通谋的,以共同犯罪论处;同时构成其他犯罪的,依照处罚较重的规定定罪处罚。法律和司法解释另有规定的除外。

十二、为他人实施电信网络诈骗犯罪提供技术支持、广告推广、支付结算等帮助，或者窝藏、转移、收购、代为销售及以其他方法掩饰、隐瞒电信网络诈骗犯罪所得及其产生的收益，诈骗犯罪行为可以确认，但实施诈骗的行为人尚未到案，可以依法先行追究已到案的上述犯罪嫌疑人、被告人的刑事责任。

十三、办案地公安机关可以通过公安机关信息化系统调取异地公安机关依法制作、收集的刑事案件受案登记表、立案决定书、被害人陈述等证据材料。调取时不得少于两名侦查人员，并应记载调取的时间、使用的信息化系统名称等相关信息，调取人签名并加盖办案地公安机关印章。经审核证明真实的，可以作为证据使用。

十四、通过国（区）际警务合作收集或者境外警方移交的境外证据材料，确因客观条件限制，境外警方未提供相关证据的发现、收集、保管、移交情况等材料的，公安机关应当对上述证据材料的来源、移交过程以及种类、数量、特征等作出书面说明，由两名以上侦查人员签名并加盖公安机关印章。经审核能够证明案件事实的，可以作为证据使用。

十五、对境外司法机关抓获并羁押的电信网络诈骗犯罪嫌疑人，在境内接受审判的，境外的羁押期限可以折抵刑期。

十六、办理电信网络诈骗犯罪案件，应当充分贯彻宽严相济刑事政策。在侦查、审查起诉、审判过程中，应当全面收集证据、准确甄别犯罪嫌疑人、被告人在共同犯罪中的层级地位及作用大小，结合其认罪态度和悔罪表现，区别对待，宽严并用，科学量刑，确保罚当其罪。

对于电信网络诈骗犯罪集团、犯罪团伙的组织者、策划者、指挥者和骨干分子，以及利用未成年人、在校学生、老年人、残疾人实施电信网络诈骗的，依法从严惩处。

对于电信网络诈骗犯罪集团、犯罪团伙中的从犯，特别是其中参与时间相对较短、诈骗数额相对较低或者从事辅助性工作并领取少量报酬，以及初犯、偶犯、未成年人、在校学生等，应当综合考虑其在共同犯罪中的地位作用、社会危害程度、主观恶性、人身危险性、认罪悔罪表现等情节,可以依法从轻、减轻处罚。犯罪情节轻微的,可以依法不起诉或者免予刑事处罚;情节显著轻微危害不大的,不以犯罪论处。

十七、查扣的涉案账户内资金,应当优先返还被害人,如不足以全额返还的,应当按照比例返还。

最高人民法院、最高人民检察院、公安部、司法部关于办理利用信息网络实施黑恶势力犯罪刑事案件若干问题的意见

1. 2019 年 7 月 23 日发布
2. 自 2019 年 10 月 21 日起施行

为认真贯彻中央关于开展扫黑除恶专项斗争的部署要求,正确理解和适用最高人民法院、最高人民检察院、公安部、司法部《关于办理黑恶势力犯罪案件若干问题的指导意见》(法发〔2018〕1号,以下简称《指导意见》),根据刑法、刑事诉讼法、网络安全法及有关司法解释、规范性文件的规定,现对办理利用信息网络实施黑恶势力犯罪案件若干问题提出以下意见:

一、总体要求

1. 各级人民法院、人民检察院、公安机关及司法行政机关应当统一执法思想、提高执法效能,坚持"打早打小",坚决依法严厉惩处利用信息网络实施的黑恶势力犯罪,有效维护网络安全和经济、社会生活秩序。

2. 各级人民法院、人民检察院、公安机关及司法行政机关应当正确运用法律,严格依法办案,坚持"打准打实",认真贯彻落实宽严相济刑事政策,切实做到宽严有据、罚当其罪,实现政治效果、法律效果和社会效果的统一。

3.各级人民法院、人民检察院、公安机关及司法行政机关应当分工负责,互相配合、互相制约,切实加强与相关行政管理部门的协作,健全完善风险防控机制,积极营造线上线下社会综合治理新格局。

二、依法严惩利用信息网络实施的黑恶势力犯罪

4.对通过发布、删除负面或虚假信息,发送侮辱性信息、图片,以及利用信息、电话骚扰等方式,威胁、要挟、恐吓、滋扰他人,实施黑恶势力违法犯罪的,应当准确认定,依法严惩。

5.利用信息网络威胁他人,强迫交易,情节严重的,依照刑法第二百二十六条的规定,以强迫交易罪定罪处罚。

6.利用信息网络威胁、要挟他人,索取公私财物,数额较大,或者多次实施上述行为的,依照刑法第二百七十四条的规定,以敲诈勒索罪定罪处罚。

7.利用信息网络辱骂、恐吓他人,情节恶劣,破坏社会秩序的,依照刑法第二百九十三条第一款第二项的规定,以寻衅滋事罪定罪处罚。

编造虚假信息,或者明知是编造的虚假信息,在信息网络上散布,或者组织、指使人员在信息网络上散布,起哄闹事,造成公共秩序严重混乱的,依照刑法第二百九十三条第一款第四项的规定,以寻衅滋事罪定罪处罚。

8.侦办利用信息网络实施的强迫交易、敲诈勒索等非法敛财类案件,确因被害人人数众多等客观条件的限制,无法逐一收集被害人陈述的,可以结合已收集的被害人陈述,以及经查证属实的银行账户交易记录、第三方支付结算账户交易记录、通话记录、电子数据等证据,综合认定被害人人数以及涉案资金数额等。

三、准确认定利用信息网络实施犯罪的黑恶势力

9.利用信息网络实施违法犯罪活动,符合刑法、《指导意见》以及最高人民法院、最高人民检察院、公安部、司法部《关于办理恶势力刑事案件若干问题的意见》等规定的恶势力、恶势力犯罪集团、黑社会性质组织特征和认定标准的,应当依法认定为恶势力、恶势

力犯罪集团、黑社会性质组织。

认定利用信息网络实施违法犯罪活动的黑社会性质组织时，应当依照刑法第二百九十四条第五款规定的"四个特征"进行综合审查判断，分析"四个特征"相互间的内在联系，根据在网络空间和现实社会中实施违法犯罪活动对公民人身、财产、民主权利和经济、社会生活秩序所造成的危害，准确评价，依法予以认定。

10. 认定利用信息网络实施违法犯罪的黑恶势力组织特征，要从违法犯罪的起因、目的，以及组织、策划、指挥、参与人员是否相对固定，组织形成后是否持续进行犯罪活动、是否有明确的职责分工、行为规范、利益分配机制等方面综合判断。利用信息网络实施违法犯罪的黑恶势力组织成员之间一般通过即时通讯工具、通讯群组、电子邮件、网盘等信息网络方式联络，对部分组织成员通过信息网络方式联络实施黑恶势力违法犯罪活动，即使相互未见面、彼此不熟识，不影响对组织特征的认定。

11. 利用信息网络有组织地通过实施违法犯罪活动或者其他手段获取一定数量的经济利益，用于违法犯罪活动或者支持该组织生存、发展的，应当认定为符合刑法第二百九十四条第五款第二项规定的黑社会性质组织经济特征。

12. 通过线上线下相结合的方式，有组织地多次利用信息网络实施违法犯罪活动，侵犯不特定多人的人身权利、民主权利、财产权利，破坏经济秩序、社会秩序的，应当认定为符合刑法第二百九十四条第五款第三项规定的黑社会性质组织行为特征。单纯通过线上方式实施的违法犯罪活动，且不具有为非作恶、欺压残害群众特征的，一般不应作为黑社会性质组织行为特征的认定依据。

13. 对利用信息网络实施黑恶势力犯罪非法控制和影响的"一定区域或者行业"，应当结合危害行为发生地或者危害行业的相对集中程度，以及犯罪嫌疑人、被告人在网络空间和现实社会中的控制和影响程度综合判断。虽然危害行为发生地、危害的行业比较分散，但涉案犯罪组织利用信息网络多次实施强迫交易、寻衅滋事、敲诈勒索等违法犯罪活动，在网络空间和现实社会造成重大影响,严重破坏经济、社会生活秩序的,应当认定为"在一定区域或者行业内,形成非法控制或者重大影响"。

四、利用信息网络实施黑恶势力犯罪案件管辖

14.利用信息网络实施的黑恶势力犯罪案件管辖依照《关于办理黑社会性质组织犯罪案件若干问题的规定》和《关于办理网络犯罪案件适用刑事诉讼程序若干问题的意见》的有关规定确定,坚持以犯罪地管辖为主、被告人居住地管辖为辅的原则。

15.公安机关可以依法对利用信息网络实施的黑恶势力犯罪相关案件并案侦查或者指定下级公安机关管辖,并案侦查或者由上级公安机关指定管辖的公安机关应当全面调查收集能够证明黑恶势力犯罪事实的证据,各涉案地公安机关应当积极配合。并案侦查或者由上级公安机关指定管辖的案件,需要提请批准逮捕、移送审查起诉、提起公诉的,由立案侦查的公安机关所在地的人民检察院、人民法院受理。

16.人民检察院对于公安机关提请批准逮捕、移送审查起诉的利用信息网络实施的黑恶势力犯罪案件,人民法院对于已进入审判程序的利用信息网络实施的黑恶势力犯罪案件,被告人及其辩护人提出的管辖异议成立,或者办案单位发现没有管辖权的,受案人民检察院、人民法院经审查,可以依法报请与有管辖权的人民检察院、人民法院共同的上级人民检察院、人民法院指定管辖,不再自行移交。对于在审查批准逮捕阶段,上级检察机关已经指定管辖的案件,审查起诉工作由同一人民检察院受理。人民检察院、人民法院认为应当分案起诉、审理的,可以依法分案处理。

17.公安机关指定下级公安机关办理利用信息网络实施的黑恶势力犯罪案件的,应当同时抄送同级人民检察院、人民法院。人民检察院认为需要依法指定审判管辖的,应当协商同级人民法院办理指定管辖有关事宜。

18.本意见自2019年10月21日起施行。

最高人民检察院关于办理涉互联网金融犯罪案件有关问题座谈会纪要

1. 2017 年 6 月 2 日发布
2. 高检诉〔2017〕14 号

互联网金融是金融与互联网相互融合形成的新型金融业务模式。发展互联网金融，对加快实施创新驱动发展战略、推进供给侧结构性改革、促进经济转型升级具有积极作用。但是，在互联网金融快速发展过程中，部分机构、业态偏离了正确方向，有些甚至打着"金融创新"的幌子进行非法集资、金融诈骗等违法犯罪活动，严重扰乱了金融管理秩序，侵害了人民群众合法权益。2016 年 4 月，国务院部署开展了互联网金融风险专项整治工作，集中整治违法违规行为，防范和化解互联网金融风险。各级检察机关积极参与专项整治工作，依法办理进入检察环节的涉互联网金融犯罪案件。针对办案中遇到的新情况、新问题，高检院公诉厅先后在昆明、上海、福州召开座谈会，对办理涉互联网金融犯罪案件中遇到的有关行为性质、法律适用、证据审查、追诉范围等问题进行了深入研究。纪要如下：

一、办理涉互联网金融犯罪案件的基本要求

促进和保障互联网金融规范健康发展，是检察机关服务经济社会发展的重要内容。各地检察机关公诉部门应当充分认识防范和化解互联网金融风险的重要性、紧迫性和复杂性，立足检察职能，积极参与互联网金融风险专项整治工作，有效预防、依法惩治涉互联网金融犯罪，切实维护人民群众合法权益，维护国家金融安全。

1. 准确认识互联网金融的本质。互联网金融的本质仍然是金融，其潜在的风险与传统金融没有区别，甚至还可能因互联网的作

用而被放大。要依据现有的金融管理法律规定,依法准确判断各类金融活动、金融业态的法律性质,准确界定金融创新和金融违法犯罪的界限。在办理涉互联网金融犯罪案件时,判断是否符合"违反国家规定""未经有关国家主管部门批准"等要件时,应当以现行刑事法律和金融管理法律法规为依据。对各种类型互联网金融活动,要深入剖析行为实质并据此判断其性质,从而准确区分罪与非罪、此罪与彼罪、罪轻与罪重、打击与保护的界限,不能机械地被所谓"互联网金融创新"表象所迷惑。

2. 妥善把握刑事追诉的范围和边界。涉互联网金融犯罪案件涉案人员众多,要按照区别对待的原则分类处理,综合运用刑事追诉和非刑事手段处置和化解风险,打击少数、教育挽救大多数。要坚持主客观相统一的原则,根据犯罪嫌疑人在犯罪活动中的地位作用、涉案数额、危害结果、主观过错等主客观情节,综合判断责任轻重及刑事追诉的必要性,做到罪责适应、罚当其罪。对犯罪情节严重、主观恶性大、在犯罪中起主要作用的人员,特别是核心管理层人员和骨干人员,依法从严打击;对犯罪情节相对较轻、主观恶性较小、在犯罪中起次要作用的人员依法从宽处理。

3. 注重案件统筹协调推进。涉互联网金融犯罪跨区域特征明显,各地检察机关公诉部门要按照"统一办案协调、统一案件指挥、统一资产处置、分别侦查诉讼、分别落实维稳"(下称"三统两分")的要求分别处理好辖区内案件,加强横向、纵向联系,在上级检察机关特别是省级检察院的指导下统一协调推进办案工作,确保辖区内案件处理结果相对平衡统一。跨区县案件由地市级检察院统筹协调,跨地市案件由省级检察院统一协调,跨省案件由高检院公诉厅统一协调。各级检察机关公诉部门要加强与公安机关、地方金融办等相关单位以及检察机关内部侦监、控申等部门的联系,建立健全案件信息通报机制,及时掌握重大案件的立案、侦查、批捕、信访等情况,适时开展提前介入侦查等工作,并及时上报上级检察院。省级检察院公诉部门要发挥工作主动性,主动掌握社会影响大的案件情况,研究制定工作方案,统筹协调解决办案中遇到的问题、重大、疑难、复杂问题要及时向高检院报告。

4.坚持司法办案"三个效果"有机统一。涉互联网金融犯罪影响广泛，社会各界特别是投资人群体十分关注案件处理。各级检察机关公诉部门要从有利于全案依法妥善处置的角度出发，切实做好提前介入侦查引导取证、审查起诉、出庭公诉等各个阶段的工作，依法妥善处理重大敏感问题，不能机械司法、就案办案。同时，要把办案工作与保障投资人合法权益紧密结合起来，同步做好释法说理、风险防控、追赃挽损、维护稳定等工作，努力实现司法办案的法律效果、社会效果、政治效果有机统一。

二、准确界定涉互联网金融行为法律性质

5.互联网金融涉及P2P网络借贷、股权众筹、第三方支付、互联网保险以及通过互联网开展资产管理及跨界从事金融业务等多个金融领域，行为方式多样，所涉法律关系复杂。违法犯罪行为隐蔽性、迷惑性强，波及面广，社会影响大，要根据犯罪行为的实质特征和社会危害，准确界定行为的法律性质和刑法适用的罪名。

（一）非法吸收公众存款行为的认定

6.涉互联网金融活动在未经有关部门依法批准的情形下，公开宣传并向不特定公众吸收资金，承诺在一定期限内还本付息的，应当依法追究刑事责任。其中，应重点审查互联网金融活动相关主体是否存在归集资金、沉淀资金，致使投资人资金存在被挪用、侵占等重大风险等情形。

7.互联网金融的本质是金融，判断其是否属于"未经有关部门依法批准"，即行为是否具有非法性的主要法律依据是《商业银行法》、《非法金融机构和非法金融业务活动取缔办法》（国务院令第247号）等现行有效的金融管理法律规定。

8.对以下网络借贷领域的非法吸收公众资金的行为，应当以非法吸收公众存款罪分别追究相关行为主体的刑事责任：

（1）中介机构以提供信息中介服务为名，实际从事直接或间接归集资金、甚至自融或变相自融等行为，应当依法追究中介机构的刑事责任。特别要注意识别变相自融行为，如中介机构通过拆分融资项目期限、实行债权转让等方式为自己吸收资金的,应当认定为非法吸收公众存款。

(2)中介机构与借款人存在以下情形之一的,应当依法追究刑事责任:①中介机构与借款人合谋或者明知借款人存在违规情形,仍为其非法吸收公众存款提供服务的;中介机构与借款人合谋,采取向出借人提供信用担保、通过电子渠道以外的物理场所开展借贷业务等违规方式向社会公众吸收资金的;②双方合谋通过拆分融资项目期限、实行债权转让等方式为借款人吸收资金的。在对中介机构、借款人进行追诉时,应根据各自在非法集资中的地位、作用确定其刑事责任。中介机构虽然没有直接吸收资金,但是通过大肆组织借款人开展非法集资并从中收取费用数额巨大、情节严重的,可以认定为主犯。

(3)借款人故意隐瞒事实,违反规定,以自己名义或借用他人名义利用多个网络借贷平台发布借款信息,借款总额超过规定的最高限额,或将吸收资金用于明确禁止的投资股票、场外配资、期货合约等高风险行业,造成重大损失和社会影响的,应当依法追究借款人的刑事责任。对于借款人将借款主要用于正常的生产经营活动,能够及时清退所吸收资金,不作为犯罪处理。

9.在非法吸收公众存款罪中,原则上认定主观故意并不要求以明知法律的禁止性规定为要件。特别是具备一定涉金融活动相关从业经历、专业背景或在犯罪活动中担任一定管理职务的犯罪嫌疑人,应当知晓相关金融法律管理规定,如果有证据证明其实际从事的行为应当批准而未经批准,行为在客观上具有非法性,原则上就可以认定其具有非法吸收公众存款的主观故意。在证明犯罪嫌疑人的主观故意时,可以收集运用犯罪嫌疑人的任职情况、职业经历、专业背景、培训经历、此前任职单位或者其本人因从事同类行为受到处罚情况等证据,证明犯罪嫌疑人提出的"不知道相关行为被法律所禁止,故不具有非法吸收公众存款的主观故意"等辩解不能成立。除此之外,还可以收集运用以下证据进一步印证犯罪嫌疑人知道或应当知道其所从事行为具有非法性,比如犯罪嫌疑人故意规避法律以逃避监管的相关证据：自己或要求下属与投资人签订虚假的亲友关系确认书，频繁更换宣传用语逃避监管，实际推介内容与宣传用语、实际经营状况不一致，刻意向投资人夸大公司兑付能力，在培训课程中传授或接受规避法律的方法，等等。

10.对于无相关职业经历、专业背景，且从业时间短暂，在单位犯罪中层级较低，纯属执行单位领导指令的犯罪嫌疑人提出辩解的，如确实无其他证据证明其具有主观故意的，可以不作为犯罪处理。另外，实践中还存在犯罪嫌疑人提出因信赖行政主管部门出具的相关意见而陷入错误认识的辩解。如果上述辩解确有证据证明，不应作为犯罪处理，但应当对行政主管部门出具的相关意见及其出具过程进行查证，如存在以下情形之一，仍应认定犯罪嫌疑人具有非法吸收公众存款的主观故意：

（1）行政主管部门出具意见所涉及的行为与犯罪嫌疑人实际从事的行为不一致的；

（2）行政主管部门出具的意见未对是否存在非法吸收公众存款问题进行合法性审查，仅对其他合法性问题进行审查的；

（3）犯罪嫌疑人在行政主管部门出具意见时故意隐瞒事实、弄虚作假的；

（4）犯罪嫌疑人与出具意见的行政主管部门的工作人员存在利益输送行为的；

（5）犯罪嫌疑人存在其他影响和干扰行政主管部门出具意见公正性的情形的。

对于犯罪嫌疑人提出因信赖专家学者、律师等专业人士、主流新闻媒体宣传或有关行政主管部门工作人员的个人意见而陷入错误认识的辩解，不能作为犯罪嫌疑人判断自身行为合法性的根据和排除主观故意的理由。

11.负责或从事吸收资金行为的犯罪嫌疑人非法吸收公众存款金额，根据其实际参与吸收的全部金额认定。但以下金额不应计入该犯罪嫌疑人的吸收金额：

（1）犯罪嫌疑人自身及其近亲属所投资的资金金额；

(2)记录在犯罪嫌疑人名下,但其未实际参与吸收且未从中收取任何形式好处的资金。

吸收金额经过司法会计鉴定的,可以将前述不计入部分直接扣除。但是,前述两项所涉金额仍应计入相对应的上一级负责人及所在单位的吸收金额。

12.投资人在每期投资结束后,利用投资账户中的资金(包括每期投资结束后归还的本金、利息)进行反复投资的金额应当累计计算,但对反复投资的数额应当作出说明。对负责或从事行政管理、财务会计、技术服务等辅助工作的犯罪嫌疑人,应当按照其参与的犯罪事实,结合其在犯罪中的地位和作用,依法确定刑事责任范围。

13.确定犯罪嫌疑人的吸收金额时,应当重点审查、运用以下证据:(1)涉案主体自身的服务器或第三方服务器上存储的交易记录等电子数据;(2)会计账簿和会计凭证;(3)银行账户交易记录、POS机支付记录;(4)资金收付凭证、书面合同等书证。仅凭投资人报案数据不能认定吸收金额。

(二)集资诈骗行为的认定

14.以非法占有为目的,使用诈骗方法非法集资,是集资诈骗罪的本质特征。是否具有非法占有目的,是区分非法吸收公众存款罪和集资诈骗罪的关键要件,对此要重点围绕融资项目真实性、资金去向、归还能力等事实进行综合判断。犯罪嫌疑人存在以下情形之一的,原则上可以认定具有非法占有目的:

(1)大部分资金未用于生产经营活动,或名义上投入生产经营但又通过各种方式抽逃转移资金的;

(2)资金使用成本过高,生产经营活动的盈利能力不具有支付全部本息的现实可能性的;

(3)对资金使用的决策极度不负责任或肆意挥霍造成资金缺口较大的;

(4)归还本息主要通过借新还旧来实现的;

(5)其他依照有关司法解释可以认定为非法占有目的的情形。

15.对于共同犯罪或单位犯罪案件中,不同层级的犯罪嫌疑人之间存在犯罪目的发生转化或者犯罪目的明显不同的,应当根据犯罪嫌疑人的犯罪目的分别认定。

(1)注意区分犯罪目的发生转变的时间节点。犯罪嫌疑人在初始阶段仅具有非法吸收公众存款的故意,不具有非法占有目的,但在发生经营失败、资金链断裂等问题后,明知没有归还能力仍然继续吸收公众存款的,这一时间节点之后的行为应当认定为集资诈骗罪,此前的行为应当认定为非法吸收公众存款罪。

(2)注意区分犯罪嫌疑人的犯罪目的的差异。在共同犯罪或单位犯罪中,犯罪嫌疑人由于层级、职责分工、获取收益方式、对全部犯罪事实的知情程度等不同,其犯罪目的也存在不同。在非法集资犯罪中,有的犯罪嫌疑人具有非法占有的目的,有的则不具有非法占有目的,对此,应当分别认定为集资诈骗罪和非法吸收公众存款罪。

16.证明主观上是否具有非法占有目的,可以重点收集、运用以下客观证据:

(1)与实施集资诈骗整体行为模式相关的证据:投资合同、宣传资料、培训内容等;

(2)与资金使用相关的证据:资金往来记录、会计账簿和会计凭证、资金使用成本(包括利息和佣金等)、资金决策使用过程、资金主要用途、财产转移情况等;

(3)与归还能力相关的证据:吸收资金所投资项目内容、投资实际经营情况、盈利能力、归还本息资金的主要来源、负债情况、是否存在虚构业绩等虚假宣传行为等;

(4)其他涉及欺诈等方面的证据:虚构融资项目进行宣传、隐瞒资金实际用途、隐匿销毁账簿;等等。司法会计鉴定机构对相关数据进行鉴定时,办案部门可以根据查证犯罪事实的需要提出重点鉴定的项目,保证司法会计鉴定意见与待证的构成要件事实之间的关联性。

17.集资诈骗的数额,应当以犯罪嫌疑人实际骗取的金额计算。犯罪嫌疑人为吸收公众资金制造还本付息的假象,在诈骗的同时对部分投资人还本付息的,集资诈骗的金额以案发时实际未兑付的金额计算。案发后,犯罪嫌疑人主动退还集资款项的,不能从集资诈骗的金额中扣除,但可以作为量刑情节考虑。

(三)非法经营资金支付结算行为的认定

18. 支付结算业务(也称支付业务)是商业银行或者支付机构在收付款人之间提供的货币资金转移服务。非银行机构从事支付结算业务,应当经中国人民银行批准取得《支付业务许可证》,成为支付机构。未取得支付业务许可从事该业务的行为,违反《非法金融机构和非法金融业务活动取缔办法》第四条第一款第(三)、(四)项的规定,破坏了支付结算业务许可制度,危害支付市场秩序和安全,情节严重的,适用刑法第二百二十五条第(三)项,以非法经营罪追究刑事责任。具体情形:

(1)未取得支付业务许可经营基于客户支付账户的网络支付业务。无证网络支付机构为客户非法开立支付账户,客户先把资金支付到该支付账户,再由无证机构根据订单信息从支付账户平台将资金结算到收款人银行账户。

(2)未取得支付业务许可经营多用途预付卡业务。无证发卡机构非法发行可跨地区、跨行业、跨法人使用的多用途预付卡,聚集大量的预付卡销售资金,并根据客户订单信息向商户划转结算资金。

19. 在具体办案时,要深入剖析相关行为是否具备资金支付结算的实质特征,准确区分支付工具的正常商业流转与提供支付结算服务、区分单用途预付卡与多用途预付卡业务,充分考虑具体行为与"地下钱庄"等同类犯罪在社会危害方面的相当性以及刑事处罚的必要性,严格把握入罪和出罪标准。

三、依法认定单位犯罪及其责任人员

20. 涉互联网金融犯罪案件多以单位形式组织实施,所涉单位数量众多、层级复杂,其中还包括大量分支机构和关联单位,集团化特征明显。有的涉互联网金融犯罪案件中分支机构遍布全国,既有具备法人资格的,又有不具备法人资格的;既有受总公司直接领导的,又有受总公司的下属单位领导的。公安机关在立案时做法不一,有的对单位立案,有的不对单位立案,有的被立案的单位不具有独立法人资格,有的仅对最上层的单位立案而不对分支机构立案。对此,检察机关公诉部门在审查起诉时,应当从能够全面揭示犯罪行为基本特征、全面覆盖犯罪活动、准确界定区分各层级人员的地位作用、有利于有力指控犯罪、有利于追缴违法所得等方面依法具体把握,确定是否以单位犯罪追究。

21. 涉互联网金融犯罪所涉罪名中,刑法规定应当追究单位刑事责任的,对同时具备以下情形且具有独立法人资格的单位,可以以单位犯罪追究:

(1)犯罪活动经单位决策实施;

(2)单位的员工主要按照单位的决策实施具体犯罪活动;

(3)违法所得归单位所有,经单位决策使用,收益亦归单位所有。但是,单位设立后专门从事违法犯罪活动的,应当以自然人犯罪追究刑事责任。

22. 对参与涉互联网金融犯罪,但不具有独立法人资格的分支机构,是否追究其刑事责任,可以区分两种情形处理:

(1)全部或部分违法所得归分支机构所有并支配,分支机构作为单位犯罪主体追究刑事责任;

(2)违法所得完全归分支机构上级单位所有并支配的,不能对分支机构作为单位犯罪主体追究刑事责任,而是应当对分支机构的上级单位(符合单位犯罪主体资格)追究刑事责任。

23. 分支机构认定为单位犯罪主体的,该分支机构相关涉案人员应当作为该分支机构的"直接负责的主管人员"或者"其他直接责任人员"追究刑事责任。仅将分支机构的上级单位认定为单位犯罪主体的,该分支机构相关涉案人员可以作为该上级单位的"其他直接责任人员"追究刑事责任。

24. 对符合追诉条件的分支机构(包括具有独立法人资格的和不具有独立法人资格)及其所属单位,公安机关均没有作为犯罪嫌疑单位移送审查起诉，仅将其所属单位的上级单位作为犯罪嫌疑单位移送审查起诉的，对相关分支机构涉案人员可以区分以下情形处理：

（1）有证据证明被立案的上级单位（比如总公司）在业务、财务、人事等方面对下属单位及其分支机构进行实际控制，下属单位及其分支机构涉案人员可以作为被移送审查起诉的上级单位的"其他直接责任人员"追究刑事责任。在证明实际控制关系时，应当收集、运用公司决策、管理、考核等相关文件、OA系统等电子数据、资金往来记录等证据。对不同地区同一单位的分支机构涉案人员起诉时，证明实际控制关系的证据体系、证明标准应基本一致。

（2）据现有证据无法证明被立案的上级单位与下属单位及其分支机构之间存在实际控制关系的，对符合单位犯罪构成要件的下属单位或分支机构应当补充起诉，下属单位及其分支机构已不具备补充起诉条件的，可以将下属单位及其分支机构的涉案犯罪嫌疑人直接起诉。

四、综合运用定罪量刑情节

25. 在办理跨区域涉互联网金融犯罪案件时，在追诉标准、追诉范围以及量刑建议等方面应当注意统一平衡。对于同一单位在多个地区分别设立分支机构的，在同一省（自治区、直辖市）范围内应当保持基本一致。分支机构所涉犯罪嫌疑人与上级单位主要犯罪嫌疑人之间应当保持适度平衡，防止出现责任轻重"倒挂"的现象。

26. 单位犯罪中，直接负责的主管人员和其他直接责任人员在涉互联网金融犯罪案件中的地位、作用存在明显差别的，可以区分主犯和从犯。对起组织领导作用的总公司的直接负责的主管人员和发挥主要作用的其他直接责任人员，可以认定为全案的主犯，其他人员可以认定为从犯。

27. 最大限度减少投资人的实际损失是办理涉互联网金融犯罪案件特别是非法集资案件的重要工作。在决定是否起诉、提出量刑建议时,要重视对是否具有认罪认罚、主动退赃退赔等情节的考察。分支机构涉案人员积极配合调查、主动退还违法所得、真诚认罪悔罪的,应当依法提出从轻、减轻处罚的量刑建议。其中,对情节轻微、可以免予刑事处罚的,或者情节显著轻微、危害不大、不认为是犯罪的,应当依法作出不起诉决定。对被不起诉人需要给予行政处罚或者没收违法所得的,应当向行政主管部门提出检察意见。

五、证据的收集、审查与运用

28. 涉互联网金融犯罪案件证据种类复杂、数量庞大、且分散于各地,收集、审查、运用证据的难度大。各地检察机关公诉部门要紧紧围绕证据的真实性、合法性、关联性,引导公安机关依法全面收集固定证据,加强证据的审查、运用,确保案件事实经得起法律的检验。

29. 对于重大、疑难、复杂涉互联网金融犯罪案件,检察机关公诉部门要依法提前介入侦查,围绕指控犯罪的需要积极引导公安机关全面收集固定证据,必要时与公安机关共同会商,提出完善侦查思路、侦查提纲的意见建议。加强对侦查取证合法性的监督,对应当依法排除的非法证据坚决予以排除,对应当补正或作出合理解释的及时提出意见。

30. 电子数据在涉互联网金融犯罪案件的证据体系中地位重要,对于指控证实相关犯罪事实具有重要作用。随着互联网技术的不断发展,电子数据的形式、载体出现了许多新的变化,对电子数据的勘验、提取、审查等提出了更高要求,处理不当会对电子数据的真实性、合法性造成不可逆转的损害。检察机关公诉部门要严格执行《最高人民法院、最高人民检察院、公安部关于办理刑事案件收集提取和审查判断电子数据问题的若干规定》(法发〔2016〕22号),加强对电子数据收集、提取程序和技术标准的审查,确保电子数据的真实性、合法性。对云存储电子数据等新类型电子数据进行提取、审查时,要高度重视程序合法性、数据完整性等问题,必要时主动征求相关领域专家意见,在提取前会同公安机关、云存储服务提供商制定科学合法的提取方案,确保万无一失。

31.落实"三统两分"要求,健全证据交换共享机制,协调推进跨区域案件办理。对涉及主案犯罪嫌疑人的证据,一般由主案侦办地办案机构负责收集,其他地区提供协助。其他地区办案机构需要主案侦办地提供证据材料的,应当向主案侦办地办案机构提出证据需求,由主案侦办地办案机构收集并依法移送。无法移送证据原件的,应当在移送复制件的同时,按照相关规定作出说明。各地检察机关公诉部门之间要加强协作,加强与公安机关的协调,督促本地公安机关与其他地区公安机关做好证据交换共享相关工作。案件进入审查起诉阶段后,检察机关公诉部门可以根据案件需要,直接向其他地区检察机关调取证据,其他地区检察机关公诉部门应积极协助。此外,各地检察机关在办理案件过程中发现对其他地区案件办理有重要作用的证据,应当及时采取措施并通知相应检察机关,做好依法移送工作。

六、投资人合法权益的保护

32.涉互联网金融犯罪案件投资人诉求复杂多样,矛盾化解和维护稳定工作任务艰巨繁重,各地检察机关公诉部门在办案过程中要坚持刑事追诉和权益保护并重,根据《刑事诉讼法》等相关法律规定,依法保证互联网金融活动中投资人的合法权益,坚持把追赃挽损等工作贯穿到侦查、起诉、审判各个环节,配合公安、法院等部门最大限度减少投资人的实际损失,加强与本院控申部门、公安机关的联系沟通,及时掌握涉案动态信息,认真开展办案风险评估预警工作,周密制定处置预案,并落实责任到位,避免因部门之间衔接不畅、处置不当造成工作被动。发现重大风险隐患的,及时向有关部门通报情况,必要时逐级上报高检院。

随着互联网金融的发展,涉互联网金融犯罪中的新情况、新问题还将不断出现,各地检察机关公诉部门要按照会议纪要的精神,结合各地办案实际,依法办理涉互联网金融犯罪案件;在办好案件的同时,要不断总结办案经验,加强对重大疑难复杂案件的研究,努力提高办理涉互联网金融犯罪案件的能力和水平,为促进互联网金融规范发展、保障经济社会大局稳定作出积极贡献。在办案过程中遇到疑难问题的,要及时层报高检院公诉厅。

最高人民法院、最高人民检察院关于利用网络云盘制作、复制、贩卖、传播淫秽电子信息牟利行为定罪量刑问题的批复

1. 2017年8月28日最高人民法院审判委员会第1724次会议、2017年10月10日最高人民检察院第十二届检察委员会第70次会议通过
2. 2017年11月22日公布
3. 法释〔2017〕19号
4. 自2017年12月1日起施行

各省、自治区、直辖市高级人民法院、人民检察院,解放军军事法院、军事检察院,新疆维吾尔自治区高级人民法院生产建设兵团分院、新疆生产建设兵团人民检察院:

　　近来,部分高级人民法院、省级人民检察院就如何对利用网络云盘制作、复制、贩卖、传播淫秽电子信息牟利行为定罪量刑的问题提出请示。经研究,批复如下:

一、对于以牟利为目的,利用网络云盘制作、复制、贩卖、传播淫秽电子信息的行为,是否应当追究刑事责任,适用刑法和《最高人民法院、最高人民检察院关于办理利用互联网、移动通讯终端、声讯台制作、复制、出版、贩卖、传播淫秽电子信息刑事案件具体应用法律若干问题的解释》(法释〔2004〕11号)、《最高人民法院、最高人民检察院关于办理利用互联网、移动通讯终端、声讯台制作、复制、出版、贩卖、传播淫秽电子信息刑事案件具体应用法律若干问题的解释(二)》(法释〔2010〕3号)的有关规定。

二、对于以牟利为目的,利用网络云盘制作、复制、贩卖、传播淫秽电子信息的行为,在追究刑事责任时,鉴于网络云盘的特点,不应单

纯考虑制作、复制、贩卖、传播淫秽电子信息的数量,还应充分考虑传播范围、违法所得、行为人一贯表现以及淫秽电子信息、传播对象是否涉及未成年人等情节,综合评估社会危害性,恰当裁量刑罚,确保罪责刑相适应。

此复。

最高人民法院、最高人民检察院、公安部关于办理跨境电信网络诈骗等刑事案件适用法律若干问题的意见

2024年6月26日发布

为依法严厉惩治跨境电信网络诈骗等犯罪活动,根据《中华人民共和国刑法》《中华人民共和国刑事诉讼法》等法律及有关司法解释等规定,结合工作实际,制定本意见。

一、总体要求

1. 跨境电信网络诈骗等犯罪活动严重侵害人民群众生命财产安全,社会危害极大,人民群众反映强烈。人民法院、人民检察院、公安机关要坚持以人民为中心,坚持系统治理、依法治理、源头治理,依法从严惩处,全力追赃挽损,坚决维护人民群众切身利益。依法重点打击犯罪集团及其组织者、策划者、指挥者和骨干成员;重点打击为跨境电信网络诈骗等犯罪活动提供庇护的组织;重点打击犯罪集团实施的故意杀人、故意伤害、绑架、强奸、强迫卖淫、非法拘禁等犯罪行为;重点打击为跨境电信网络诈骗等犯罪集团招募成员而实施组织、运送他人偷越国(边)境的犯罪行为。

2. 人民法院、人民检察院、公安机关要严格依法办案,坚持以证据为中心,贯彻证据裁判原则,全面收集、审查证据,严禁刑讯逼供和以威胁、引诱、欺骗等非法手段收集证据,充分保障犯罪嫌疑人、被告人诉讼权利,准确认定事实,正确适用法律,依法公正办理。

3. 人民法院、人民检察院、公安机关要认真贯彻落实宽严相济刑事政策，充分考虑行为人的一贯表现、主观恶性和人身危险性，做到区别对待、宽严并用、罚当其罪。对于应当重点打击的犯罪分子，坚持总体从严，严格掌握取保候审范围，严格掌握不起诉标准，严格掌握从轻、减轻处罚或者缓刑的适用范围和幅度，充分运用财产刑，不让犯罪分子在经济上得利。对于主动投案、认罪认罚、积极退赃退赔，积极配合办案机关追查相关犯罪、抓捕首要分子和骨干成员、追缴涉案财物起到重要作用的，以及未成年人、在校学生和被诱骗或者被胁迫参与犯罪的人员，坚持宽以济严，依法从宽处罚。

二、依法惩治跨境电信网络诈骗等犯罪

4. 通过提供犯罪场所、条件保障、武装庇护、人员管理等方式管理控制犯罪团伙实施跨境电信网络诈骗、敲诈勒索等犯罪活动，抽成分红或者收取相关费用，有明确的组织者、领导者，骨干成员基本固定，符合刑法第二十六条第二款规定的，应当认定为犯罪集团。

组织者、领导者未到案或者因死亡等法定情形未被追究刑事责任的，不影响犯罪集团的认定。

5. 对于跨境实施的电信网络诈骗、敲诈勒索等犯罪，确因客观条件限制无法查明被害人的，可以依据账户交易记录、通讯群组聊天记录等证据，结合犯罪嫌疑人、被告人供述，综合认定犯罪数额。

对于犯罪集团的犯罪数额，可以根据该犯罪集团从其管理控制的犯罪团伙抽成分红或者收取费用的数额和方式折算。对于无法折算的，抽成分红或者收取费用的数额可以认定为犯罪数额。

6. 犯罪嫌疑人、被告人参加犯罪集团或犯罪团伙，实施电信网络诈骗、敲诈勒索等犯罪行为，犯罪集团或犯罪团伙的犯罪数额已经查证，但因客观条件限制无法查明犯罪嫌疑人、被告人具体犯罪数额的，应当综合考虑其在犯罪集团、犯罪团伙中的地位作用、参与时间、与犯罪事实的关联度，以及主观恶性和人身危险性等，准确认定其罪责。

7. 犯罪嫌疑人、被告人参加境外诈骗犯罪集团或犯罪团伙，实

施电信网络诈骗犯罪行为,犯罪嫌疑人、被告人及所在犯罪集团、犯罪团伙的犯罪数额均难以查证,但犯罪嫌疑人、被告人一年内出境赴境外犯罪窝点累计时间30日以上或者多次出境赴境外犯罪窝点的,应当认定为刑法第二百六十六条规定的"其他严重情节",以诈骗罪依法追究刑事责任。但有证据证实其出境从事正当活动的除外。

8.本意见第7条规定的"犯罪窝点",是指实施电信网络诈骗犯罪活动的作案场所。对于为招募电信网络诈骗犯罪团伙而建设,或者入驻的主要是电信网络诈骗犯罪团伙的整栋建筑物、企业园区、产业园区、开发区等,可以认定为"犯罪窝点"。

"一年内出境赴境外犯罪窝点累计时间30日以上",应当从犯罪嫌疑人、被告人实际加入境外犯罪窝点的时间起算。犯罪嫌疑人、被告人实际加入境外犯罪窝点的确切时间难以查证,但能够查明其系非法出境的,可以以出境时间起算,合理路途时间应当扣除。确因客观条件限制无法查明出境时间的,可以结合犯罪嫌疑人、被告人的行踪轨迹等最后出现在国(边)境附近的时间,扣除合理路途时间后综合认定。合理路途时间可以参照乘坐公共交通工具所需时间认定。犯罪嫌疑人、被告人就路途时间提出合理辩解并经查证属实的,应当予以采信。

9.认定犯罪嫌疑人、被告人实施偷越国(边)境行为,可以根据其出入境证件、出入境记录、行踪轨迹、移交接收人员证明等,结合犯罪嫌疑人、被告人供述综合认定。

犯罪嫌疑人、被告人以旅游、探亲、求学、务工、经商等为由申领出入境证件,但出境后即前往电信网络诈骗、敲诈勒索等犯罪窝点的,属于《最高人民法院 最高人民检察院关于办理妨害国(边)境管理刑事案件应用法律若干问题的解释》第六条第(四)项规定的使用以虚假的出入境事由骗取的出入境证件出入国(边)境情形,应当认定为偷越国(边)境行为。

10.具有下列情形之一的,应当认定为《最高人民法院 最高人民检察院关于办理妨害国(边)境管理刑事案件应用法律若干问题的解释》第五条第(二)项规定的"结伙"：

（1）犯罪嫌疑人、被告人就偷越国（边）境的路线、交通方式、中途驻留地点、规避检查方式等进行商议或者以实际行为相互帮助的；

（2）犯罪嫌疑人、被告人之间代为支付交通、住宿等偷越国（边）境过程中产生的相关费用的；

（3）有犯罪嫌疑人、被告人负责与组织、运送偷越国（边）境的犯罪团伙或者个人联系，并带领其他人员一起偷越国（边）境的。

11. 能够查明被害人的身份，但确因客观条件限制无法当面询问的，可由两名以上办案人员通过视频等远程方式询问，并当场制作笔录，经被害人核对无误后，办案人员逐页签名确认，并注明与询问内容一致。询问、核对笔录、签名过程应当全程同步录音录像。询问过程有翻译人员参加的，翻译人员应当在询问笔录上逐页签名确认。

12. 犯罪嫌疑人、被告人辩解在境外受胁迫实施电信网络诈骗、敲诈勒索等犯罪活动的，应当对其提供的线索或者材料进行调查核实，综合认定其是否属于刑法第二十八条规定的"被胁迫参加犯罪"。

犯罪嫌疑人、被告人在境外实施电信网络诈骗、敲诈勒索等犯罪活动期间，能够与外界保持自由联络，或者被胁迫后又积极主动实施犯罪的，一般不认定为胁从犯。

13. 实施跨境电信网络诈骗、敲诈勒索等犯罪的人员，主动或者经亲友劝说后回国投案，并如实供述自己罪行的，应当认定为自首，依法可以从轻或者减轻处罚。其中，犯罪较轻的，可以免除处罚。

14. 犯罪嫌疑人、被告人在境外实施电信网络诈骗、敲诈勒索等犯罪，犯罪情节轻微，依照法律规定不起诉或者免予刑事处罚的，由主管部门依法予以行政处罚。

三、全面加强追赃挽损

15. 公安机关、人民检察院、人民法院应当全面调查、审查跨境电信网络诈骗、敲诈勒索等犯罪集团、犯罪团伙及其成员的财产状况,依法及时查询、查封、扣押、冻结涉案账户资金、房产、车辆、贵金属等涉案财物。对于依法查封、扣押、冻结的涉案财物,公安机关应当全面收集证明其来源、性质、权属、价值,以及是否应予追缴、没收或者责令退赔等证据材料,并在移送审查起诉时随案移送。人民检察院应当对涉案财物的证据材料进行审查,在提起公诉时提出处理意见。人民法院应当在判决书中对涉案财物作出处理。

16. 犯罪嫌疑人、被告人逃匿境外的电信网络诈骗犯罪案件,犯罪嫌疑人、被告人在通缉一年后不能到案,或者犯罪嫌疑人、被告人死亡的,应当依照法定程序没收其违法所得及其他涉案财产。

人民检察院办理网络犯罪案件规定

2021年1月22日发布

第一章 一般规定

第一条 为规范人民检察院办理网络犯罪案件,维护国家安全、网络安全、社会公共利益,保护公民、法人和其他组织的合法权益,根据《中华人民共和国刑事诉讼法》《人民检察院刑事诉讼规则》等规定,结合司法实践,制定本规定。

第二条 本规定所称网络犯罪是指针对信息网络实施的犯罪,利用信息网络实施的犯罪,以及其他上下游关联犯罪。

第三条 人民检察院办理网络犯罪案件应当加强全链条惩治,注重审查和发现上下游关联犯罪线索。对涉嫌犯罪,公安机关未立案侦查,应当提请批准逮捕而未提请批准逮捕或者应当移送起诉而未移送起诉的,依法进行监督。

第四条 人民检察院办理网络犯罪案件应当坚持惩治犯罪与预防犯

罪并举,建立捕、诉、监、防一体的办案机制,加强以案释法,发挥检察建议的作用,促进有关部门、行业组织、企业等加强网络犯罪预防和治理,净化网络空间。

第五条 网络犯罪案件的管辖适用刑事诉讼法及其他相关规定。

有多个犯罪地的,按照有利于查清犯罪事实、有利于保护被害人合法权益、保证案件公正处理的原则确定管辖。

因跨区域犯罪、共同犯罪、关联犯罪等原因存在管辖争议的,由争议的人民检察院协商解决,协商不成的,报请共同的上级人民检察院指定管辖。

第六条 人民检察院办理网络犯罪案件应当发挥检察一体化优势,加强跨区域协作办案,强化信息互通、证据移交、技术协作,增强惩治网络犯罪的合力。

第七条 人民检察院办理网络犯罪案件应当加强对电子数据收集、提取、保全、固定等的审查,充分运用同一电子数据往往具有的多元关联证明作用,综合运用电子数据与其他证据,准确认定案件事实。

第八条 建立检察技术人员、其他有专门知识的人参与网络犯罪案件办理制度。根据案件办理需要,吸收检察技术人员加入办案组辅助案件办理。积极探索运用大数据、云计算、人工智能等信息技术辅助办案,提高网络犯罪案件办理的专业化水平。

第九条 人民检察院办理网络犯罪案件,对集团犯罪或者涉案人数众多的,根据行为人的客观行为、主观恶性、犯罪情节及地位、作用等综合判断责任轻重和刑事追究的必要性,按照区别对待原则分类处理,依法追诉。

第十条 人民检察院办理网络犯罪案件应当把追赃挽损贯穿始终,主动加强与有关机关协作,保证及时查封、扣押、冻结涉案财物,阻断涉案财物移转链条,督促涉案人员退赃退赔。

第二章 引导取证和案件审查

第十一条 人民检察院办理网络犯罪案件应当重点围绕主体身份同

一性、技术手段违法性、上下游行为关联性等方面全面审查案件事实和证据,注重电子数据与其他证据之间的相互印证,构建完整的证据体系。

第十二条 经公安机关商请,根据追诉犯罪的需要,人民检察院可以派员适时介入重大、疑难、复杂网络犯罪案件的侦查活动,并对以下事项提出引导取证意见:

(一)案件的侦查方向及可能适用的罪名;

(二)证据的收集、提取、保全、固定、检验、分析等;

(三)关联犯罪线索;

(四)追赃挽损工作;

(五)其他需要提出意见的事项。

人民检察院开展引导取证活动时,涉及专业性问题的,可以指派检察技术人员共同参与。

第十三条 人民检察院可以通过以下方式了解案件办理情况:

(一)查阅案件材料;

(二)参加公安机关对案件的讨论;

(三)了解讯(询)问犯罪嫌疑人、被害人、证人的情况;

(四)了解、参与电子数据的收集、提取;

(五)其他方式。

第十四条 人民检察院介入网络犯罪案件侦查活动,发现关联犯罪或其他新的犯罪线索,应当建议公安机关依法立案或移送相关部门;对于犯罪嫌疑人不构成犯罪的,依法监督公安机关撤销案件。

第十五条 人民检察院可以根据案件侦查情况,向公安机关提出以下取证意见:

(一)能够扣押、封存原始存储介质的,及时扣押、封存;

(二)扣押可联网设备时,及时采取信号屏蔽、信号阻断或者切断电源等方式,防止电子数据被远程破坏;

(三)及时提取账户密码及相应数据,如电子设备、网络账户、应用软件等的账户密码,以及存储于其中的聊天记录、电子邮件、交易记录等;

（四）及时提取动态数据，如内存数据、缓存数据、网络连接数据等；

（五）及时提取依赖于特定网络环境的数据，如点对点网络传输数据、虚拟专线网络中的数据等；

（六）及时提取书证、物证等客观证据，注意与电子数据相互印证。

第十六条　对于批准逮捕后要求公安机关继续侦查、不批准逮捕后要求公安机关补充侦查或者审查起诉退回公安机关补充侦查的网络犯罪案件，人民检察院应当重点围绕本规定第十二条第一款规定的事项，有针对性地制作继续侦查提纲或者补充侦查提纲。对于专业性问题，应当听取检察技术人员或者其他有专门知识的人的意见。

人民检察院应当及时了解案件继续侦查或者补充侦查的情况。

第十七条　认定网络犯罪的犯罪嫌疑人，应当结合全案证据，围绕犯罪嫌疑人与原始存储介质、电子数据的关联性、犯罪嫌疑人网络身份与现实身份的同一性，注重审查以下内容：

（一）扣押、封存的原始存储介质是否为犯罪嫌疑人所有、持有或者使用；

（二）社交、支付结算、网络游戏、电子商务、物流等平台的账户信息、身份认证信息、数字签名、生物识别信息等是否与犯罪嫌疑人身份关联；

（三）通话记录、短信、聊天信息、文档、图片、语音、视频等文件内容是否能够反映犯罪嫌疑人的身份；

（四）域名、IP 地址、终端 MAC 地址、通信基站信息等是否能够反映电子设备为犯罪嫌疑人所使用；

（五）其他能够反映犯罪嫌疑人主体身份的内容。

第十八条　认定犯罪嫌疑人的客观行为，应当结合全案证据，围绕其利用的程序工具、技术手段的功能及其实现方式、犯罪行为和结果之间的关联性，注重审查以下内容：

（一）设备信息、软件程序代码等作案工具；

（二）系统日志、域名、IP 地址、WiFi 信息、地理位置信息等是否能够反映犯罪嫌疑人的行为轨迹；

（三）操作记录、网络浏览记录、物流信息、交易结算记录、即时通信信息等是否能够反映犯罪嫌疑人的行为内容；

（四）其他能够反映犯罪嫌疑人客观行为的内容。

第十九条　认定犯罪嫌疑人的主观方面，应当结合犯罪嫌疑人的认知能力、专业水平、既往经历、人员关系、行为次数、获利情况等综合认定，注重审查以下内容：

（一）反映犯罪嫌疑人主观故意的聊天记录、发布内容、浏览记录等；

（二）犯罪嫌疑人行为是否明显违背系统提示要求、正常操作流程；

（三）犯罪嫌疑人制作、使用或者向他人提供的软件程序是否主要用于违法犯罪活动；

（四）犯罪嫌疑人支付结算的对象、频次、数额等是否明显违反正常交易习惯；

（五）犯罪嫌疑人是否频繁采用隐蔽上网、加密通信、销毁数据等措施或者使用虚假身份；

（六）其他能够反映犯罪嫌疑人主观方面的内容。

第二十条　认定犯罪行为的情节和后果，应当结合网络空间、网络行为的特性，从违法所得、经济损失、信息系统的破坏、网络秩序的危害程度以及对被害人的侵害程度等综合判断，注重审查以下内容：

（一）聊天记录、交易记录、音视频文件、数据库信息等能够反映犯罪嫌疑人违法所得、获取和传播数据及文件的性质、数量的内容；

（二）账号数量、信息被点击次数、浏览次数、被转发次数等能够反映犯罪行为对网络空间秩序产生影响的内容；

（三）受影响的计算机信息系统数量、服务器日志信息等能够反映犯罪行为对信息网络运行造成影响程度的内容；

（四）被害人数量、财产损失数额、名誉侵害的影响范围等能够反映犯罪行为对被害人的人身、财产等造成侵害的内容；

（五）其他能够反映犯罪行为情节、后果的内容。

第二十一条 人民检察院办理网络犯罪案件，确因客观条件限制无法逐一收集相关言词证据的，可以根据记录被害人人数、被侵害的计算机信息系统数量、涉案资金数额等犯罪事实的电子数据、书证等证据材料，在审查被告人及其辩护人所提辩解、辩护意见的基础上，综合全案证据材料，对相关犯罪事实作出认定。

第二十二条 对于数量众多的同类证据材料，在证明是否具有同样的性质、特征或者功能时，因客观条件限制不能全部验证的，可以进行抽样验证。

第二十三条 对鉴定意见、电子数据等技术性证据材料，需要进行专门审查的，应当指派检察技术人员或者聘请其他有专门知识的人进行审查并提出意见。

第二十四条 人民检察院在审查起诉过程中，具有下列情形之一的，可以依法自行侦查：

（一）公安机关未能收集的证据，特别是存在灭失、增加、删除、修改风险的电子数据，需要及时收集和固定的；

（二）经退回补充侦查未达到补充侦查要求的；

（三）其他需要自行侦查的情形。

第二十五条 自行侦查由检察官组织实施，开展自行侦查的检察人员不得少于二人。需要技术支持和安全保障的，由人民检察院技术部门和警务部门派员协助。必要时，可以要求公安机关予以配合。

第二十六条 人民检察院办理网络犯罪案件的部门，发现或者收到侵害国家利益、社会公共利益的公益诉讼案件线索的，应当及时移送负责公益诉讼的部门处理。

第三章 电子数据的审查

第二十七条 电子数据是以数字化形式存储、处理、传输的，能够证

明案件事实的数据,主要包括以下形式:

(一)网页、社交平台、论坛等网络平台发布的信息;

(二)手机短信、电子邮件、即时通信、通讯群组等网络通讯信息;

(三)用户注册信息、身份认证信息、数字签名、生物识别信息等用户身份信息;

(四)电子交易记录、通信记录、浏览记录、操作记录、程序安装、运行、删除记录等用户行为信息;

(五)恶意程序、工具软件、网站源代码、运行脚本等行为工具信息;

(六)系统日志、应用程序日志、安全日志、数据库日志等系统运行信息;

(七)文档、图片、音频、视频、数字证书、数据库文件等电子文件及其创建时间、访问时间、修改时间、大小等文件附属信息。

第二十八条　电子数据取证主要包括以下方式:收集、提取电子数据;电子数据检查和侦查实验;电子数据检验和鉴定。

收集、提取电子数据可以采取以下方式:

(一)扣押、封存原始存储介质;

(二)现场提取电子数据;

(三)在线提取电子数据;

(四)冻结电子数据;

(五)调取电子数据。

第二十九条　人民检察院办理网络犯罪案件,应当围绕客观性、合法性、关联性的要求对电子数据进行全面审查。注重审查电子数据与案件事实之间的多元关联,加强综合分析,充分发挥电子数据的证明作用。

第三十条　对电子数据是否客观、真实,注重审查以下内容:

(一)是否移送原始存储介质,在原始存储介质无法封存、不便移动时,是否说明原因,并注明相关情况;

(二)电子数据是否有数字签名、数字证书等特殊标识;

（三）电子数据的收集、提取过程及结果是否可以重现；

（四）电子数据有增加、删除、修改等情形的,是否附有说明；

（五）电子数据的完整性是否可以保证。

第三十一条　对电子数据是否完整,注重审查以下内容：

（一）原始存储介质的扣押、封存状态是否完好；

（二）比对电子数据完整性校验值是否发生变化；

（三）电子数据的原件与备份是否相同；

（四）冻结后的电子数据是否生成新的操作日志。

第三十二条　对电子数据的合法性,注重审查以下内容：

（一）电子数据的收集、提取、保管的方法和过程是否规范；

（二）查询、勘验、扣押、调取、冻结等的法律手续是否齐全；

（三）勘验笔录、搜查笔录、提取笔录等取证记录是否完备；

（四）是否由符合法律规定的取证人员、见证人、持有人（提供人）等参与,因客观原因没有见证人、持有人（提供人）签名或者盖章的,是否说明原因；

（五）是否按照有关规定进行同步录音录像；

（六）对于收集、提取的境外电子数据是否符合国（区）际司法协作及相关法律规定的要求。

第三十三条　对电子数据的关联性,注重审查以下内容：

（一）电子数据与案件事实之间的关联性；

（二）电子数据及其存储介质与案件当事人之间的关联性。

第三十四条　原始存储介质被扣押封存的,注重从以下方面审查扣押封存过程是否规范：

（一）是否记录原始存储介质的品牌、型号、容量、序列号、识别码、用户标识等外观信息,是否与实物一一对应；

（二）是否封存或者计算完整性校验值,封存前后是否拍摄被封存原始存储介质的照片,照片是否清晰反映封口或者张贴封条处的状况；

（三）是否由取证人员、见证人、持有人（提供人）签名或者盖章。

第三十五条 对原始存储介质制作数据镜像予以提取固定的,注重审查以下内容:

（一）是否记录原始存储介质的品牌、型号、容量、序列号、识别码、用户标识等外观信息,是否记录原始存储介质的存放位置、使用人、保管人;

（二）是否附有制作数据镜像的工具、方法、过程等必要信息;

（三）是否计算完整性校验值;

（四）是否由取证人员、见证人、持有人(提供人)签名或者盖章。

第三十六条 提取原始存储介质中的数据内容并予以固定的,注重审查以下内容:

（一）是否记录原始存储介质的品牌、型号、容量、序列号、识别码、用户标识等外观信息,是否记录原始存储介质的存放位置、使用人、保管人;

（二）所提取数据内容的原始存储路径,提取的工具、方法、过程等信息,是否一并提取相关的附属信息、关联痕迹、系统环境等信息;

（三）是否计算完整性校验值;

（四）是否由取证人员、见证人、持有人(提供人)签名或者盖章。

第三十七条 对于在线提取的电子数据,注重审查以下内容:

（一）是否记录反映电子数据来源的网络地址、存储路径或者数据提取时的进入步骤等;

（二）是否记录远程计算机信息系统的访问方式、电子数据的提取日期和时间、提取的工具、方法等信息,是否一并提取相关的附属信息、关联痕迹、系统环境等信息;

（三）是否计算完整性校验值;

（四）是否由取证人员、见证人、持有人(提供人)签名或者盖章。

对可能无法重复提取或者可能出现变化的电子数据,是否随案移送反映提取过程的拍照、录像、截屏等材料。

第三十八条 对冻结的电子数据，注重审查以下内容：

（一）冻结手续是否符合规定；

（二）冻结的电子数据是否与案件事实相关；

（三）冻结期限是否即将到期、有无必要继续冻结或者解除；

（四）冻结期间电子数据是否被增加、删除、修改等。

第三十九条 对调取的电子数据，注重审查以下内容：

（一）调取证据通知书是否注明所调取的电子数据的相关信息；

（二）被调取单位、个人是否在通知书回执上签名或者盖章；

（三）被调取单位、个人拒绝签名、盖章的，是否予以说明；

（四）是否计算完整性校验值或者以其他方法保证电子数据的完整性。

第四十条 对电子数据进行检查、侦查实验，注重审查以下内容：

（一）是否记录检查过程、检查结果和其他需要记录的内容，并由检查人员签名或者盖章；

（二）是否记录侦查实验的条件、过程和结果，并由参加侦查实验的人员签名或者盖章；

（三）检查、侦查实验使用的电子设备、网络环境等是否与发案现场一致或者基本一致；

（四）是否使用拍照、录像、录音、通信数据采集等一种或者多种方式客观记录检查、侦查实验过程。

第四十一条 对电子数据进行检验、鉴定，注重审查以下内容：

（一）鉴定主体的合法性。包括审查司法鉴定机构、司法鉴定人员的资质，委托鉴定事项是否符合司法鉴定机构的业务范围，鉴定人员是否存在回避等情形；

（二）鉴定材料的客观性。包括鉴定材料是否真实、完整、充分，取得方式是否合法，是否与原始电子数据一致；

（三）鉴定方法的科学性。包括鉴定方法是否符合国家标准、行业标准，方法标准的选用是否符合相关规定；

（四）鉴定意见的完整性。是否包含委托人、委托时间、检材信息、鉴定或者分析论证过程、鉴定结果以及鉴定人签名、日期等内容；

（五）鉴定意见与其他在案证据能否相互印证。

对于鉴定机构以外的机构出具的检验、检测报告，可以参照本条规定进行审查。

第四十二条 行政机关在行政执法和查办案件过程中依法收集、提取的电子数据，人民检察院经审查符合法定要求的，可以作为刑事案件的证据使用。

第四十三条 电子数据的收集、提取程序有下列瑕疵，经补正或者作出合理解释的，可以采用；不能补正或者作出合理解释的，不得作为定案的根据：

（一）未以封存状态移送的；

（二）笔录或者清单上没有取证人员、见证人、持有人（提供人）签名或者盖章的；

（三）对电子数据的名称、类别、格式等注明不清的；

（四）有其他瑕疵的。

第四十四条 电子数据系篡改、伪造、无法确定真伪的，或者有其他无法保证电子数据客观、真实情形的，不得作为定案的根据。

电子数据有增加、删除、修改等情形，但经司法鉴定、当事人确认等方式确定与案件相关的重要数据未发生变化，或者能够还原电子数据原始状态、查清变化过程的，可以作为定案的根据。

第四十五条 对于无法直接展示的电子数据，人民检察院可以要求公安机关提供电子数据的内容、存储位置、附属信息、功能作用等情况的说明，随案移送人民法院。

第四章　出庭支持公诉

第四十六条 人民检察院依法提起公诉的网络犯罪案件，具有下列情形之一的，可以建议人民法院召开庭前会议：

（一）案情疑难复杂的；

（二）跨国（边）境、跨区域案件社会影响重大的；

（三）犯罪嫌疑人、被害人等人数众多、证据材料较多的；

（四）控辩双方对电子数据合法性存在较大争议的；

（五）案件涉及技术手段专业性强，需要控辩双方提前交换意见的；

（六）其他有必要召开庭前会议的情形。

必要时，人民检察院可以向法庭申请指派检察技术人员或者聘请其他有专门知识的人参加庭前会议。

第四十七条　人民法院开庭审理网络犯罪案件，公诉人出示证据可以借助多媒体示证、动态演示等方式进行。必要时，可以向法庭申请指派检察技术人员或者聘请其他有专门知识的人进行相关技术操作，并就专门性问题发表意见。

公诉人在出示电子数据时，应当从以下方面进行说明：

（一）电子数据的来源、形成过程；

（二）电子数据所反映的犯罪手段、人员关系、资金流向、行为轨迹等案件事实；

（三）电子数据与被告人供述、被害人陈述、证人证言、物证、书证等的相互印证情况；

（四）其他应当说明的内容。

第四十八条　在法庭审理过程中，被告人及其辩护人针对电子数据的客观性、合法性、关联性提出辩解或者辩护意见的，公诉人可以围绕争议点从证据来源是否合法，提取、复制、制作过程是否规范，内容是否真实完整，与案件事实有无关联等方面，有针对性地予以答辩。

第四十九条　支持、推动人民法院开庭审判网络犯罪案件全程录音录像。对庭审全程录音录像资料，必要时人民检察院可以商请人民法院复制，并将存储介质附检察卷宗保存。

第五章　跨区域协作办案

第五十条　对跨区域网络犯罪案件，上级人民检察院应当加强统一指挥和统筹协调,相关人民检察院应当加强办案协作。

第五十一条 上级人民检察院根据办案需要,可以统一调用辖区内的检察人员参与办理网络犯罪案件。

第五十二条 办理关联网络犯罪案件的人民检察院可以相互申请查阅卷宗材料、法律文书,了解案件情况,被申请的人民检察院应当予以协助。

第五十三条 承办案件的人民检察院需要向办理关联网络犯罪案件的人民检察院调取证据材料的,可以持相关法律文书和证明文件申请调取在案证据材料,被申请的人民检察院应当配合。

第五十四条 承办案件的人民检察院需要异地调查取证的,可以将相关法律文书及证明文件传输至证据所在地的人民检察院,请其代为调查取证。相关法律文书应当注明具体的取证对象、方式、内容和期限等。

被请求协助的人民检察院应当予以协助,及时将取证结果送达承办案件的人民检察院;无法及时调取的,应当作出说明。被请求协助的人民检察院有异议的,可以与承办案件的人民检察院进行协商;无法解决的,由承办案件的人民检察院报请共同的上级人民检察院决定。

第五十五条 承办案件的人民检察院需要询问异地证人、被害人的,可以通过远程视频系统进行询问,证人、被害人所在地的人民检察院应当予以协助。远程询问的,应当对询问过程进行同步录音录像。

第六章 跨国(边)境司法协作

第五十六条 办理跨国网络犯罪案件应当依照《中华人民共和国国际刑事司法协助法》及我国批准加入的有关刑事司法协助条约,加强国际司法协作,维护我国主权、安全和社会公共利益,尊重协作国司法主权、坚持平等互惠原则,提升跨国司法协作质效。

第五十七条 地方人民检察院在案件办理中需要向外国请求刑事司法协助的,应当制作刑事司法协助请求书并附相关材料,经报最高人民检察院批准后,由我国与被请求国间司法协助条约规定的对外联系机关向外国提出申请。没有刑事司法协助条约的,通过外交途径联系。

第五十八条 人民检察院参加现场移交境外证据的检察人员不少于二人,外方有特殊要求的除外。

移交、开箱、封存、登记的情况应当制作笔录,由最高人民检察院或者承办案件的人民检察院代表、外方移交人员签名或者盖章,一般应当全程录音录像。有其他见证人的,在笔录中注明。

第五十九条 人民检察院对境外收集的证据,应当审查证据来源是否合法、手续是否齐备以及证据的移交、保管、转换等程序是否连续、规范。

第六十条 人民检察院办理涉香港特别行政区、澳门特别行政区、台湾地区的网络犯罪案件,需要当地有关部门协助的,可以参照本规定及其他相关规定执行。

第七章 附 则

第六十一条 人民检察院办理网络犯罪案件适用本规定,本规定没有规定的,适用其他相关规定。

第六十二条 本规定中下列用语的含义:

(一)信息网络,包括以计算机、电视机、固定电话机、移动电话机等电子设备为终端的计算机互联网、广播电视网、固定通信网、移动通信网等信息网络,以及局域网络;

(二)存储介质,是指具备数据存储功能的电子设备、硬盘、光盘、优盘、记忆棒、存储芯片等载体;

(三)完整性校验值,是指为防止电子数据被篡改或者破坏,使用散列算法等特定算法对电子数据进行计算,得出的用于校验数据完整性的数据值;

(四)数字签名,是指利用特定算法对电子数据进行计算,得出的用于验证电子数据来源和完整性的数据值;

(五)数字证书,是指包含数字签名并对电子数据来源、完整性进行认证的电子文件;

（六）生物识别信息，是指计算机利用人体所固有的生理特征（包括人脸、指纹、声纹、虹膜、DNA 等）或者行为特征（步态、击键习惯等）来进行个人身份识别的信息；

（七）运行脚本，是指使用一种特定的计算机编程语言，依据符合语法要求编写的执行指定操作的可执行文件；

（八）数据镜像，是指二进制（0101 排序的数据码流）相同的数据复制件，与原件的内容无差别；

（九）MAC 地址，是指计算机设备中网卡的唯一标识，每个网卡有且只有一个 MAC 地址。

第六十三条　人民检察院办理国家安全机关、海警机关、监狱等移送的网络犯罪案件，适用本规定和其他相关规定。

第六十四条　本规定由最高人民检察院负责解释。

第六十五条　本规定自发布之日起施行。

最高人民法院、最高人民检察院、公安部关于办理信息网络犯罪案件适用刑事诉讼程序若干问题的意见

1. 2022 年 8 月 26 日发布
2. 法发〔2022〕23 号
3. 自 2022 年 9 月 1 日起施行

为依法惩治信息网络犯罪活动，根据《中华人民共和国刑法》《中华人民共和国刑事诉讼法》以及有关法律、司法解释的规定，结合侦查、起诉、审判实践，现就办理此类案件适用刑事诉讼程序问题提出以下意见。

一、关于信息网络犯罪案件的范围

1. 本意见所称信息网络犯罪案件包括：

（1）危害计算机信息系统安全犯罪案件；

（2）拒不履行信息网络安全管理义务、非法利用信息网络、帮助信息网络犯罪活动的犯罪案件；

（3）主要行为通过信息网络实施的诈骗、赌博、侵犯公民个人信息等其他犯罪案件。

二、关于信息网络犯罪案件的管辖

2.信息网络犯罪案件由犯罪地公安机关立案侦查。必要时，可以由犯罪嫌疑人居住地公安机关立案侦查。

信息网络犯罪案件的犯罪地包括用于实施犯罪行为的网络服务使用的服务器所在地，网络服务提供者所在地，被侵害的信息网络系统及其管理者所在地，犯罪过程中犯罪嫌疑人、被害人或者其他涉案人员使用的信息网络系统所在地，被害人被侵害时所在地以及被害人财产遭受损失地等。

涉及多个环节的信息网络犯罪案件，犯罪嫌疑人为信息网络犯罪提供帮助的，其犯罪地、居住地或者被帮助对象的犯罪地公安机关可以立案侦查。

3.有多个犯罪地的信息网络犯罪案件，由最初受理的公安机关或者主要犯罪地公安机关立案侦查。有争议的，按照有利于查清犯罪事实、有利于诉讼的原则，协商解决；经协商无法达成一致的，由共同上级公安机关指定有关公安机关立案侦查。需要提请批准逮捕、移送审查起诉、提起公诉的，由立案侦查的公安机关所在地的人民检察院、人民法院受理。

4.具有下列情形之一的，公安机关、人民检察院、人民法院可以在其职责范围内并案处理：

（1）一人犯数罪的；

（2）共同犯罪的；

（3）共同犯罪的犯罪嫌疑人、被告人还实施其他犯罪的；

（4）多个犯罪嫌疑人、被告人实施的犯罪行为存在关联，并案处理有利于查明全部案件事实的。

对为信息网络犯罪提供程序开发、互联网接入、服务器托管、网络存储、通讯传输等技术支持，或者广告推广、支付结算等帮助，涉嫌犯罪的,可以依照第一款的规定并案侦查。

有关公安机关依照前两款规定并案侦查的案件,需要提请批准逮捕、移送审查起诉、提起公诉的,由该公安机关所在地的人民检察院、人民法院受理。

5.并案侦查的共同犯罪或者关联犯罪案件,犯罪嫌疑人人数众多、案情复杂的,公安机关可以分案移送审查起诉。分案移送审查起诉的,应当对并案侦查的依据、分案移送审查起诉的理由作出说明。

对于前款规定的案件,人民检察院可以分案提起公诉,人民法院可以分案审理。

分案处理应当以有利于保障诉讼质量和效率为前提,并不得影响当事人质证权等诉讼权利的行使。

6.依照前条规定分案处理,公安机关、人民检察院、人民法院在分案前有管辖权的,分案后对相关案件的管辖权不受影响。根据具体情况,分案处理的相关案件可以由不同审级的人民法院分别审理。

7.对于共同犯罪或者已并案侦查的关联犯罪案件,部分犯罪嫌疑人未到案,但不影响对已到案共同犯罪或者关联犯罪的犯罪嫌疑人、被告人的犯罪事实认定的,可以先行追究已到案犯罪嫌疑人、被告人的刑事责任。之前未到案的犯罪嫌疑人、被告人归案后,可以由原办案机关所在地公安机关、人民检察院、人民法院管辖其所涉及的案件。

8.对于具有特殊情况,跨省(自治区、直辖市)指定异地公安机关侦查更有利于查清犯罪事实、保证案件公正处理的重大信息网络犯罪案件,以及在境外实施的信息网络犯罪案件,公安部可以商最高人民检察院和最高人民法院指定侦查管辖。

9.人民检察院对于审查起诉的案件,按照刑事诉讼法的管辖规定,认为应当由上级人民检察院或者同级其他人民检察院起诉的,应当将案件移送有管辖权的人民检察院,并通知移送起诉的公安机关。人民检察院认为需要依照刑事诉讼法的规定指定审判管辖的,应当协商同级人民法院办理指定管辖有关事宜。

10.犯罪嫌疑人被多个公安机关立案侦查的,有关公安机关一般应当协商并案处理,并依法移送案件。协商不成的,可以报请共同上级公安机关指定管辖。

人民检察院对于审查起诉的案件,发现犯罪嫌疑人还有犯罪被异地公安机关立案侦查的,应当通知移送审查起诉的公安机关。

人民法院对于提起公诉的案件,发现被告人还有其他犯罪被审查起诉、立案侦查的,可以协商人民检察院、公安机关并案处理,但可能造成审判过分迟延的除外。决定对有关犯罪并案处理,符合《中华人民共和国刑事诉讼法》第二百零四条规定的,人民检察院可以建议人民法院延期审理。

三、关于信息网络犯罪案件的调查核实

11.公安机关对接受的案件或者发现的犯罪线索,在审查中发现案件事实或者线索不明,需要经过调查才能够确认是否达到刑事立案标准的,经公安机关办案部门负责人批准,可以进行调查核实;经过调查核实达到刑事立案标准的,应当及时立案。

12.调查核实过程中,可以采取询问、查询、勘验、检查、鉴定、调取证据材料等不限制被调查对象人身、财产权利的措施,不得对被调查对象采取强制措施,不得查封、扣押、冻结被调查对象的财产,不得采取技术侦查措施。

13.公安机关在调查核实过程中依法收集的电子数据等材料,可以根据有关规定作为证据使用。

调查核实过程中收集的材料作为证据使用的,应当随案移送,并附批准调查核实的相关材料。

调查核实过程中收集的证据材料经查证属实,且收集程序符合有关要求的,可以作为定案依据。

四、关于信息网络犯罪案件的取证

14.公安机关向网络服务提供者调取电子数据的,应当制作调取证据通知书,注明需要调取的电子数据的相关信息。调取证据通知书及相关法律文书可以采用数据电文形式。跨地域调取电子数据的,可以通过公安机关信息化系统传输相关数据电文。

网络服务提供者向公安机关提供电子数据的,可以采用数据电文形式。采用数据电文形式提供电子数据的,应当保证电子数据的完整性,并制作电子证明文件,载明调证法律文书编号、单位电子公章、完整性校验值等保护电子数据完整性方法的说明等信息。

数据电文形式的法律文书和电子证明文件,应当使用电子签名、数字水印等方式保证完整性。

15.询(讯)问异地证人、被害人以及与案件有关联的犯罪嫌疑人的,可以由办案地公安机关通过远程网络视频等方式进行并制作笔录。

远程询(讯)问的,应当由协作地公安机关事先核实被询(讯)问人的身份。办案地公安机关应当将询(讯)问笔录传输至协作地公安机关。询(讯)问笔录经被询(讯)问人确认并逐页签名、捺指印后,由协作地公安机关协作人员签名或者盖章,并将原件提供给办案地公安机关。询(讯)问人员收到笔录后,应当在首页右上方写明"于某年某月某日收到",并签名或者盖章。

远程询(讯)问的,应当对询(讯)问过程同步录音录像,并随案移送。

异地证人、被害人以及与案件有关联的犯罪嫌疑人亲笔书写证词、供词的,参照执行本条第二款规定。

16.人民检察院依法自行侦查、补充侦查,或者人民法院调查核实相关证据的,适用本意见第14条、第15条的有关规定。

17.对于依照本意见第14条的规定调取的电子数据,人民检察院、人民法院可以通过核验电子签名、数字水印、电子数据完整性校验值及调证法律文书编号是否与证明文件相一致等方式,对电子数据进行审查判断。

对调取的电子数据有疑问的,由公安机关、提供电子数据的网络服务提供者作出说明,或者由原调取机关补充收集相关证据。

五、关于信息网络犯罪案件的其他问题

18.采取技术侦查措施收集的材料作为证据使用的,应当随案移送,并附采取技术侦查措施的法律文书、证据材料清单和有关说明材料。

移送采取技术侦查措施收集的视听资料、电子数据的,应当由两名以上侦查人员制作复制件,并附制作说明,写明原始证据材料、原始存储介质的存放地点等信息,由制作人签名,并加盖单位印章。

19. 采取技术侦查措施收集的证据材料,应当经过当庭出示、辨认、质证等法庭调查程序查证。

当庭调查技术侦查证据材料可能危及有关人员的人身安全,或者可能产生其他严重后果的,法庭应当采取不暴露有关人员身份和技术侦查措施使用的技术设备、技术方法等保护措施。必要时,审判人员可以在庭外对证据进行核实。

20. 办理信息网络犯罪案件,对于数量特别众多且具有同类性质、特征或者功能的物证、书证、证人证言、被害人陈述、视听资料、电子数据等证据材料,确因客观条件限制无法逐一收集的,应当按照一定比例或者数量选取证据,并对选取情况作出说明和论证。

人民检察院、人民法院应当重点审查取证方法、过程是否科学。经审查认为取证不科学的,应当由原取证机关作出补充说明或者重新取证。

人民检察院、人民法院应当结合其他证据材料,以及犯罪嫌疑人、被告人及其辩护人所提辩解、辩护意见,审查认定取得的证据。经审查,对相关事实不能排除合理怀疑的,应当作出有利于犯罪嫌疑人、被告人的认定。

21. 对于涉案人数特别众多的信息网络犯罪案件,确因客观条件限制无法收集证据逐一证明、逐人核实涉案账户的资金来源,但根据银行账户、非银行支付账户等交易记录和其他证据材料,足以认定有关账户主要用于接收、流转涉案资金的,可以按照该账户接收的资金数额认定犯罪数额,但犯罪嫌疑人、被告人能够作出合理说明的除外。案外人提出异议的,应当依法审查。

22. 办理信息网络犯罪案件,应当依法及时查封、扣押、冻结涉案财物,督促涉案人员退赃退赔,及时追赃挽损。

公安机关应当全面收集证明涉案财物性质、权属情况、依法应予追缴、没收或者责令退赔的证据材料,在移送审查起诉时随案移送并作出说明。其中,涉案财物需要返还被害人的,应当尽可能查明被害人损失情况。人民检察院应当对涉案财物的证据材料进行审查,在提起公诉时提出处理意见。人民法院应当依法作出判决,对涉案财物作出处理。

对应当返还被害人的合法财产,权属明确的,应当依法及时返还;权属不明的,应当在人民法院判决、裁定生效后,按比例返还被害人,但已获退赔的部分应予扣除。

23. 本意见自 2022 年 9 月 1 日起施行。《最高人民法院、最高人民检察院、公安部关于办理网络犯罪案件适用刑事诉讼程序若干问题的意见》(公通字〔2014〕10 号)同时废止。

最高人民法院、最高人民检察院、公安部关于依法惩治网络暴力违法犯罪的指导意见

1. 2023 年 9 月 20 日发布
2. 法发〔2023〕14 号

为依法惩治网络暴力违法犯罪活动,有效维护公民人格权益和网络秩序,根据刑法、刑事诉讼法、民法典、民事诉讼法、个人信息保护法、治安管理处罚法及《最高人民法院、最高人民检察院关于办理利用信息网络实施诽谤等刑事案件适用法律若干问题的解释》等法律、司法解释规定,结合执法司法实践,制定本意见。

一、充分认识网络暴力的社会危害,依法维护公民权益和网络秩序

1. 在信息网络上针对个人肆意发布谩骂侮辱、造谣诽谤、侵犯隐私等信息的网络暴力行为,贬损他人人格,损害他人名誉,有的造成了他人"社会性死亡"甚至精神失常、自杀等严重后果;扰乱网

络秩序,破坏网络生态,致使网络空间戾气横行,严重影响社会公众安全感。与传统违法犯罪不同,网络暴力往往针对素不相识的陌生人实施,受害人在确认侵害人、收集证据等方面存在现实困难,维权成本极高。人民法院、人民检察院、公安机关要充分认识网络暴力的社会危害,坚持严惩立场,依法能动履职,为受害人提供有效法律救济,维护公民合法权益,维护公众安全感,维护网络秩序。

二、准确适用法律,依法严惩网络暴力违法犯罪

2. 依法惩治网络诽谤行为。在信息网络上制造、散布谣言,贬损他人人格、损害他人名誉,情节严重,符合刑法第二百四十六条规定的,以诽谤罪定罪处罚。

3. 依法惩治网络侮辱行为。在信息网络上采取肆意谩骂、恶意诋毁、披露隐私等方式,公然侮辱他人,情节严重,符合刑法第二百四十六条规定的,以侮辱罪定罪处罚。

4. 依法惩治侵犯公民个人信息行为。组织"人肉搜索",违法收集并向不特定多数人发布公民个人信息,情节严重,符合刑法第二百五十三条之一规定的,以侵犯公民个人信息罪定罪处罚;依照刑法和司法解释规定,同时构成其他犯罪的,依照处罚较重的规定定罪处罚。

5. 依法惩治借网络暴力事件实施的恶意营销炒作行为。基于蹭炒热度、推广引流等目的,利用互联网用户公众账号等推送、传播有关网络暴力违法犯罪的信息,符合刑法第二百八十七条之一规定的,以非法利用信息网络罪定罪处罚;依照刑法和司法解释规定,同时构成其他犯罪的,依照处罚较重的规定定罪处罚。

6. 依法惩治拒不履行信息网络安全管理义务行为。网络服务提供者对于所发现的有关网络暴力违法犯罪的信息不依法履行信息网络安全管理义务,经监管部门责令采取改正措施而拒不改正,致使违法信息大量传播或者有其他严重情节,符合刑法第二百八十六条之一规定的,以拒不履行信息网络安全管理义务罪定罪处罚;依照刑法和司法解释规定,同时构成其他犯罪的,依照处罚较重的规定定罪处罚。

7. 依法惩治网络暴力违法行为。实施网络侮辱、诽谤等网络暴力行为，尚不构成犯罪，符合治安管理处罚法等规定的，依法予以行政处罚。

8. 依法严惩网络暴力违法犯罪。对网络暴力违法犯罪，应当体现从严惩治精神，让人民群众充分感受到公平正义。坚持严格执法司法，对于网络暴力违法犯罪，依法严肃追究，切实矫正"法不责众"的错误倾向。要重点打击恶意发起者、组织者、恶意推波助澜者以及屡教不改者。实施网络暴力违法犯罪，具有下列情形之一的，依法从重处罚：

（1）针对未成年人、残疾人实施的；

（2）组织"水军"、"打手"或者其他人员实施的；

（3）编造"涉性"话题侵害他人人格尊严的；

（4）利用"深度合成"等生成式人工智能技术发布违法信息的；

（5）网络服务提供者发起、组织的。

9. 依法支持民事维权。针对他人实施网络暴力行为，侵犯他人名誉权、隐私权等人格权，受害人请求行为人承担民事责任的，人民法院依法予以支持。

10. 准确把握违法犯罪行为的认定标准。通过信息网络检举、揭发他人犯罪或者违法违纪行为，只要不是故意捏造事实或者明知是捏造的事实而故意散布的，不应当认定为诽谤违法犯罪。针对他人言行发表评论、提出批评，即使观点有所偏颇、言论有些偏激，只要不是肆意谩骂、恶意诋毁的，不应当认定为侮辱违法犯罪。

三、畅通诉讼程序，及时提供有效法律救济

11. 落实公安机关协助取证的法律规定。根据刑法第二百四十六条第三款的规定，对于被害人就网络侮辱、诽谤提起自诉的案件，人民法院经审查认为被害人提供证据确有困难的，可以要求公安机关提供协助。公安机关应当根据人民法院要求和案件具体情况，及时查明行为主体，收集相关侮辱、诽谤信息传播扩散情况及

造成的影响等证据材料。网络服务提供者应当依法为公安机关取证提供必要的技术支持和协助。经公安机关协助取证,达到自诉案件受理条件的,人民法院应当决定立案;无法收集相关证据材料的,公安机关应当书面向人民法院说明情况。

12. 准确把握侮辱罪、诽谤罪的公诉条件。根据刑法第二百四十六条第二款的规定,实施侮辱、诽谤犯罪,严重危害社会秩序和国家利益的,应当依法提起公诉。对于网络侮辱、诽谤是否严重危害社会秩序,应当综合侵害对象、动机目的、行为方式、信息传播范围、危害后果等因素作出判定。

实施网络侮辱、诽谤行为,具有下列情形之一的,应当认定为刑法第二百四十六条第二款规定的"严重危害社会秩序":

(1) 造成被害人或者其近亲属精神失常、自杀等严重后果,社会影响恶劣的;

(2) 随意以普通公众为侵害对象,相关信息在网络上大范围传播,引发大量低俗、恶意评论,严重破坏网络秩序,社会影响恶劣的;

(3) 侮辱、诽谤多人或者多次散布侮辱、诽谤信息,社会影响恶劣的;

(4) 组织、指使人员在多个网络平台大量散布侮辱、诽谤信息,社会影响恶劣的;

(5) 其他严重危害社会秩序的情形。

13. 依法适用侮辱、诽谤刑事案件的公诉程序。对于严重危害社会秩序的网络侮辱、诽谤行为,公安机关应当依法及时立案。被害人同时向人民法院提起自诉的,人民法院可以请自诉人撤回自诉或者裁定不予受理;已经受理的,应当裁定终止审理,并将相关材料移送公安机关,原自诉人可以作为被害人参与诉讼。对于网络侮辱、诽谤行为,被害人在公安机关立案前提起自诉,人民法院经审查认为有关行为严重危害社会秩序的,应当将案件移送公安机关。

对于网络侮辱、诽谤行为,被害人或者其近亲属向公安机关报案,公安机关经审查认为已构成犯罪但不符合公诉条件的,可以告知报案人向人民法院提起自诉。

14. 加强立案监督工作。人民检察院依照有关法律和司法解释的规定,对网络暴力犯罪案件加强立案监督工作。

上级公安机关应当加强对下级公安机关网络暴力案件立案工作的业务指导和内部监督。

15. 依法适用人格权侵害禁令制度。权利人有证据证明行为人正在实施或者即将实施侵害其人格权的违法行为,不及时制止将使其合法权益受到难以弥补的损害,依据民法典第九百九十七条向人民法院申请采取责令行为人停止有关行为的措施的,人民法院可以根据案件具体情况依法作出人格权侵害禁令。

16. 依法提起公益诉讼。网络暴力行为损害社会公共利益的,人民检察院可以依法向人民法院提起公益诉讼。

网络服务提供者对于所发现的网络暴力信息不依法履行信息网络安全管理义务,致使违法信息大量传播或者有其他严重情节,损害社会公共利益的,人民检察院可以依法向人民法院提起公益诉讼。

人民检察院办理网络暴力治理领域公益诉讼案件,可以依法要求网络服务提供者提供必要的技术支持和协助。

四、落实工作要求,促进强化综合治理

17. 有效保障受害人权益。办理网络暴力案件,应当及时告知受害人及其法定代理人或者近亲属有权委托诉讼代理人,并告知其有权依法申请法律援助。针对相关网络暴力信息传播范围广、社会危害大、影响消除难的现实情况,要依法及时向社会发布案件进展信息,澄清事实真相,有效消除不良影响。依法适用认罪认罚从宽制度,促使被告人认罪认罚,真诚悔罪,通过媒体公开道歉等方式,实现对受害人人格权的有效保护。对于被判处刑罚的被告人,可以依法宣告职业禁止或者禁止令。

18. 强化衔接配合。人民法院、人民检察院、公安机关要加强沟通协调,统一执法司法理念,有序衔接自诉程序与公诉程序,确保案件顺利侦查、起诉、审判。对重大、敏感、复杂案件,公安机关听取人民检察院意见建议的,人民检察院应当及时提供,确保案件依法稳妥处理。完善行政执法和刑事司法衔接机制,加强协调配合,形成各单位各司其职、高效联动的常态化工作格局,依法有效惩治、治理网络暴力违法犯罪。

19. 做好法治宣传。要认真贯彻"谁执法谁普法"普法责任制,充分发挥执法办案的规则引领、价值导向和行为规范作用。发布涉网络暴力典型案例,明确传导"网络空间不是法外之地",教育引导广大网民自觉守法,引领社会文明风尚。

20. 促进网络暴力综合治理。立足执法司法职能,在依法办理涉网络暴力相关案件的基础上,做实诉源治理,深入分析滋生助推网络暴力发生的根源,通过提出司法建议、检察建议、公安提示函等方式,促进对网络暴力的多元共治,夯实网络信息服务提供者的主体责任,不断健全长效治理机制,从根本上减少网络暴力的发生,营造清朗网络空间。

电信网络诈骗及其关联违法犯罪联合惩戒办法

1. 2024年11月27日公安部、国家发展和改革委员会、工业和信息化部、中国人民银行公布
2. 自2024年12月1日起施行

第一条　为打击治理电信网络诈骗及其关联违法犯罪,建立健全联合惩戒制度,根据《中华人民共和国反电信网络诈骗法》等法律法规,制定本办法。

第二条　联合惩戒应当遵循依法认定、过惩相当、动态管理的原则。

第三条　本办法规定的惩戒对象包括:

（一）因实施电信网络诈骗犯罪活动,或者实施与电信网络诈骗相关联的帮助信息网络犯罪活动,妨害信用卡管理,侵犯公民个

人信息、掩饰、隐瞒犯罪所得、犯罪所得收益及组织他人偷越国(边)境、偷越国(边)境等犯罪受过刑事处罚的人员;

(二)经设区的市级以上公安机关认定,具有下列行为之一的单位、个人和相关组织者:

1. 非法买卖、出租、出借电话卡、物联网卡、固定电话、电信线路、短信端口、银行账户、支付账户、数字人民币钱包、互联网账号等三张(个)以上,或者为上述卡、账户、账号提供实名核验帮助三张(个)以上的;

2. 非法买卖、出租、出借电话卡、物联网卡、固定电话、电信线路、短信端口、银行账户、支付账户、数字人民币钱包、互联网账号等三次以上,或者为上述卡、账户、账号提供实名核验帮助三次以上的;

3. 向三个以上对象非法买卖、出租、出借电话卡、物联网卡、固定电话、电信线路、短信端口、银行账户、支付账户、数字人民币钱包、互联网账号等,或者提供实名核验帮助的;

4. 假冒他人身份或者虚构代理关系开立电话卡、物联网卡、固定电话、电信线路、短信端口、银行账户、支付账户、数字人民币钱包、互联网账号等的;

具有前三种情形之一,虽未达到数量标准,但造成较大影响、确有惩戒必要的,报经省级以上公安机关审核认定,可以列为惩戒对象。

第四条 惩戒对象为单位的,可以同时对其直接负责的主管人员和其他直接责任人员实施惩戒。

第五条 惩戒措施包括金融惩戒、电信网络惩戒、信用惩戒。

第六条 银行业金融机构、非银行支付机构应当对惩戒对象落实以下金融惩戒措施:

(一)限制惩戒对象名下银行账户、数字人民币钱包的非柜面出金功能,与开立机构既有协议约定的代扣代缴税款、社保、水电煤气费等基本生活保障的款项除外;

(二)停止惩戒对象名下支付账户业务,支付账户余额向本人

同名银行账户转账除外;

（三）暂停为惩戒对象新开立支付账户、实名数字人民币钱包，新开立的银行账户应遵循本条第（一）项要求。

第七条 电信业务经营者、互联网服务提供者应当对惩戒对象落实以下电信网络惩戒措施：

（一）限制惩戒对象名下的电话卡、物联网卡、固定电话、电信线路、短信端口等功能以及过户等业务；

（二）限制惩戒对象名下电话卡注册的存在涉诈风险的互联网账号功能及业务；

（三）不得为惩戒对象开立新的电话卡、物联网卡、固定电话、电信线路、短信端口，存在涉诈风险的互联网账号等以及提供网站、应用程序的分发、上架等业务；

以上涉及惩戒的通信业务、互联网应用等应当具备较高的涉诈属性和安全风险，具体惩戒范围由公安机关会同行业主管部门认定。在惩戒期内，惩戒对象在收到公安机关惩戒通知后十个工作日内可申请保留一张名下非涉案电话卡。

第八条 信用惩戒措施应当通过以下方式予以落实：

（一）将有关惩戒对象纳入"电信网络诈骗"严重失信主体名单，共享至全国信用信息共享平台，并通过"信用中国"网站对严重失信主体信息进行公示；

（二）将有关惩戒对象信息纳入金融信用信息基础数据库。

第九条 对惩戒对象实行分级惩戒：

（一）实施电信网络诈骗及其关联犯罪被追究刑事责任的，适用本办法第六条至第八条规定的惩戒措施，惩戒期限为三年；

（二）经设区的市级以上公安机关认定的惩戒对象，适用本办法第六条、第七条及第八条第（二）项规定的惩戒措施，惩戒期限为二年。

第十条 被判处有期徒刑、拘役的惩戒对象，惩戒期限自有期徒刑、拘役执行完毕之日起计算，惩戒措施效力当然施用于有期徒刑、拘役执行期间。被判处管制或者宣告缓刑的惩戒对象，惩戒期限自判决生效之日起计算。

经设区的市级公安机关认定的,惩戒期限自认定之日起计算。

惩戒对象在惩戒期限内被多次惩戒的,惩戒期限累计执行,但连续执行期限不得超过五年。

惩戒到期后自动解除,有关惩戒对象自动移出"电信网络诈骗"严重失信主体名单。

第十一条　县级公安机关在办理电信网络诈骗及其关联违法犯罪案件时,应当及时掌握对犯罪嫌疑人、被告人移送起诉、审判的情况,对符合本办法第三条规定的,及时呈报设区的市级以上公安机关审核。

设区的市级以上公安机关审核认定后,出具联合惩戒对象信息报送表,注明惩戒措施及期限、申诉渠道等信息,层报公安部。公安部将联合惩戒对象相关信息移送国家发展和改革委员会、工业和信息化部和中国人民银行。

第十二条　中国人民银行征信中心、电信业务经营者、银行业金融机构、非银行支付机构、互联网服务提供者应当在收到公安机关惩戒对象相关信息后十个工作日内落实惩戒措施并及时反馈结果。

第十三条　作出惩戒对象认定的公安机关应当在有关部门落实惩戒措施前,采取当面或者邮寄等方式,将惩戒的事由依据、惩戒期限、惩戒措施、依法享有申诉的权利及申诉渠道等内容书面告知被惩戒对象。

第十四条　惩戒对象对惩戒认定有异议的,或者相关惩戒措施到期未解除的,可以通过当面、电话、书面等方式向作出认定的公安机关申诉。

公安机关收到申诉后,应当在三个工作日内一次性告知申诉人需要提供的材料,并在收到材料之日起十五个工作日内完成核查工作,向申诉人书面反馈核查结果,对于不予解除惩戒措施的应当说明理由。

第十五条　对于经过核查,发现原惩戒认定确有错误的,经设区的市级以上公安机关审核认定后,及时出具解除联合惩戒对象信息报送表,层报公安部。公安部将解除联合惩戒对象相关信息移送国家发展和改革委员会、工业和信息化部和中国人民银行。

对于因惩戒认定错误给原被惩戒对象造成损害的,应当依法追究相关责任。

第十六条　中国人民银行征信中心、电信业务经营者、银行业金融机构、非银行支付机构、互联网服务提供者应当在收到公安机关解除惩戒对象相关信息后十个工作日内解除惩戒措施并及时反馈结果。

第十七条　直辖市的区县公安机关适用本办法中设区的市级公安机关的相关规定。

本办法中"以上",均包含本级、本数。

第十八条　本办法自2024年12月1日起施行。《中华人民共和国反电信网络诈骗法》施行前,实施本办法第三条所列行为的,不适用本办法。

四、典型案例

最高人民法院发布 8 件跨境电信网络诈骗及其关联犯罪典型案例[①]

案例一

被告人谢某浩、陈某旺诈骗、偷越国(边)境、被告人林某掩饰、隐瞒犯罪所得案

一、基本案情

2017 年 7 月至 2019 年 5 月,被告人谢某浩、陈某旺多次违反国(边)境管理法规,在我国云南省与缅甸佤邦交界处往返偷渡。2018 年 6 月起,以谢某浩、陈某旺为首的犯罪集团长期盘踞于缅甸北部,并从国内纠集大量人员实施跨国电信网络诈骗犯罪活动。其中,谢某浩负责人员接送、业务培训、协调当地关系等;陈某旺作为部门主管,负责人员管理、账目核对等;另有他人负责人员招募。该犯罪集团成员利用网络聊天软件添加被害人为好友后,诱使被害人到"TNT 国际娱乐""鼎吉国际""红玺国际"等平台进行赌博,之后通过后台操控的方式,先让被害人获取蝇头小利,待被害人加大充值投注后,再将被害人资金转入犯罪集团控制的银行账户。2018 年 6 月至

[①] 摘自《最高人民法院发布跨境电信网络诈骗及其关联犯罪典型案例》,载最高人民法院网 2024 年 2 月 7 日,https://www.court.gov.cn/zixun/xiangqing/425102.html。

2018年12月、2019年2月至2019年5月期间,谢某浩诈骗金额共计人民币1051万余元,陈某旺诈骗金额共计人民币997万余元。

2018年间,被告人林某明知被告人谢某浩处理的资金系犯罪所得,仍数次使用他人多张银行卡帮助谢某浩转账,共转移诈骗资金人民币907万余元。

二、裁判结果

本案经江西省万年县人民法院一审,江西省上饶市中级人民法院二审,现已发生法律效力。

法院认为,被告人谢某浩、陈某旺多次违反国(边)境管理法规,偷越国(边)境,情节严重,其行为均已构成偷越国(边)境罪。谢某浩、陈某旺伙同他人以非法占有为目的,在缅甸组织电信网络诈骗集团,骗取他人财物,数额特别巨大,其行为均已构成诈骗罪,依法应数罪并罚。谢某浩、陈某旺在共同犯罪中系主犯。综上,对被告人谢某浩以诈骗罪、偷越国(边)境罪数罪并罚,决定执行有期徒刑十五年,并处罚金人民币五十三万元;对被告人陈某旺以诈骗罪、偷越国(边)境罪数罪并罚,决定执行有期徒刑十三年,并处罚金人民币三十二万元。被告人林某明知是犯罪所得而予以转移,情节严重,以掩饰、隐瞒犯罪所得罪判处有期徒刑六年,并处罚金人民币十万元。

三、典型意义

近年来,一些不法分子为逃避国内打击、牟取非法利益,纷纷将诈骗窝点转移至境外,相当一部分人员偷越国境后盘踞在缅甸北部等地成立犯罪集团或组成犯罪团伙,对境内居民实施电信网络诈骗犯罪。此类犯罪集团、团伙往往组织严密、层级分明,成员之间分工明确,从人员招募、接送到"话术"、业务培训,再到资金管理、转移等均有专人负责,各环节分工配合完成犯罪,严重危害人民群众利益。人民法院坚持"出重拳""下重手",依法从严惩处跨境电信网络诈骗犯罪及其关联、衍生犯罪,加大财产刑的适用力度,注重追赃挽损,尽最大努力为受骗群众挽回经济损失。

本案是一起有组织、有规模偷渡至境外实施跨境电信网络诈骗犯罪,且有境内人员协同作案的典型案例。被告人谢某浩、陈某旺非法偷渡至境外成立诈骗集团,从境内招募人员作案,诈骗人数众多,涉案金额特别巨大,二人均系犯罪集团首要分子。人民法院依法对谢某浩、陈某旺以偷越国(边)境罪和诈骗罪数罪并罚,并科处相应的罚金刑;同时全力追赃挽损,持续追缴涉诈资金,已向查实的被骗群众发还人民币323万余元,最大程度挽回了被骗群众的经济损失,实现了政治效果、法律效果和社会效果的有机统一。

案例二

被告人向某星等24人诈骗、组织他人偷越国(边)境、偷越国(边)境案

一、基本案情

2019年6月18日至2020年4月2日期间,被告人向某星为牟取非法利益,多次与被告人粟某华、王某楠、李某威等人结伙或组织他人从云南省瑞丽市等地偷越国境至缅甸木姐,形成以向某星为首要分子,以粟某华、王某楠、李某威等人为骨干成员的电信网络诈骗犯罪集团。该诈骗集团成员往往通过在专用QQ群内发布"充值投注"和"淘宝刷单"赚钱等虚假消息,诱骗被害人到"亚太金融""平安金融"等诈骗网站投资,之后采用修改网站后台数据等方式造成被害人资金损失或账号异常,再以继续充值才能解封账号或交付佣金才能提现为由诱骗被害人继续转款,对被害人实施诈骗。事后,向某星通过洗钱团队将诈骗钱款转入他人银行账户予以转移。经查,该诈骗集团诈骗金额共计人民币309万余元。

二、裁判结果

本案由云南省德宏傣族景颇族自治州中级人民法院一审,云南省高级人民法院二审,现已发生法律效力。

法院认为,被告人向某星等24人违反国(边)境管理法规,多次或三人以上结伙偷越国(边)境,情节严重,其行为已构成偷越国(边)境罪;向某星等人以非法占有为目的,在境外实施电信网络诈骗

活动,骗取不特定多数人财物,数额特别巨大,其行为已构成诈骗罪;期间,向某星、王某楠等人还多次组织他人偷越国(边)境,其行为已构成组织他人偷越国(边)境罪,依法应数罪并罚。其中,被告人向某星系犯罪集团的首要分子,对其按照集团所犯的全部罪行处罚,以诈骗罪、偷越国(边)境罪、组织他人偷越国(边)境罪数罪并罚,判处有期徒刑十六年,并处罚金人民币三十三万五千元。被告人粟某华、李某威系主犯,按照其所参与或组织、指挥的全部犯罪处罚,以偷越国(边)境罪、组织他人偷越国(边)境罪、诈骗罪数罪并罚,分别判处有期徒刑十年六个月至七年六个月不等,并处罚金人民币二十二万五千元至十二万五千元不等。

三、典型意义

当前,跨境电信网络诈骗犯罪猖獗,为维持诈骗集团高效运转,获取更多非法利益,一些诈骗集团不断通过"高薪"诱惑等方式从国内组织、拉拢、引诱、介绍他人偷越国(边)境,为境外犯罪集团输送人力,大肆对境内居民实施诈骗,严重危害国家安全、社会稳定和人民群众生命财产安全。这些行为不仅触犯了刑法,也违反了出入境管理法、治安管理处罚法、反电信网络诈骗法等法律,必须依法予以打击。

本案是一起组织他人偷渡出境参加电信网络诈骗犯罪集团,继而大肆对境内居民实施诈骗的典型案例,以被告人向某星为首的"犯罪链条"完整到案。人民法院根据各被告人所犯罪行及其在犯罪集团中的地位、作用等,依法准确认定被告人向某星为首要分子,对其按照集团所犯的全部罪行处罚;认定被告人粟某华、李某威为主犯,按照其所参与或组织、指挥的全部犯罪处罚,依法从严惩处跨境电信网络诈骗犯罪的组织者、策划者、指挥者和骨干分子,释放从重惩治的强烈信号,并通过加大罚金刑力度,进一步剥夺犯罪分子再犯能力。

案例三

被告人曾某、钟某华、王某等67人诈骗、
偷越国(边)境、帮助信息网络犯罪活动、
掩饰、隐瞒犯罪所得、引诱他人吸毒案

一、基本案情

2019年2月,被告人曾某、钟某华从云南省非法偷越国境至缅甸,后在缅甸勐波成立"财神国际"集团,从国内大量招募人员从事电信网络诈骗犯罪活动。同年3月起,被告人王某、高某丽等54人单独或结伙偷越国境至缅甸勐波加入"财神国际",担任该犯罪集团骨干成员。"财神国际"成员伪装"高富帅"等虚假身份通过社交软件添加境内居民为好友,以聊感情、谈恋爱等方式逐步骗取被害人信任,诱骗被害人在虚假赌博平台充值投注,之后通过后台修改数据操控开奖结果的方式将被害人充值的资金转入"财神国际"控制的银行账户,对被害人实施诈骗。

被告人方某、彭某等人明知曾某成立的"财神国际"利用信息网络实施诈骗犯罪,仍为该集团提供资金账户、帮助转移犯罪所得;被告人叶某真、唐某波等人明知他人利用信息网络实施犯罪,仍按照要求制作、出售恶意程序为犯罪提供技术支持;被告人郭某根等人明知是电信网络诈骗犯罪所得,仍提供银行卡用于转账进行掩饰、隐瞒;被告人苏某铮在参加"财神国际"诈骗犯罪集团期间,还引诱他人吸毒。

2019年4月至2020年10月,"财神国际"诈骗犯罪集团共诈骗被害人196人,诈骗金额共计人民币2796万余元。

二、裁判结果

本案经宁夏回族自治区西吉县人民法院一审,宁夏回族自治区固原市中级人民法院二审,现已发生法律效力。

法院认为,被告人曾某、钟某华、王某等人以非法占有为目的,采用虚构事实的方法,在境外利用电信网络技术手段,骗取不特定多数人财物,数额特别巨大,其行为已构成诈骗罪;违反国(边)境管理法规,偷越国(边)境,情节严重,其行为已构成偷越国(边)境罪,依法应数罪并罚。其中,被告人曾某系组织、领导犯罪集团的首要分子,以诈骗罪、偷越国(边)境罪数罪并罚,决定执行有期徒刑十五年六个月,并处没收个人全部财产;被告人钟某华、王某等在共同犯罪中系主犯,以诈骗罪、偷越国(边)境罪数罪并罚,分别决定执行有期徒刑十二年至一年不等,并处罚金人民币五十一万元至二万五千元不等。被告人方某、彭某等人与上游诈骗犯罪构成共同犯罪,系从犯,以诈骗罪分别判处有期徒刑八年至六个月不等,并处罚金人民币三十万元至二万元不等。被告人叶某真、唐某波等人明知他人利用信息网络实施犯罪,仍为其提供技术支持,情节严重,以帮助信息网络犯罪活动罪分别判处有期徒刑三年至一年六个月不等,并处罚金人民币十万元至二万元不等。被告人郭某根等人明知是电信网络诈骗犯罪所得,仍予以掩饰、隐瞒,以掩饰、隐瞒犯罪所得罪分别判处有期徒刑三年至一年不等,并处罚金人民币十万元至二万元不等。被告人苏某铮在参加诈骗犯罪集团期间还引诱他人吸毒,依法应数罪并罚,以诈骗罪、偷越国(边)境罪、引诱他人吸毒罪判处有期徒刑十年,并处罚金人民币三十二万元。

三、典型意义

境外电信网络诈骗犯罪集团大肆组织招募人员,或出境前往诈骗窝点实施犯罪,或在境内为境外诈骗犯罪提供帮助,逐步形成完整的黑灰产业链,社会危害十分严重。鉴此,人民法院将跨境诈骗犯罪集团的组织者、领导者、首要分子及境内协同人员等作为打击重点,坚决依法从重处罚,并根据犯罪集团成员在整个犯罪链条中的地位、作用等准确区分诈骗共同犯罪、帮助信息网络犯罪活动罪及掩饰、隐瞒犯罪所得、犯罪所得收益罪等,准确打击,罚当其罪。

本案是一起在境外成立诈骗犯罪集团,大肆招募境内人员出境实施诈骗犯罪活动的典型案例。人民法院依法认定被告人曾某为犯罪集团的首要分子,予以从重处罚;根据主观明知程度、在犯罪链条中所起的作用等因素准确认定被告人方某等为诈骗罪共犯、被告人叶某真等构成帮助信息网络犯罪活动罪、被告人郭某根等构成掩饰、隐瞒犯罪所得罪,并分别判处相应的刑罚,实现了对犯罪链条的全面、精准打击。

案例四

被告人高某诈骗案

一、基本案情

2021年2月,被告人高某因受"高薪"引诱,偷渡至缅甸加入电信网络诈骗犯罪集团。该诈骗集团层级分明,分为若干团队,各团队设有团长、总监、经理、组长、业务员等不同等级,并制定具体的诈骗目标数额,对于不服从管理或未完成目标数额的业务员,通过罚款、体罚、殴打等方式予以惩戒。高某加入诈骗集团后,根据上级安排,冒用他人身份打造"高端"人设,通过K歌类娱乐软件寻找女性作为诈骗目标,诱导被害人至社交软件聊天,使用内部"话术"与对方培养感情。待取得被害人信任后,以投资名义诱使被害人在该诈骗集团控制的App平台充值、投资,此后再以交税和保证金为由诱骗被害人继续充值。经查,高某在参加诈骗集团期间诈骗金额共计17余万美元。此后,高某欲从犯罪集团逃跑,但未能成功,被抓回殴打,之后其联系国内家人向诈骗集团支付高额"赎金"才得以回国。

2021年8月31日,被告人高某接到公安机关电话后,主动到公安机关投案,并如实供述了上述犯罪事实。同时,其还供称该诈骗集团通过强制"团建"、吸毒等手段控制集团成员,并要求业务提成只能用于电信诈骗园区消费,不允许邮寄回国。

二、裁判结果

本案经江苏省睢宁县人民法院审理,现已发生法律效力。

法院认为,被告人高某以非法占有为目的,骗取他人财物,数额特别巨大,其行为已构成诈骗罪。高某在共同犯罪中系从犯,且具有自首、认罪认罚等情节,决定以诈骗罪判处有期徒刑四年三个月,并处罚金人民币一万五千元,同时依法追缴其犯罪所得,退赔被害人。

三、典型意义

境外诈骗犯罪集团往往以所谓的"高工资、低门槛、工作时间灵活"等虚假招聘信息,诱惑境内人员非法偷渡至境外"淘金"。行为人到达境外犯罪窝点后,自愿或被迫从事电信网络诈骗活动,不仅触犯法律,自身生命财产安全也遭到严重威胁,最终害人害己。

本案是一起受"高薪"诱惑偷渡至境外参加电信诈骗集团的典型案例。被告人高某明知偷渡至缅甸系从事违法犯罪活动,仍积极赴境外诈骗窝点从事"杀猪盘"诈骗,欲逃离回国时被限制人身自由、殴打,直至交纳高额"赎金"才得以回国。人民法院根据高某参与诈骗的具体情况认定其构成诈骗罪,并综合考虑其从犯地位及自首、认罪认罚等情节予以从宽处罚,对跨境电信网络诈骗犯罪"毫不姑息""绝不手软"的同时,充分贯彻宽严相济刑事政策,确保罪责刑相适应。

案例五

被告人杨某石诈骗、被告人魏某掩饰、隐瞒犯罪所得案

一、基本案情

2019年9月至2020年2月,被告人杨某石明知李某冬、"兵"(另案处理)实施电信网络诈骗犯罪,仍将其非法获取的500余万条公民个人信息出售给二人,非法获利人民币330万余元。2020年2月25日,李某冬被公安机关抓获,杨某石开始直接向境外电信网络诈骗团伙出售公民个人信息。经查,2020年2月25日至案发,境外王某电信网络诈骗团伙、"老钱"电信网络诈骗团伙、"成哥"电信网络诈骗团伙使用杨某石提供的公民个人信息实施诈骗441起,累计诈骗金额达人民币1188万余元。

2020年1月以来,被告人魏某受被告人杨某石指使,多次使用他

人的银行卡将杨某石出售公民个人信息犯罪所得(人民币897万余元)取现后交给杨某石。

二、裁判结果

本案由云南省德宏傣族景颇族自治州中级人民法院审理,现已发生法律效力。

法院认为,被告人杨某石明知他人实施电信网络诈骗犯罪,仍非法获取并向他人出售公民个人信息,且被境外电信网络诈骗集团利用实施诈骗犯罪,诈骗金额特别巨大,其行为应以共同犯罪论处,决定以诈骗罪判处有期徒刑十年六个月,并处罚金人民币三十万元。被告人魏某明知资金是他人犯罪所得,仍帮助取现予以转移,情节严重,以掩饰、隐瞒犯罪所得罪判处有期徒刑三年六个月,并处罚金人民币五万元。

三、典型意义

电信网络诈骗犯罪持续高发多发,滋生了一系列黑灰产业,不少犯罪分子采用各种方式为诈骗犯罪"输血供粮"。明知他人实施电信网络诈骗犯罪,仍向他人出售或提供非法获取的公民身份证号、手机号等个人信息,为下游诈骗活动提供"诈骗线索",或出售、提供非法获取的他人社交软件注册信息等被下游诈骗犯罪用作"诈骗工具",不仅侵犯了公民个人信息安全,而且严重侵害了人民群众的生命财产安全,必须依法从严惩处。

本案是一起明知他人实施电信网络诈骗犯罪,仍为其大量非法获取、出售公民个人信息,构成诈骗罪共犯的典型案例。被告人杨某石大量非法获取公民个人信息,向境内外电信网络诈骗犯罪集团或团伙出售,售出的信息被用于实施诈骗犯罪,诈骗金额特别巨大,非法获利数额巨大。人民法院综合考虑杨某石对下游诈骗犯罪的主观明知程度、行为次数和手段、获利情况以及行为的社会危害程度等,依法认定其构成诈骗罪共犯,予以从重处罚。

案例六

被告人潘某杰组织他人偷越国（边）境案

一、基本案情

2021年2月，被告人潘某杰以缅甸有"高薪"工作机会为由，邀约同村村民潘某旭、潘某德、张某阳（均已判刑）等人去缅甸非法务工。三人同意后，潘某杰便与"对方公司"人员商定路线、交通、住宿、接头等事宜。同年3月，"对方公司"人员陆续向潘某杰转款共计约人民币1.5万元，由潘某杰负责安排出境人员行程。之后，潘某杰带领潘某旭等三人从江西省湖口县出发，到达云南省芒市。"对方公司"人员在芒市与潘某杰接头，后带领四人偷渡至缅甸，送至一电信网络诈骗窝点。在犯罪窝点期间，潘某杰等四人均被限制人身自由，被胁迫参与电信网络诈骗犯罪活动。同年7月，四人交付赎金后得以脱身，其中潘某杰本人交付人民币15万元赎金。之后，潘某旭等三人立即回国，潘某杰滞留在缅甸，后于2023年4月从缅甸果敢清水河口岸入境并主动到公安机关投案，到案后如实供述犯罪事实。

二、裁判结果

本案由江西省湖口县人民法院审理，现已发生法律效力。

法院认为，被告人潘某杰违反国（边）境管理法规，非法组织三人偷越国（边）境，其行为已构成组织他人偷越国（边）境罪。潘某杰虽投案自首，且自愿认罪认罚，但其曾因偷越国（边）境被行政处罚，一年内又再次组织他人偷越国（边）境，依法不适用缓刑，以组织他人偷越国（边）境罪判处有期徒刑一年一个月，并处罚金人民币五千元。

三、典型意义

近年来，在境外长期盘踞着大量电信网络诈骗团伙或犯罪集团，这些犯罪窝点之所以屡打不绝、屡禁不止，离不开境内外"蛇头"团伙为其源源不断输送"新鲜血液"。"蛇头"团伙往往以"高薪"为由，通过熟人介绍、软件聊天等方式，拉拢、诱骗、组织他人非法偷渡至境外诈骗犯罪窝点。诈骗犯罪集团接手后，采用控制人身自由等方式强迫偷渡人员从事电信网络诈骗等犯罪活动。

本案是一起受境外犯罪集团引诱,组织招募境内人员偷渡出境,后被强迫实施电信网络诈骗犯罪的典型案例。被告人潘某杰在境外犯罪集团的引诱和指挥下,组织同村村民偷渡出境非法"务工",不仅"淘金"梦碎,还落入诈骗犯罪集团的陷阱,严重威胁自身及他人生命财产安全。人民法院依法认定潘某杰构成组织他人偷越国(边)境罪,并综合考虑其"屡犯不改"等情节,决定对其不适用缓刑,通过从严打击电信网络诈骗的衍生犯罪,坚决铲除相关"人力供应链"。同时,也教育提醒广大人民群众要自觉增强防范意识,不要轻信"境外高薪"骗局,一旦身陷境外诈骗窝点,将付出沉重代价。

案例七

被告人林某程、蒋某建偷越国(边)境案

一、基本案情

2020年10月,被告人林某程、蒋某建明知出境至缅甸系从事违法犯罪活动,仍在他人的"高薪"利诱下决定偷渡前往缅甸。二人到达云南省昆明市后,经介绍安排,在"蛇头"带领下,从昆明市乘车前往中缅边境地区,随后徒步爬山进入缅甸境内,相关路途费用均由蒋某建垫付。到达缅甸境内后,二人被安排在佤邦地区勐波县一赌场内望风,后又被贩卖至一电信网络诈骗窝点进行诈骗业务培训。林某程缴纳人民币2万元赎金后得以离开诈骗窝点,同年11月8日,从佤邦邦康市界河边乘坐橡皮艇非法入境。2021年6月3日,蒋某建经云南省孟连口岸勐阿通道入境。

二、裁判结果

本案由福建省福清市人民法院审理,现已发生法律效力。

法院认为,被告人林某程、蒋某建违反国(边)境管理法规,偷越国(边)境,情节严重,其行为均已构成偷越国(边)境罪。林某程、蒋某建主动投案,归案后自愿认罪认罚,蒋某建主动预缴纳罚金。综

上,对被告人林某程以偷越国(边)境罪判处拘役四个月,并处罚金人民币五千元,与其所犯危险驾驶罪并罚,决定执行拘役六个月,并处罚金人民币一万元;对被告人蒋某建以偷越国(边)境罪判处拘役五个月,缓刑十个月,并处罚金人民币五千元。

三、典型意义

盘踞在缅甸等地的诈骗犯罪集团往往通过虚假"高薪"招聘或亲友"现身说财"等方式,引诱境内人员出境"轻松赚大钱"。一些人员为获取高收入,明知出境从事电信网络诈骗等违法犯罪活动,仍铤而走险,自愿跟着"蛇头"翻山渡海奔赴境外。待到境外后,赚钱不成反被控制人身自由,直至缴纳大量赎金才得以脱身回国。因其行为触犯了我国相关法律、法规,还将接受相应的法律制裁。

本案是一起为获取"高薪"报酬,主动偷渡至境外参加电信网络诈骗等违法犯罪的典型案例。被告人林某程、蒋某建为赚钱发财,明知出境从事电信网络诈骗等违法犯罪活动,仍自愿垫付资金偷渡至缅甸,结果被境外人员贩卖至犯罪窝点,在缴纳赎金后才得以脱身。人民法院依法认定二名被告人构成偷越国(边)境罪,并综合考虑二人主动投案自首、认罪认罚、积极预缴纳罚金等情节,在量刑上予以从宽,一方面体现了对电信网络诈骗关联犯罪行为严惩不贷的原则,另一方面充分落实了宽严相济刑事政策。

案例八

被告人潘某平等3人侵犯公民个人信息案

一、基本案情

2020年底至2021年初,被告人潘某平雇佣被告人潘某辉、潘某兴在福建省泉州市洛江区双阳街道一小区内从事非法买卖微信注册信息活动。期间,潘某平负责购买作案用的手机、电脑等工具,并在网上购买微信注册信息;潘某辉、潘某兴按照潘某平的安排,对购买的微信注册信息进行登录、维护,并在境外的电信网络诈骗高发地区微信群内发布售卖信息的广告,而后协助潘某平出售信息。三人售出的微信注册信息被他人利用实施电信网络诈骗犯罪。经查,潘某平、潘某辉、潘某兴共计买入微信注册信息1548条,卖出1214条,非法获利人民币3万余元。三人买卖的微信注册信息中,有1335条包含手机号码信息、有639条绑定公民身份证号码及姓名。

二、裁判结果

本案由福建省泉州市洛江区人民法院审理,现已发生法律效力。

法院认为,被告人潘某平、潘某辉、潘某兴违反国家有关规定,非法获取并出售公民个人信息,情节严重,其行为均已构成侵犯公民个人信息罪。在共同犯罪中,潘某平起主要作用,系主犯;潘某辉、潘某兴系从犯。三人明知他人利用公民个人信息实施犯罪,仍予以出售,主观恶性及社会危害性大,酌情从重处罚。综上,对被告人潘某平、潘某辉、潘某兴以侵犯公民个人信息罪判处有期徒刑一年八个月至八个月不等,并处罚金人民币一万元至三千元不等。

三、典型意义

电信网络诈骗犯罪手段迭代翻新极快,不仅有"广撒网"的"盲骗",还有"量身定制"的"精骗",催生了侵犯公民个人信息等关联犯罪,逐渐形成上游非法收集、中游代理商转手倒卖、下游诈骗犯罪非法利用的黑灰产业链,严重侵害公民个人信息安全,甚至危及公民生命财产安全。人民法院始终坚持全链条、全方位打击方针,不断加大对侵犯公民个人信息等关联犯罪的打击力度,切实保护公民个人信息安全,铲除电信网络诈骗犯罪的滋生土壤,防止犯罪蔓延。

本案是一起非法获取、出售公民个人信息,并将信息用于电信网络诈骗犯罪的典型案例。被告人潘某平、潘某辉、潘某兴大量非法获取包含公民身份证号码、姓名及手机号的微信注册信息,并在境外电信网络诈骗高发地区的微信群内发布广告进行售卖,售出的部分信息被他人用于实施电信网络诈骗犯罪,构成"情节严重"。人民法院依法以侵犯公民个人信息罪对三人定罪处罚,同时,综合考虑三人对下游诈骗犯罪的明知程度,予以酌情从重处罚,切实保护公民个人信息安全,从源头上遏制电信网络诈骗犯罪高发多发态势。

最高人民法院、国家市场监督管理总局联合发布依法惩治网络传销犯罪典型案例[①]

案例一

被告人张某组织、领导传销活动案
—— 依法惩治冒用公益名义实施的网络传销

【基本案情】

2013年5月，被告人张某注册成立深圳市善某汇文化传播有限公司（下称"善某汇"）。2016年3月至2017年7月，张某伙同查某、宋某等人，开发了"善某汇众扶互生会员系统"并上线运行，以"扶贫济困、均富共生"为名开展传销活动，采取培训、宣传等多种方式在全国各地大肆发展会员，要求参加者以缴纳300元购买"善种子"的方式获得加入资格，并按照一定顺序组成层级，会员之间根据"善某汇"确定的收益规则进行资金往来，以发展下线的数量作为返利依据骗取财物。经统计，"善某汇"在全国共计吸纳会员598万余人，层级达75层，张某非法获利25亿余元。

【裁判结果】

湖南省双牌县人民法院经审理认为，被告人张某通过组建传销组织，利用"扶贫济困、均富共生"的幌子，要求参加者以缴纳费用的方式获得加入资格，以高额收益为诱饵，积极发展下线会员，并按照一定顺序组成层级，直接或间接以发展人员的数量作为计酬或者返利依据，引诱参加者继续发展他人参加，骗取财物，扰乱经济社会秩

---

① 摘自《最高人民法院、国家市场监督管理总局联合发布依法惩治网络传销犯罪典型案例》，载最高人民法院网2024年6月28日，https://www.court.gov.cn/zixun/xiangqing/436301.html。

序,其行为已构成组织、领导传销活动罪,且属情节严重,依法判处有期徒刑十五年,并处罚金人民币一亿元;违法所得予以追缴、没收,上缴国库。一审宣判后,张某提出上诉。湖南省永州市中级人民法院裁定驳回上诉,维持原判。

【典型意义】

本案是一起假借公益名义实施网络传销犯罪的典型案例。近年来,一些犯罪分子打着"爱心慈善""共同富裕"等幌子,利用互联网的跨地域性大肆组织网络传销,以筹集"善款"等名义非法敛财。本案中,被告人张某等人以"扶贫济困、均富共生"为名,通过策划、操纵并发展人员参加传销活动,骗取巨额财物,非法获利25亿余元,严重扰乱市场经济秩序,严重影响社会稳定。人民法院依法准确认定被告人张某系主犯,判处最高刑期有期徒刑十五年,并加大罚金刑的处罚力度,释放从重惩治的强烈信号,坚决维护风清气正的网络慈善活动环境。同时,提醒广大人民群众要增强防范意识,面对以"慈善互助"方式开展营销的,务必保持警惕,不要轻信犯罪分子的花言巧语,自觉抵制传销等违法犯罪活动。

案例二

被告单位浙江某公司组织、领导传销活动案
——依法惩治企业在经营过程中实施的网络传销

【基本案情】

2020年4月至2022年1月,被告人钱某在经营被告单位浙江某公司期间,伙同被告人赵某等人以"智能充电桩商城系统"网络平台实施传销活动。被告单位及被告人以销售充电桩、提供充电桩经营服务为名,通过宣称国家支持等虚假宣传,安装运行少量充电桩,用充电、流量、广告收益为幌子,以直推奖、伯乐奖、级差奖、团队奖等奖项为诱饵收取费用发展会员,并以发展会员的数量作为计酬、返利依据,引诱、鼓励会员继续发展下一级会员。经统计,"智能充电桩商城

系统"网络平台用户数共计 2 万余个,层级达 25 层,涉案资金 10 亿余元。钱某非法吸收公众存款、职务侵占的犯罪事实略。

【裁判结果】

浙江省嵊州市人民法院经审理认为,被告单位及被告人钱某等人以投资智能充电桩项目为名,要求参加者以缴纳费用获得加入资格,并按照一定顺序组成层级,直接或间接以发展人员的数量作为计酬依据,引诱参加者继续发展他人参加,骗取财物,扰乱经济社会秩序,其行为均已构成组织、领导传销活动罪,且属情节严重;钱某还构成非法吸收公众存款罪、职务侵占罪。根据各被告人在共同犯罪中的作用、参与程度、主观恶性及犯罪后表现等情节,以组织、领导传销活动罪、非法吸收公众存款罪、职务侵占罪,合并判处钱某有期徒刑十八年;以组织、领导传销活动罪判处赵某等四十六名被告人有期徒刑七年二个月至十个月不等,并对张某等二十四名被告人宣告缓刑;对被告单位、被告人判处罚金,违法所得予以追缴、没收,上缴国库。一审宣判后,被告单位、被告人均未上诉,检察机关未抗诉,判决已生效。

【典型意义】

本案是一起企业在经营过程中实施网络传销的典型案例。近年来,有的企业在生产经营中遇到资金困难时,不惜铤而走险借助网络实施传销犯罪,严重扰乱了市场管理秩序。本案中,被告单位实施以投资智能充电桩为名,线上线下同步推进的传销犯罪,将组织、领导传销活动置于企业经营活动中,具有很强的隐蔽性和欺骗性,直至司法机关办案期间,仍有个别参加者认为是参与正规投资。人民法院坚持罪刑法定原则,准确认定单位犯罪,对被告单位判处罚金,并根据各被告人参与犯罪的程度、作用、主观恶性及犯罪后表现等情节,依法认定钱某等 6 名被告人系主犯,判处五年以上有期徒刑及罚金;对其余 41 名从犯均予减轻处罚,并对其中参与时间较短、发展下线较少、涉案金额较小、退缴违法所得的张某等宣告缓刑,在法律框架内最大限度从宽处罚。同时,本案也警示公司经营管理人员,要摒弃侥幸心理,远离网络传销活动,守法合规经营。

案例三

被告人李某组织、领导传销活动案
——依法惩治以高额返利为名实施的网络传销

【基本案情】

2021年8月,被告人李某经他人介绍下载"某某影视"App,明知该App以投资电影票房可获得高额回报为诱饵吸收会员,要求会员缴纳入会费,并按会员投资金额和发展会员数量形成层级,直接或间接以发展会员数量作为计酬返利的依据,其仍通过微信、熟人间宣传等方式推广该App并吸收会员。同年10月,李某被任命为"某某影视"山东区域总经理,11月19日"某某影视"App关闭,会员无法登录提现。经统计,李某发展下线2152人,层级达8级,涉案金额380万余元,获利2万余元。

【裁判结果】

山东省齐河县人民法院经审理认为,被告人李某以投资电影票房可获得高额回报为名,宣传推广"某某影视"App,要求会员缴纳入会费获得加入资格,并按会员投资的数额和发展会员的数量形成层级,直接或间接以发展会员的数量作为计酬返利的依据,骗取财物,扰乱经济社会秩序,其行为已构成组织、领导传销活动罪,且属情节严重。李某具有自首、退缴违法所得等从轻、减轻情节,以组织、领导传销活动罪判处有期徒刑二年六个月,并处罚金人民币一万元;违法所得予以追缴、没收,上缴国库。一审宣判后,李某提出上诉。山东省德州市中级人民法院裁定驳回上诉,维持原判。

【典型意义】

本案是一起以获得高额投资回报为诱饵实施网络传销的典型案例。近年来,各种商业投资的线上化、网络化趋势明显,一些犯罪分子以投资高额返利为名,实施网络传销犯罪,导致不少群众遭受财产损失。本案中,被告人李某伙同他人,利用少数群众对短期高额收益项目的投机心理,假借高收益电影票房投资项目,依托注册网站和手机 App 客户端,精心设置影视投资传销骗局,宣传推广"某某影视"App,不断发展会员、吸收资金,扰乱经济社会秩序,其行为已构成组织、领导传销活动罪。人民法院综合考虑李某系经他人介绍下载该 App 并推广,具有自首、退缴违法所得等情节予以减轻处罚,确保罪责刑相适应。本案也提醒广大网民要警惕高额回报投资骗局,避免误入网络传销陷阱。

案例四

被告人陈某等组织、领导传销活动案
——依法惩治利用投资虚拟货币实施的跨境网络传销

【基本案情】

2018 年初,被告人陈某等人以区块链为噱头,策划设立"某 Token"网络平台开展传销活动,要求参加者通过上线的推荐取得该平台会员账号,缴纳价值 500 美元以上的虚拟货币作为门槛费以获得增值服务,可利用平台"智能狗搬砖"技术在不同交易场所进行套利交易,并获得平台收益。会员间按照推荐加入的顺序组成上下线层级,并根据发展下线会员数量和投资数额,由平台按照智能搬砖收益、链接收益、高管收益三种方式进行返利,实际均是直接或间接以发展人员数量及缴费金额作为返利依据。为逃避打击,陈某等人于 2019 年 1 月将平台客服组、拨币组搬至国外,并继续以"某 Token"网络平台进行传销活动。经统计,"某 Token"网络平台注册会员账号超 260 万个,层级达 3293 层,共收取会员缴纳的比特币、泰达币、柚子币等各类虚拟货币超 900 万枚。

【裁判结果】

江苏省盐城经济技术开发区人民法院经审理认为,被告人陈某等人以经营活动为名,要求参加者以缴纳费用方式获得加入资格,并按照一定顺序组成层级,直接或间接以发展人员的数量作为计酬或者返利的依据,引诱参加者继续发展他人参加,骗取财物,扰乱经济

社会秩序,其行为均已构成组织、领导传销活动罪,且属情节严重。根据各被告人在共同犯罪中的作用、参与程度、主观恶性及犯罪后表现等情节,以组织、领导传销活动罪判处陈某有期徒刑十一年,并处罚金人民币六百万元;判处其余被告人有期徒刑八年八个月至二年不等,并处罚金;违法所得予以追缴、没收,上缴国库。一审宣判后,陈某等提出上诉。江苏省盐城市中级人民法院裁定驳回上诉,维持原判。

【典型意义】

本案是一起以区块链、虚拟货币等新技术概念作伪装实施跨境网络传销的典型案例。虚拟货币立足区块链的去中心化结构,具有匿名性、无国界性等特点,已成为跨境违法犯罪活动的重要对象,并向网络传销领域蔓延。本案中,被告人陈某等人以区块链技术为噱头,以比特币等虚拟货币为交易媒介,打着提供虚拟货币增值服务的幌子,以发展会员数量来计算报酬及获取高额返利,非法收取比特币等虚拟货币超900万枚,为逃避侦查将平台服务器设置在境外,其行为已构成组织、领导传销活动罪。人民法院根据跨境网络传销活动的组织者、领导者在整个犯罪链条中的地位、作用,判处相应的刑罚,同时依法对涉案的比特币等虚拟货币予以没收,切断了被告人跨境再犯罪的经济能力,彰显了司法机关坚决捍卫互联网金融安全,维护金融市场秩序稳定健康发展的态度。

案例五

被告人杨某组织、领导传销活动案
——依法惩治利用封建迷信实施的网络传销

【基本案情】

2020年起,被告人杨某等人假借"弘扬伏羲文化"创立"万某合"网络平台,先后发展罗某、晏某等骨干成员,采用线上线下相结合的公司化运营模式,对外销售"中华姓名学""即刻旺运""中华风水学"

等课程。"万某合"网络平台将参与人按照不同交费额度设置多个级别，根据级别获取不同额度返利，并通过营造氛围、现身说法等方式，在线下授课过程中将杨某打造成"庚天缘大师"，配备四名"护法天使"，神化被告人杨某可改运势，助人逢凶化吉、时运发达，不断对参与人洗脑，蛊惑参与人购买课程并发展下线。经统计，该传销组织共计吸纳会员120人以上，层级达3级以上。

【裁判结果】

江苏省无锡市滨湖区人民法院经审理认为，被告人杨某以利益引诱，要求参加者以缴纳费用的方式获得加入资格，并按一定顺序组成层级，以直接或间接发展人员的数量作为计酬或返利依据，引诱参加者继续发展他人参加，骗取财物，扰乱经济社会秩序，其行为已构成组织、领导传销活动罪，且属情节严重，依法判处有期徒刑五年六个月，并处罚金人民币三十万元；违法所得予以追缴、没收，上缴国库。一审宣判后，杨某提出上诉。江苏省无锡市中级人民法院裁定驳回上诉，维持原判。

【典型意义】

本案是一起利用封建迷信蛊惑他人参加网络传销的典型案例。近年来，利用互联网从事与封建迷信有关的传销活动屡见不鲜，相关案件呈现公司化运作，参与人员陷入更深、挽救更难。本案中，被告人杨某等人利用互联网传播范围广的特点，先以利诱方式通过传销模式层层返利发展会员，再利用线下授课蛊惑他人参加传销，犯罪手段更加隐蔽，影响更为恶劣，应当依法严惩。人民法院依法认定杨某组织、领导传销活动情节严重，并综合全案量刑情节裁量刑罚，确保罪责刑相适应。同时，本案警示社会公众，参与宣称"改名改运"等封建迷信的传销活动，不仅可能触犯刑法，也会遭受财产损失，最终害人害己。

最高人民法院发布依法惩治跨境
电信网络诈骗及其关联犯罪典型案例[①]

案例一

梁某等人跨境电信网络诈骗案

【基本案情】

2020年2月至9月,梁某伙同何某华(另案处理)等人,在缅甸木姐地区设立诈骗窝点,招揽电信网络诈骗等犯罪团伙入驻,对各犯罪团伙进行管理,向犯罪团伙收取房租、水、电等"物业"费用,提供公民个人信息、短信群发技术设备,并帮助联系"洗钱"团伙,以此获取巨额非法利益。期间,王某(另案处理)带领诈骗团队进入梁某管理的诈骗窝点,指使黄某某(另案处理)等人搭建虚假的"安逸花"贷款App平台服务器,林某使用短信群发技术将含有虚假"安逸花"贷款App链接的短信向国内电信用户大量发送。李某雨、王某辉等人在王某等人的组织安排下,通过"QQ"语音电话和国内被害人联系,冒充贷款平台客服人员骗取被害人信任,以办理贷款名义诱导被害人交纳认证金、解冻费,骗取被害人资金。经查,该诈骗集团采用上述手法共计诈骗1400余名被害人人民币近6000万元。

另查明,梁某、王某等人通过"泰达币"交易进行"洗钱",将诈骗赃款转移至国内,梁某富、王某林等人事先与梁某、王某等人通谋,明知系电信网络诈骗犯罪所得而通过转账、收取现金等方式帮助转移。梁某洪、王某洪、桂某等人作为梁某、王某、何某华亲属,明知相关人员转送的现金等财物系电信诈骗犯罪所得而予以接收、藏匿。案发后,

---

① 摘自《依法惩治跨境电信网络诈骗及其关联犯罪典型案例》,载最高人民法院网2024年7月26日,https://www.court.gov.cn/zixun/xiangqing/439351.html。

公安机关共查扣现金、黄金、基金等财物折合人民币近6000万元。

2020年9月中旬,梁某等三人结伙,与缅北地区偷渡团伙"蛇头"联系,通过缅甸村寨接抵的边境地区,经隐蔽路线偷越国境进入云南瑞丽。

【诉讼过程】

2020年8月14日,山西省太原市公安局晋源分局对本案立案侦查。2021年3月17日,太原市公安局晋源分局将梁某等人移送晋源区人民检察院审查起诉,晋源区人民检察院将该案报送至太原市人民检察院。2021年7月13日,太原市人民检察院对梁某等23人以诈骗罪、偷越国(边)境罪、掩饰、隐瞒犯罪所得、犯罪所得收益罪提起公诉。

2021年12月15日,太原市中级人民法院经依法审理,以诈骗罪、偷越国(边)境罪判处首要分子梁某无期徒刑,剥夺政治权利终身,并处没收个人全部财产;以诈骗罪判处林某、梁某富、王某林等8名犯罪集团骨干成员十四年五个月至十一年不等的有期徒刑,并处人民币一百零五万元至三十万元不等的罚金;以诈骗罪判处李某雨、王某辉等7名一般参加者七年四个月至一年九个月不等的有期徒刑,并处人民币十一万元至一万三千元不等的罚金;以掩饰、隐瞒犯罪所得、犯罪所得收益罪判处梁某洪、王某洪、桂某等7名境内转移诈骗犯罪所得及收益人员六年三个月至三年不等的有期徒刑,并处人民币五十万元至十万元不等的罚金;依法及时返还被害人损失。部分被告人上诉后,二审维持原判。

【典型意义】

1. 依法从重打击跨境电信网络诈骗犯罪集团及其首要分子、幕后"金主"。近年来,境外电诈组织呈现出新形态,犯罪分子在境外设立诈骗窝点,表面上不直接实施诈骗,但通过招募诈骗团伙或人员,为诈骗团伙提供犯罪场所、条件保障、武装庇护、人员管理等服务,对犯罪团伙及成员实施管理控制,逐步形成较稳定的大型犯罪集团,并通过抽成分红或者收取相关费用等方式巨额敛财,大肆实施诈骗活动,严重侵犯人民群众生命财产安全,社会危害极大。对跨境电信网络诈骗集团及其首要分子、幕后"金主",要用足用好法律武器,持续保持高压严惩态势,形成有力震慑。既要依法从严适用自由刑,彰显"零容忍"立场,又要加大财产刑适用力度,最大限度剥夺其再犯能力。对于诈骗数额特别巨大、犯罪情节特别严重的,依法"顶格"判处无期徒刑,并处没收个人全部财产。

2. 依法严惩为跨境电信网络诈骗犯罪提供境内资产转移帮助的人员,最大范围查扣犯罪分子诈骗所得及转化收益。办案机关应当全力查清犯罪集团的财产状况及犯罪所得资金流向,及时准确查封、扣押、冻结相关资产,最大限度追赃挽损。对于境内协助转移、窝藏犯罪所得及转化收益的人员,应当结合其主观明知情况、参与犯罪程度,以诈骗罪共犯或掩饰、隐瞒犯罪所得、犯罪所得收益罪依法追究其刑事责任。

案例二

葛某等人跨境电信网络诈骗案

【基本案情】

2019年至2020年间,以赵某、张某(均另案处理)等人为首的诈骗犯罪集团,在国内招募400余人赴柬埔寨实施诈骗。葛某作为犯罪集团的"团队老板"(属犯罪集团中第二层级),出资并招募大量人员组成业务团队,刘某、李某等人担任"团队长"等职务,组织、指挥业务员实施诈骗。诈骗集团以小组为单位,在小组微信群内实施"多对一"精准诈骗。业务员使用该集团统一发放的手机和微信号组建微信群,再由引流团队以免费授课、推荐股票等虚假宣传诱骗被害人入群,继而由业务团队通过控制的多个微信号在微信群分别扮演"讲师""群内助理""普通股民"等角色,由"讲师"进行"炒股授课","普通股民"按照话术发言、发截图,鼓吹"讲师"炒股水平,诱导被害人到该集团控制的虚假股票投资平台投资炒股。被害人投入钱款后,该集团通过后台控制涨跌,让被害人误以为"投资"升值并可随时提现,进而加大投入,后该集团通过限制提现、关闭平台等方式将被害人钱款占为己有。经查,犯罪集团骗取 500 余名被害人共计人民币 1.5 亿余元。

【诉讼过程】

本案系最高检、公安部联合挂牌督办的特大跨境电信网络诈骗案。2020 年 12 月 30 日,浙江省金华市公安局对本案立案侦查。2021 年 7 月至 2023 年 11 月,金华市公安机关以葛某等人涉嫌诈骗罪向金华市检察机关移送审查起诉。金华市两级检察机关于 2021 年 10 月至 2024 年 3 月以葛某等人涉嫌诈骗罪分别提起公诉。

2021 年 12 月至 2024 年 5 月,金华市两级法院以诈骗罪判处团队老板葛某无期徒刑,剥夺政治权利终身,并处没收个人全部财产;判处团队长刘某、李某等 10 人十四年至十年三个月不等的有期徒刑,并处罚金;另有团队总监、团队经理、组长、业务员 379 人被判处三年以上有期徒刑,并处罚金。部分被告人上诉后,二审维持原判。

【典型意义】

依法严惩跨境电信网络诈骗犯罪集团的骨干成员和积极参加者。近年来,跨境电信网络诈骗犯罪集团呈现规模化、集团化等新特点,部分犯罪分子受到境外犯罪集团招募,出境赴电诈窝点,在犯罪集团管理和庇护下,组建电诈集团,大肆实施诈骗活动,严重侵害人民群众财产权益,社会危害性极大。对犯罪集团首要分子以外的对集团犯罪起关键作用,诈骗数额特别巨大的其他主犯、骨干成员、积极参加者,应当依法从严惩处。诈骗数额特别巨大、情节特别严重的,可以依法判处无期徒刑,并处没收个人全部财产。

案例三

李某某等人跨境电信网络诈骗案

【基本案情】

2018 年,李某某偷渡出境至缅甸承租场地用于实施电信网络诈骗,并伙同"洗钱"团伙转移诈骗赃款。2019年下半年,李某某出资将缅甸南邓胶林宾馆改造成集诈骗工作室、通讯网络连接、安保食宿为一体的诈骗窝点,招募饶某某等1000余名诈骗人员在窝点实施电信网络诈骗,逐渐发展形成以李某某为首要分子,廖某某、林某某等人为骨干成员的电信网络诈骗犯罪集团。该犯罪集团以"杀猪盘"、虚假投资理财、虚假刷单等方式对我国境内公民实施电信网络诈骗,共计诈骗700余名被害人人民币9800余万元。

李某某还将胶林宾馆部分场地出租给其他诈骗团伙,提供生活食宿、安全保障、技术支持等服务,并成立"卡部"帮助转移诈骗犯罪所得。以李某某为首的犯罪集团累计收取其他诈骗团伙租金人民币3000万余元。

【诉讼过程】

本案为最高检、公安部联合挂牌督办的特大跨境电信网络诈骗案。2021年6月至2021年9月,福建省龙岩市公安机关陆续对李某某等人跨境电信网络诈骗系列案立案侦查。2022年2月至2024年3月,龙岩市公安机关以李某某、廖某某、林某某等122人涉嫌诈骗罪、组织他人偷越国(边)境罪、偷越国(边)境罪等移送龙岩市检察机关审查起诉。2022年3月至2024年4月,龙岩市检察机关先后以李某某、廖某某、林某某等122人犯诈骗罪、组织他人偷越国(边)境罪、偷越国(边)境罪、掩饰、隐瞒犯罪所得罪、帮助信息网络犯罪活动罪等提起公诉,并对李某某等"金主"、骨干成员提出从严惩处的量刑建议。对于在胶林宾馆"卡部"内帮助转移诈骗犯罪所得收益的傅某某等10余名被告人,检察机关以诈骗罪、偷越国(边)境罪等提起公诉。

2022年4月至2024年5月,龙岩市审判机关经依法审理,对犯罪集团"金主"李某某以诈骗罪、组织他人偷越国(边)境罪等判处有期徒刑十八年,并处人民币八百五十五万元的罚金;对廖某某、林某某等9名骨干成员判处八年八个月至三年二个月不等的有期徒刑,并处人民币五百一十三万元至十万元不等的罚金;对饶某某等112名一般参与人员以诈骗罪、偷越国(边)境罪、掩饰、隐瞒犯罪所得罪、帮助信息网络犯罪活动罪等判处七年至七个月不等的有期徒刑,并处人民币五百五十万元至五千元不等的罚金。对在胶林宾馆"卡部"实施犯罪的傅某某等 10 余名被告人以诈骗罪、偷越国（边）境罪判处七年至三年六个月不等的有期徒刑，并处人民币六十万元至五万元不等的罚金。

司法机关协同配合，坚持将追赃挽损贯穿刑事诉讼全过程。公安机关扣押涉案现金及大量房、车、黄金、名贵表、虚拟货币等价值人民币近 2 亿元；检察机关督促各被告人退赃退赔人民币 362 万余元；审判机关加大罚金刑适用力度，已判决案件适用罚金刑总额达人民币 5167 万余元。对于被告人诈骗所得财物，依法判决返还被害人。

【典型意义】

依法从严认定跨境电信网络诈骗集团犯罪数额，加大涉案财物追缴和财产刑适用力度，坚决"打财断血"。有的犯罪分子既自行组建电诈团伙实施诈骗，又向其他电诈团伙提供犯罪场地、通讯网络、安保食宿等服务保障。对此，要依法从严认定诈骗金额，既应包括本团伙的诈骗金额，也应包括其提供服务保障的其他诈骗团伙诈骗金额。其他诈骗团伙的诈骗金额难以具体查证的，可以根据该犯罪团伙从其服务保障的犯罪团伙抽成分红或者收取费用的数额和方式折算；无法折算的，抽成分红或者收取费用的数额可以认定为犯罪数额。要加大追赃挽损力度，依法及时甄别财产性质，准确查扣冻结涉案财产，特别是隐蔽资产。对电信网络诈骗资金已通过消费等转化为房、车、黄金、名贵表、虚拟货币的，应注意审查甄别购买上述资产的资金来源，防止犯罪分子通过消费等方式"洗白"犯罪所得。办案机关要充分运用宽严相济刑事政策引导在案人员主动退赃退赔，全力挽回被害人损失。依法加大财产刑适用力度，真正实现"打财断血"，合力斩断跨境电信网络诈骗犯罪资金转移链条，铲除电诈犯罪赖以滋生蔓延的经济土壤。

案例四

曾某某、郭某某等人跨境电信网络诈骗案

【基本案情】

2020年4月至9月,曾某某、郭某某为实施跨境电信网络诈骗,安排周某某先行偷渡到缅甸木姐寻找诈骗窝点,后雇佣李某等人为诈骗业务小组组长,纠集50余人先后偷渡至缅甸木姐诈骗窝点,逐渐形成以曾某某、郭某某为首要分子,周某某等人为骨干成员,李某、贺某等人为积极参加者,李某强、毛某志等其余业务员为一般成员的诈骗犯罪集团。该诈骗犯罪集团利用手机微信添加境内被害人为好友,以虚构人设聊天养号,培养感情,后向被害人介绍虚假投资平台"星汇"App,以高额返利引诱被害人投资,博得被害人信任,从而诱骗被害人加大投资金额,后通过将平台关闭等方式将被害人钱款占为己有,共计诈骗人民币1500余万元。2020年5月,毛某志等部分一般成员离开该窝点回国,未再从事电信网络诈骗。

2020年11月至2021年3月,李某伙同毛某纠集20余人偷越国境至缅甸木姐进行诈骗活动,并逐渐形成以李某、毛某为首要分子的电信诈骗犯罪集团。该犯罪集团采用相同诈骗手法,诈骗境内被害人100余名,诈骗金额共计人民币200余万元。

【诉讼过程】

本案系最高检、公安部联合挂牌督办的特大跨境电信网络诈骗案。2021年8月7日,湖南省涟源市公安局对本案立案侦查。2022年5月16日,涟源市公安局将曾某某、郭某某等24人移送涟源市人民检察院审查起诉。2022年6月16日,涟源市人民检察院以诈骗罪、组织他人偷越国(边)境罪、偷越国(边)境罪等对曾某某、郭某某等人提起公诉,并对曾某某、郭某某、李某、毛某等人提出依法从严惩处的量刑建议。对于毛某志等偷越国(边)境至诈骗窝点,前期在诈骗窝点实施聊天养号等行为,后离开诈骗窝点的人员,以诈骗罪、偷越国(边)境罪提起公诉。

2023年3月17日,涟源市人民法院经依法审理,以诈骗罪、组织他人偷越国(边)境罪判处犯罪集团首要分子曾某某、郭某某、李某、毛某十八年六个月至十四年十个月不等的有期徒刑,并处人民币六十万元至四十万不等的罚金;以诈骗罪、组织他人偷越国(边)境罪、偷越国(边)境罪判处犯罪集团骨干成员、积极参加者周某某、贺某等人十三年至十年六个月不等的有期徒刑,并处人民币三十万元至二十一万元不等的罚金;以诈骗罪、偷越国(边)境罪判处李某强、毛某志等17名一般参加者八年三个月至一年二个月不等的有期徒刑,并处人民币七万元至二万五千元不等的罚金。部分被告人上诉后,二审维持原判。

【典型意义】

依法严惩赴境外窝点实施诈骗的犯罪分子。随着国内电信网络诈骗犯罪打击力度加大,境内大批诈骗窝点向境外转移。部分境内人员在"高薪报酬"诱惑下,赴境外窝点实施电信网络诈骗犯罪,对此应予依法严惩。鉴于电信网络诈骗犯罪链条长、环节多,各行为人分工配合完成犯罪,故行为人辩称其仅实施广告推广、聊天引流等行为,未直接实施诈骗行为的,不影响诈骗罪的认定。有的行为人参加境外诈骗团伙,后离开诈骗窝点的,行为人应当对其参与实施犯罪期间犯罪集团犯罪数额承担刑事责任。对在案证据无法查明行为人具体诈骗数额,亦无法查明其参与犯罪期间诈骗集团诈骗数额,但行为人一年内出境赴境外犯罪窝点累计时间达到30日以上或者多次出境赴境外犯罪窝点的,可依法以诈骗罪追究其刑事责任。

案例五

刘某某等人跨境电信网络诈骗案

【基本案情】

2019年7月至2021年5月,江某某(另案处理)为牟取非法利益,先后在缅甸孟波、柬埔寨马德旺及金边、菲律宾马尼拉、湖南省泪罗市等地出资租赁场所、招募人员利用虚假投资平台实施电信网络诈骗。该诈骗团伙下设团队长、组长、业务员等层级,并有专门后勤安保人员,诈骗分期进行,每期约为2个月。现已查明,该犯罪团伙9名团队长先后组织212人参与诈骗,每名团队长组织诈骗1至6期不等。其中,刘某某、张某某等9人为团队长,负责对团队成员分组、任命组长,安排具体工作、统计业绩并分配犯罪所得,对接后勤保障等,按照团队诈骗金额1%提成,涉及被害人3800余名,诈骗金额合计人民币2.7亿余元。文某某、钟某某等13人为组长,负责提供话术,管理、指导业务员实施诈骗,按照本组诈骗金额2%提成;李某某、王某某等192人为业务员,负责在微信交流群、直播间等平台讲解股票、虚拟币等知识,诱导被害人至虚假的MT4、中原证券等平台投资股票、虚拟币等,并采取控制平台涨幅给予小额提现的方式不断诱骗被害人投资以骗取钱财,按照本组诈骗金额1%至10%提成;邢某某、梁某某等后勤安保人员7人,负责维护诈骗场所秩序、接送业务员、保障食宿,采买家具、电脑、电话卡,维护网络和电脑等。

【诉讼过程】

本案系公安部、最高人民检察院联合挂牌督办的特大跨境电信网络诈骗犯罪案。2020年11月4日,重庆市公安局巴南区分局立案侦查。2022年7月至2024年1月,巴南区分局陆续以刘某某等人涉嫌诈骗、偷越国(边)境等罪名向巴南区人民检察院移送审查起诉。2022年6月至2024年2月,巴南区人民检察院将刘某某等人以涉嫌诈骗、组织他人偷越国(边)境、偷越国(边)境等罪名提起公诉,并对刘某某、张某某等犯罪集团骨干成员提出从严惩处的量刑建议。

2022年7月至2024年3月,巴南区人民法院经依法审理,以诈骗罪判处团队长刘某某、张某某等人十三年至十年不等的有期徒刑,并处人民币四十八万元至三十万元不等的罚金;以诈骗罪、组织他人偷越国(边)境罪等判处组长文某某、钟某某等人八年至七年不等的有期徒刑,分别并处罚金人民币七万余元;以诈骗罪、偷越国(边)境罪判处业务员李某某、王某某等人四年至二年不等的有期徒刑,并处人民币四万元至二万元不等的罚金;以诈骗罪判处后勤安保人员邢某某、梁某某等人三年六个月至二年九个月不等的有期徒刑,并处人民币三万六千元至二万八千五百元不等的罚金。

办案机关协同配合,查明在逃的江某某系犯罪团伙"金主",及江某某采取购买虚拟币、黄金、他人代持股份、基金等方式将诈骗资金"合法化"的事实,遂依法及时冻结、追缴涉诈资金、扣押涉案财物价值人民币 1.35 亿余元。部分被告人上诉后,二审维持原判。

【典型意义】

依法准确惩治在境外电诈窝点从事服务工作的犯罪分子。随着境外电诈犯罪集团逐渐规模化、公司化、园区化,参与实施诈骗人员不断增多,在诈骗窝点中从事秩序管理、技术保障、生活服务等人员也随之增多,为犯罪集团日常运转、实施诈骗活动提供重要支撑,其行为同样具有社会危害性。对于从事服务保障工作的人员,要准确甄别、区别对待,该严则严、当宽则宽。对跨境电信网络诈骗窝点中提供餐饮住宿、保安物业、技术保障等服务的人员,在案证据能够证明其主观明知系为诈骗窝点提供服务,仍在较长时间内持续提供生活服务、技术保障,且提供的服务保障对诈骗犯罪集团组织管理、秩序维护、诈骗实施起到重要支持促进作用的,应当认定为诈骗罪共犯。对进入诈骗犯罪窝点时间短,从事一般服务性、劳务性工作的厨师、保洁等一般工作人员,未获取明显高于其所从事劳务活动的正常报酬,其行为对实施诈骗所起作用不大的,可以认定为情节显著轻微,危害不大,不认为是犯罪。

案例六

王某等人跨境电信网络诈骗案

【基本案情】

2019 年初,王某、谢某、闵某甲、闵某乙、闵某丙、闵某丁在国内共谋,商定合伙在缅北组建电诈窝点,实施电信网络诈骗活动。2019 年 5 月 12 日,闵某甲指使闵某丙、闵某丁纠集苏某等 7 人从湖北省武汉市飞至云南省西双版纳,联系"蛇头"偷渡至缅甸勐拉市,在东方侧楼组建电信诈骗犯罪集团。该犯罪集团以"荐股"的方式骗得被害人信任,后将被害人引流至"益群国际"虚假平台炒期货,通过老师号、助理号、水军号等微信号相互配合,共同诱骗被害人在该虚假平台投资,恶意造成被害人在平台账户内的资金持续亏损,最后关闭平台骗取被害人在平台账户内的剩余资金。截至2019年7月下旬,共骗取我国境内18名投资者共计人民币1020余万元。其中,王某、闵某甲系幕后组织者、出资者,负责招募管理人员、技术人员等,组织境内外人员对接实施诈骗活动;谢某、闵某乙在国内成立引流公司,由胡某协助共同寻找股民并引流至虚假投资平台;闵某丙作为后勤主管,负责窝点的后勤保障工作,闵某丁作为技术主管,负责为电信网络诈骗提供技术保障等事宜;另有苏某等7人系业务员,负责实施具体诈骗活动。

【诉讼过程】

2019年8月8日,江苏省昆山市公安局对本案立案侦查。2019年11月至2020年5月,公安机关以闵某甲、闵某丙等10人涉嫌诈骗罪、组织他人偷越国(边)境罪等移送审查起诉。2020年4月至2020年6月,昆山市人民检察院经审查后追加认定7笔诈骗事实,追加认定诈骗数额人民币50余万元,全案犯罪数额追加认定至人民币1020余万元,先后以诈骗罪、组织他人偷越国(边)境罪对闵某甲等10人提起公诉。2022年7月,昆山市人民检察院经审查认为王某、谢某、闵某乙3名诈骗集团幕后"金主"涉嫌犯罪,遂决定追加逮捕。同年9月,公安机关以王某、谢某、闵某乙等人涉嫌诈骗罪、偷越国(边)境罪移送审查起诉。同年9月,昆山市人民检察院以王某、谢某、闵某乙等人涉嫌诈骗罪、偷越国(边)境罪提起公诉,并对幕后"金主"、骨干成员等提出从严惩处的量刑建议。

2021年2月至2022年12月,昆山市人民法院经依法审理,先后以诈骗罪、组织他人偷越国(边)境罪判处"金主"闵某甲有期徒刑十四年,并处罚金人民币二十六万元;以诈骗罪、偷越国(边)境罪判处"金主"王某有期徒刑十三年三个月,并处罚金人民币三十一万元;以诈骗罪、组织他人偷越国（边）境罪分别判处后勤主管闵某丙、诈骗窝点技术主管闵某丁有期徒刑十一年，并处罚金人民币二十一万元；以诈骗罪分别判处境内引流人员组织者谢某、闵某乙有期徒刑十年，并处罚金人民币二十万元；以诈骗罪判处境内协助引流人员胡某有期徒刑八年，并处罚金人民币十五万元；以诈骗罪判处境外实施电信网络诈骗行为的苏某等其他7名人员七年至五年六个月不等的有期徒刑，并处罚金。现判决已生效。

【典型意义】

深挖彻查跨境电信网络诈骗犯罪，依法追捕追诉幕后"金主"和实际控制人，确保打深打透。跨境电信网络诈骗犯罪呈现产业化、集团化特征，犯罪链条长、层级多，办案人员应注意深挖彻查犯罪，确保打深打透，依法查明犯罪集团的组织架构、犯罪模式、人员情况和地位作用等，充分挖掘上下游犯罪线索，全面查明犯罪事实，发现遗漏犯罪嫌疑人或犯罪事实的，特别是遗漏隐藏幕后的"金主"或实际控制人员的，应当及时追捕追诉，依法从严惩处。

案例七

张某某、黄某某等人诈骗、偷越国（边）境案

【基本案情】

2019年初至2021年4月，"陈峰"（另案处理）在缅甸掸邦北部果敢自治区（下称果敢）老街"酒房"等地设立针对中国境内居民的电信网络诈骗犯罪窝点，以直营和代理的方式组建诈骗团伙，招揽人员冒充贷款公司工作人员通过微信等聊天软件、使用"招联金融"等虚假App，以办理网络贷款需要缴纳"会员费""保证金"等为由，骗取中国境内被害人财物。

2019年7月至2020年12月，张某某、黄某某等6人先后偷渡至果敢。其中，张某某、黄某某及宁某某（另案处理）在湖北省天门市共谋，由张某某先行垫付偷渡费用并联系偷越国（边）境中介，三人在中

介安排下共同乘车至云南省保山市并于2020年11月26日登记入住保山市某酒店。后在中介安排下,张某某带领黄某某、宁某某相互配合,共同偷渡至果敢,陆续加入"酒房"诈骗窝点。其中张某某担任业务组长,负责具体实施诈骗并协助管理组内业务员,黄某某、段某某等5人分别担任业务员、虚假APP后台管理员,通过网络实施诈骗。

经查,上述被告人一年内出境赴境外诈骗犯罪窝点累计时间均超过30日。其中,张某某、黄某某超过130日,段某某、凡某甲、苏某某超过90日,凡某乙超过60日。

【诉讼过程】

2021年1月20日,江苏省无锡市公安局新吴分局对本案立案侦查。2023年8月29日,公安机关以张某某、黄某某等6人涉嫌诈骗罪、偷越国(边)境罪移送审查起诉。2023年12月1日,无锡市新吴区人民检察院以张某某、黄某某等3人涉嫌诈骗罪、偷越国(边)境罪,以段某某等3人涉嫌诈骗罪提起公诉。

无锡市新吴区人民法院经依法审理,以诈骗罪、偷越国(边)境罪判处被告人张某某、黄某某等3人一年至六个月不等的有期徒刑,并处人民币五千元至一万元不等的罚金;以诈骗罪判处被告人段某某等3人七个月至六个月不等的有期徒刑,并处人民币四千元至三千元不等的罚金。一审宣判后,各被告人均未提出上诉,判决生效。

【典型意义】

依法严惩偷渡出境从事电信网络诈骗的犯罪分子。境外电信网络诈骗犯罪集团往往打着高薪旗号招募大量人员从事拨打电话、聊天引流等工作,吸引人员前往"淘金",实则实施诈骗活动。部分境内人员明知境外电诈窝点实施诈骗等犯罪活动,仍贪图"高薪"前往,且为赴境外诈骗窝点、逃避边境检查,采取边境偷渡或虚构事由骗领出入境证件方式偷渡出境,对于此类行为,应当以诈骗罪、偷越国(边)境罪依法严惩,斩断为电诈集团输送电诈人员通道。

案例八

陈某某等人诈骗、偷越国(边)境案

【基本案情】

2018年至2022年间,王某某(另案处理)等人组织、纠集大量国内人员前往菲律宾搭建诈骗窝点,通过控制"UK""宝彩"等虚假网络赌博平台,以后台控制输赢等方式,针对境内居民实施电信网络诈骗。陈某某、钟某某于2018年至2019年间,多次出境参加上述犯罪团伙,分别担任"组长""代理组长",负责在网络上推广涉诈赌博网站、手机应用程序等,在诈骗窝点累计时间分别达9个月、7个月。另查明,陈某某在第二次出境时,钟某某在第二次、第三次出境时,均以旅游为由申领出入境证件,出境至菲律宾后即前往电信网络诈骗窝点。陈某某于2019年11月回国,因本案于2023年5月被公安机关抓获归案;钟某某于2020年1月回国,因本案于2023年5月自动投案。

【诉讼过程】

2023年4月25日,上海市公安局静安分局对本案立案侦查。2023年8月2日,静安分局以陈某某等人涉嫌诈骗罪、偷越国(边)境罪移送静安区人民检察院审查起诉。2023年8月29日,静安区人民检察院对陈某某、钟某某以诈骗罪、偷越国(边)境罪提起公诉。

2023年12月26日,静安区人民法院经依法审理,以诈骗罪、偷越国(边)境罪判处陈某某有期徒刑一年七个月,并处罚金人民币两万四千元;以诈骗罪、偷越国(边)境罪判处钟某某有期徒刑一年八个月,并处罚金人民币二万六千元。现判决已生效。

【典型意义】

依法严惩以合法事由掩盖非法目的出境实施电诈的犯罪分子。对行为人以旅游、探亲、求学、务工、经商等虚假事由骗领出入境证件,出境后即前往电信网络诈骗犯罪窝点从事电信诈骗活动的,属于使用以虚假的出入境事由骗取的出入境证件出入国(边)境情形,应当认定为偷越国(边)境行为,构成偷越国(边)境罪的,依法定罪处罚。

案例九

唐某某诈骗案

【基本案情】

2020年9月底,唐某某赴缅北地区,在明知他人实施电信网络诈骗犯罪的情况下,先后加入多个电信网络诈骗窝点,纠集、组织境内"跑分"人员和"卡农",为电信网络诈骗活动转移资金提供帮助,其行为关联赵某文等60名被害人,涉案金额人民币173万余元。2023年7、8月间,唐某某知道自己被我国公安机关通缉,在诈骗窝点多次向其户籍所在地派出所民警表达回国自首意愿。2023年10月份,唐某某步行4日至云南省临沧市南伞口岸,入境时被公安机关抓获归案。

【诉讼过程】

2021年5月7日,山东省五莲县公安局对本案立案侦查。2024年2月29日,五莲县公安局以唐某某涉嫌诈骗罪移送五莲县人民检察院审查起诉。2024年3月25日,五莲县人民检察院以唐某某犯诈骗罪起诉至五莲县人民法院。庭审期间,唐某某辩护人提出,唐某某在诈骗窝点被他人殴打,属于胁从犯,应当减轻处罚或者免除处罚。检察机关认为,唐某某积极为诈骗活动提供帮助,在窝点具有一定的人身、通讯自由,所受体罚并未达到被胁迫参加犯罪的程度,不宜认定为胁从犯。

2024年5月13日,五莲县人民法院作出一审判决,认定唐某某系自首,其在电诈窝点期间行动虽受部分限制,但所受限制系电诈窝点的管理要求,唐某某积极主动实施犯罪,不应认定为胁从犯,综合考虑其犯罪事实情节,以诈骗罪判处唐某某有期徒刑六年五个月,并处罚金人民币十五万元。唐某某未上诉,判决已生效。

【典型意义】

1. 全链条严惩电信网络诈骗"帮凶",最大限度铲除犯罪土壤。部分犯罪分子明知他人实施电信网络诈骗犯罪,仍为其提供资金转移、技术支持、引流推广等帮助,成为电信网络诈骗黑灰产业链的重要环节,持续为电诈犯罪"输血供粮",依法应予严惩。对于长时间内相对稳定地为电诈犯罪提供转移资金、技术支持、引流推广等帮助,已经形成稳定协作关系的,应当依法以诈骗罪共犯追究责任。

2. 依法准确认定胁从犯和自首情节,确保不枉不纵。行为人以在窝点被他人殴打为由辩解属胁从犯的,应注意审查判断被殴打的原因系未能完成窝点要求的诈骗"业绩"还是拒绝实施诈骗活动。行为人在诈骗窝点积极发挥作用,具有一定的人身、通讯自由,不属于受胁迫参加犯罪或者达不到胁迫程度的,不宜认定为胁从犯。对于在诈骗窝点期间即向公安机关联系投案,明知自己已经被通缉,仍主动前往口岸并提供真实身份信息入境,后被公安机关抓获,归案后如实供述全部犯罪事实的,依法应当认定自首,从宽处罚。

案例十

张某诈骗案

【基本案情】

2021年2月,张某在柬埔寨务工期间,经人介绍至西哈努克市某"工业园区"加入"财神"电诈集团,任业务员。该犯罪集团以境内女性群体为目标,通过朋友圈及微信群虚构成功男士形象,诱导被害人在集团控制的"金天利"虚假投资平台充值,骗取被害人钱款。张某加入该犯罪集团后,负责维护用于诈骗的微信号,并与被害人进行前期情感交流,待骗取被害人信任后交由其他同伙进一步实施诈骗。经查,该诈骗集团共有成员近200人,共骗取中国境内100余名被害人钱款约人民币1亿元。2021年10月,张某退出该诈骗集团,继续留在园区从事其他工作。2022年6月,张某回国后,公安机关根据前期掌握的犯罪线索将张某抓获。

【诉讼过程】

2021年11月3日,上海市公安局闵行分局对本案立案侦查。张某如实供述了其加入境外诈骗集团,负责养号引流、骗取被害人信任等犯罪事实,并提供了公安机关尚未掌握的该诈骗集团的主要架构分工、诈骗模式、行为特征、使用的诈骗 App 平台名称、介绍人、部门主管身份等重要线索。2022 年 8 月 17 日,闵行区人民检察院认为张某认罪悔罪态度较好,对其取保候审足以防止发生社会危险,对张某作出不批准逮捕决定。2022 年 8 月 29 日,公安机关以张某涉嫌诈骗罪移送检察机关审查起诉。

2022 年 9 月 5 日,闵行区人民检察院以诈骗罪对张某提起公诉。考虑到张某作为犯罪集团底层人员,能主动交代公安机关尚不掌握的犯罪集团相关情况,虽不构成立功,但为破获犯罪集团、抓捕犯罪集团主犯发挥一定作用,且认罪认罚、退缴违法所得,应当对其从宽处罚,遂向人民法院建议对其适用缓刑。2022 年 9 月 14 日,闵行区人民法院经依法审理,认定张某犯诈骗罪,判处有期徒刑二年,缓刑二年,并处罚金人民币五千元。张某未上诉,判决已生效。

根据张某提供的线索,公安机关加大案件查办和边境防控力度,发挥认罪认罚从宽的示范效应,督促已到案的行为人主动提供涉犯罪集团线索材料。先后成功劝返多名在逃"财神"集团成员主动投案,抓获该诈骗集团成员 70 余人,其中包括三名集团首要分子,有力打击了跨国电信网络诈骗集团。

【典型意义】

在依法严惩跨境电信网络诈骗犯罪同时,对于为侦破案件、抓捕首要分子起到重要作用的人员,给政策、给出路,依法从宽处理。对跨境电信网络诈骗犯罪,办案机关要充分运用认罪认罚从宽制度,督促已到案的犯罪集团成员主动提供涉犯罪集团线索材料。对于提供办案机关尚未掌握的情况,为破获犯罪集团、抓捕犯罪集团主犯发挥重要作用的,依法认定立功,给予大幅度从宽处罚;或者虽不构成立功的,仍可以给予其较大幅度从宽处罚。

最高人民法院发布 6 件依法惩治利用网络敲诈勒索犯罪典型案例[①]

案例一

孙某媛敲诈勒索案
——制造、散播网络谣言敲诈勒索

（一）基本案情

被告人孙某媛系某网络主播的"粉丝"，被害人侯某经营的培训机构与该主播有业务合作。2022 年 6 月，孙某媛自认为侯某与主播关系暧昧，遂在网络直播间辱骂侯某，并通过自媒体平台找到侯某家人联系方式，借用他人电话向侯某家人宣称侯某婚内出轨。侯某要求孙某媛停止人身攻击，孙某媛索要人民币 100 万元，被侯某拒绝后，孙某媛给侯某的培训机构员工、学员家属打电话、发短信，散布侯某婚内出轨、偷税漏税、猥亵儿童等虚假信息。孙某媛还匿名拨打电话向相关政府部门、公安机关举报侯某的培训机构存在没有办学资质、偷税漏税等违法行为，并在多个知名网站论坛发布涉及前述虚假内容的帖子。侯某不堪其扰轻生自杀，幸被人发现获救，孙某媛又发布侯某"畏罪自杀"的帖子，并继续向侯某索要钱财。侯某向公安机关报案，孙某媛被抓获。

（二）裁判结果

法院审理认为，被告人孙某媛以非法占有为目的，采取威胁、要挟手段索要他人数额特别巨大的财物，其行为已构成敲诈勒索罪。

[①] 摘自《最高人民法院发布依法惩治利用网络敲诈勒索犯罪典型案例》，载最高人民法院网 2025 年 2 月 11 日，https://www.court.gov.cn/zixun/xiangqing/454581.html。

孙某嫒未能取得财物，系犯罪未遂，可以比照既遂犯从轻或者减轻处罚。孙某嫒捏造多条虚假负面信息，匿名向被害人亲属、同事、客户以及社会公众散布，多次威胁、要挟被害人给付巨额钱财，并在被害人有自杀举动后继续人身攻击、索要钱财，犯罪情节恶劣，依法予以从严惩处。据此，对孙某嫒以敲诈勒索罪判处有期徒刑八年七个月，并处罚金人民币十万元。

(三) 典型意义

在网上炮制、散布谣言进而威胁他人交付财物，与在线下实施的敲诈勒索犯罪相比，危害更加严重。本案中，被告人孙某嫒制造的谣言涉及背叛婚姻、性侵儿童、违法经营等多个方面，严重损害他人人格和名誉。孙某嫒为达到非法占有的目的，采取网上发帖、拨打电话、向有关部门举报等多种方式散播谣言向被害人施压，导致被害人不堪其扰轻生自杀，虽然获救但身心已受到严重伤害。最终被害人报案，避免了更大损失。审理法院根据此案的犯罪性质、情节、后果，综合考虑从重、从轻处罚情节，对孙某嫒依法从严惩处，做到了罚当其罪。本案提醒网络犯罪的受害者，在自身合法权益受到侵害时要及时报案寻求公安、司法机关的帮助，勇于拿起法律武器与违法犯罪作斗争，让网络犯罪无处遁逃。

案例二

赵某杰敲诈勒索案
——利用网络敲诈勒索未成年人

(一) 基本案情

2020 年 7 月至 8 月期间，被告人赵某杰用 QQ 添加 14 至 18 周岁未成年女性 40 余人为好友。在聊天过程中，赵某杰故意找茬称对方把自己气病，以到被害人学校和家中持刀捅人相威胁，要求被害人"拿钱治病"，先后向 4 名被害人 (13 至 16 周岁) 索要共计人民币 18 964 元。案发后，赵某杰向被害人退赔违法所得并取得了谅解。

(二)裁判结果

法院审理认为,被告人赵某杰以非法占有为目的,采取以暴力相威胁的手段索要他人数额较大的财物,其行为已构成敲诈勒索罪。赵某杰对多名未成年人实施敲诈勒索,依法应当从重处罚;其到案后如实供述罪行,自愿认罪认罚,积极退赔并取得被害人谅解,依法可以从轻处罚。据此,对赵某杰以敲诈勒索罪判处拘役六个月,并处罚金人民币二万元。

(三)典型意义

网络世界对未成年人有限开放,法治社会对未成年人无限关怀。人民法院始终坚持对未成年人特殊、优先、全面保护的司法理念,依法严厉惩处针对未成年人的违法犯罪行为。在认定敲诈勒索入罪门槛及确定量刑幅度时,《最高人民法院 最高人民检察院关于办理敲诈勒索刑事案件适用法律若干问题的解释》第二条、第四条规定,对以未成年人为犯罪对象的,降低适用标准,以"数额较大"标准的50%定罪,以"数额巨大""数额特别巨大"标准的80%提档升刑。本案中,被告人赵某杰在网络上选择多名未成年女性为作案对象,以将暴力诉诸于现实相威胁勒索财物,其行为极易对被害人形成心理强制,具有严重的社会危害性。人民法院依法对利用网络侵犯未成年人合法权益的被告人定罪处罚,为呵护未成年人身心健康提供坚强有力的司法保障。

案例三

相某漫敲诈勒索案
——编造事由向网络平台商家恶意索赔敲诈勒索

(一)基本案情

2021年1月至2023年4月期间,被告人相某漫在多个线上外卖平台购买食品并投放异物,随后拍照反馈给平台和商家,以不赔偿就投诉相威胁先后向4家餐饮店铺索要共计人民币3169元。

(二)裁判结果

法院审理认为,被告人相某漫以非法占有为目的,以投诉相威胁勒索多家被害单位钱款,数额较大,其行为已构成敲诈勒索罪。相某漫到案后如实供述罪行,依法可以从轻处罚;其自愿认罪认罚,依法可以从宽处理。据此,对相某漫以敲诈勒索罪判处有期徒刑七个月,并处罚金人民币四千元,并责令其退赔违法所得。

(三)典型意义

消费者的评价和投诉对入驻电商平台商家的口碑及后续经营有着重要影响。合理差评和正当投诉有利于维护消费者的合法权益,提高商家的服务水平和竞争力。然而,一些不法分子盯上了投诉维权渠道,通过伪造有关食品安全的事实,以投诉、举报相要挟向经营者勒索钱财,利用线上平台商家重视评价、害怕影响生产经营等心理实施敲诈勒索犯罪。利用线上平台恶意"索赔",不仅严重侵害了经营者的财产利益,也扰乱了正常的市场秩序。人民法院依法予以打击,有利于遏制恶意差评的蔓延,避免消费者被误导,维护企业合法权益,营造良好的营商环境。

案例四

罗某甲等人敲诈勒索案
——制造、散播负面信息并以有偿删帖方式敲诈勒索

(一)基本案情

被告人罗某甲、徐某、聂某某、杨某均系新闻媒体从业人员。2019年11月至2022年2月期间,罗某甲注册成立公司,并与徐某、聂某某、杨某以及被告人罗某乙、罗某丙等人共谋通过自媒体发布企业负面消息进而勒索财物。受罗某甲安排,罗某乙注册微信公众号"××经"并在多家知名网络平台注册第三方账号。罗某甲、杨某负责收集企业负面信息并撰写帖文,徐某负责审核,聂某某、罗某乙、罗某丙负责在微信公众号和第三方媒体账号发布、删除帖文。罗某甲还负责与被害单位

谈判,罗某乙负责收款。2022年3月至7月期间,罗某甲等人利用"××经"微信公众号及相关网络平台账号发布6家互联网企业的负面帖文,迫使上述企业联系罗某甲等人,罗某甲等人以不支付"商务合作"费用就不删帖相要挟,索要被害单位钱款人民币29.6万元。

(二) 裁判结果

法院审理认为,被告人罗某甲、罗某乙、徐某、罗某丙、聂某某、杨某以非法占有为目的,在网上发布企业负面信息,以有偿删帖的方式多次勒索他人财物,数额巨大,其行为均已构成敲诈勒索罪。在共同犯罪中,罗某甲是主犯,罗某乙、徐某、罗某丙、聂某某、杨某是从犯。罗某甲、徐某、罗某丙、聂某某、杨某有自首情节,罗某乙有坦白情节,依法可以从轻处罚。各被告人均认罪认罚,依法可以从宽处理。据此,对罗某甲以敲诈勒索罪判处有期徒刑三年十个月,并处罚金人民币五万元;对罗某乙等五人分别判处有期徒刑并适用缓刑,并处罚金;对违法所得予以追缴。

(三) 典型意义

新闻媒体监督是发现社会问题,及时纠正违法行为的有效手段。但是,一些不法人员利用或者冒充新闻工作者的身份,专门寻找企业经营中存在的问题,打着舆论监督的旗号以发布、不删除负面帖文相要挟,直接向企业经营者索要财物或者通过所谓"合作"的方式索要财物。此类犯罪行为是以监督之名行敲诈勒索之实,既侵害了企业经营者的合法权益,又损害了新闻媒体监督的权威性,应当从严惩处。本案中,被告人罗某甲等人利用媒体从业者的身份积极挖掘企业"黑料",利用企业经营者害怕被追责、处罚或者影响企业形象、经营业绩的心理不断发布负面消息向对方施压,并明示或者暗示企业与其"商务合作",迫使对方交付财物,罗某甲等人的行为已构成敲诈勒索罪。该案提醒广大群众,要提高辨别真伪的本领,正常的新闻媒体监督是合法合规的,不能以揭发隐私、不法行为相威胁索要财物。个人或者企事业单位在遇到此类违法犯罪时要及时报案,避免自身合法权益受到侵害。同时警示不法分子,以谋取非法利益为目的恶意发布信息损害他人或者企事业单位的人格尊严、商业信誉、商品声誉的,必将受到法律严惩。

案例五

李某等人敲诈勒索案
—— 以"裸聊"为诱饵敲诈勒索

（一）基本案情

2020年7月至9月，被告人李某与胡某（另案处理）共谋以"裸聊"方式敲诈勒索，分别提供场地、设备、技术、支付结算账户，并通过层层联系招募"客服""枪手"，纠集了被告人王某佳、谷某、钟某龙及谢某雄、谢某军、谢某勇（均另案处理）等人先后偷渡到缅甸。同年9月中旬至11月底，在李某指使下，"客服"谢某雄、谢某军、谢某勇等人使用王某佳收购的网络社交账号，冒充女性引诱被害人进行"裸聊"，并趁机录制不雅视频，向被害人手机植入病毒，读取手机内的通讯录信息，之后将不雅视频、手机通讯录交由"枪手"李某、梁某祥、梁某浩（另案处理）等人，再由李某等人以散布不雅视频相要挟索要钱款，先后从30余名被害人处索要人民币70余万元。所得钱款由李某进行分赃。

（二）裁判结果

法院审理认为，被告人李某、王某佳、谷某、钟某龙结伙以散布"裸聊"视频相要挟，向多名被害人勒索财物，数额特别巨大，其行为均已构成敲诈勒索罪。在共同犯罪中，李某负责策划、组织、指挥，提供场地、设备、技术，分配犯罪所得钱款等，起主要作用，系主犯，依法应当按照其组织、指挥及参与的全部犯罪处罚；王某佳、谷某、钟某龙起次要作用，系从犯，依法应当从轻或者减轻处罚。根据本案的犯罪事实、性质、情节、对社会的危害程度以及各被告人在共同犯罪中的地位、作用，对李某以敲诈勒索罪判处有期徒刑十二年，并处罚金人民币十万元，与尚未执行完毕的前罪掩饰、隐瞒犯罪所得罪判处的刑罚并罚，决定执行有期徒刑十二年六个月，并处罚金人民币十万五千元；对王某佳、谷某、钟某龙以敲诈勒索罪判处九年至六年不等的有期徒刑，并处罚金；共同退赔被害人财产损失。

(三)典型意义

近年来,通过"裸聊"实施的跨境电信网络敲诈勒索犯罪大幅增长,并呈现出团伙化、链条化、国际化的特征,严重破坏公序良俗,影响社会稳定。该类犯罪一般涉案人员较多,人民法院审理时坚持依法认定、精准打击,全面准确贯彻宽严相济的刑事政策,做到当严则严、该宽则宽,宽严相济、罚当其罪。本案中,审理法院根据被告人李某及其他被告人在共同犯罪中具体实施的行为、所起作用和主观恶性等因素判处不同刑罚,体现了区别对待的态度,对共同犯罪中的组织者、策划者、指挥者和骨干成员重点惩处,对具有从犯、自首、坦白、立功等从轻情节的低层级人员依法从宽处理。该案也警醒广大网民要增强防范意识,远离网络不良诱惑和违法行为,避免落入圈套、掉进陷阱。

案例六

贺某武敲诈勒索案
——为网络敲诈勒索犯罪分子提供技术支持

(一)基本案情

2022年5月,被告人贺某武与通过聊天软件结识的龙某鹏(在逃)共谋后,向网络资源商蔡某智(另案处理)购买IP地址非法搭建跨境网络专线,出售给缅甸某专门从事"裸聊"敲诈勒索犯罪的窝点,并雇佣技术人员对跨境网络专线进行维护。为规避打击,龙某鹏用泰达币及现金泰铢与上述犯罪窝点结算、与贺某武分成。至2023年2月,贺某武、龙某鹏获利共计人民币857万余元。2023年2月,某学院学生吴某明(被害人)被"裸聊"敲诈勒索人民币34.4万元。同年7月贺某武被抓获,之后贺某武主动上交违法所得,并返还了被害人吴某明的部分损失,获得吴某明的谅解。

(二)裁判结果

法院审理认为,被告人贺某武明知他人利用信息网络实施敲诈勒索犯罪,仍为他人提供技术支持,致使被害人吴某明被敲诈勒索数额巨大的财物,其行为已构成敲诈勒索罪。贺某武有坦白情节,认罪认罚,退缴违法所得,退赔被害人部分损失并取得谅解,依法可以从宽处罚。据此,对贺某武以敲诈勒索罪判处有期徒刑四年五个月,并处罚金人民币五万元。

(三)典型意义

明知他人利用信息网络实施敲诈勒索犯罪活动,仍为其提供资金、场所、技术等方面的帮助,助长了敲诈勒索犯罪的气焰,必须坚持全链条打击、全方位惩处。本案中,被告人贺某武明知境外窝点利用网络对境内人员实施"裸聊"式敲诈勒索犯罪,仍为其搭建跨境网络专线并积极提供维护服务,致使被害人损失数额巨大的财产,依法构成敲诈勒索罪的共犯。审理法院综合考虑贺某武的犯罪性质、情节、后果以及法定、酌定从宽处罚情节,在量刑上对其适当从轻,做到罪责刑相适应。该案警示广大互联网从业人员要培育正确的职业道德规范,自觉守住法律底线,为互联网在法治轨道上健康运行承担应有的社会责任。

最高人民法院发布7件电信网络诈骗及其关联犯罪典型案例[①]

案例一

被告人黄某等3人诈骗案
——从严惩处跨境电信网络诈骗犯罪集团首要分子

一、基本案情

2020年初,被告人黄某、李某辉在柬埔寨王国西哈努克港市"财

[①] 摘自《释放从重惩治强烈信号——最高法发布电信网络诈骗及其关联犯罪典型案例》,载最高人民法院网 2025 年 2 月 24 日,https://www.court.gov.cn/zixun/xiangqing/455701.html。

神国际"园区等处组建诈骗集团,组织、指挥多人对我国境内居民实施电信网络诈骗犯罪活动,8月,被告人周某刚加入该诈骗集团并担任总监。黄某、李某辉通过境外聊天软件幕后掌控诈骗集团,决定公司运营模式,并控制资金及相关账户等;周某刚现场管理具体诈骗事务,另有多名骨干成员(已被另案判刑)。该诈骗集团通过特定方式筛选出企业法定代表人等具有一定经济实力的女性,通过被害人手机号码批量添加网络社交平台好友,冒充"高富帅"依照预定话术与被害人网络聊天,骗取信任后推荐被害人下载由该集团控制的"金天利"等虚假投资或赌博网络平台,先通过后台操控让被害人小额获利提现,再不断引诱被害人充值,待被害人投入大额资金后,即关闭提现通道,拉黑被害人。该诈骗集团自2020年9月至2021年底骗取100余名被害人共计人民币1亿余元。

二、裁判结果

本案经上海市第一中级人民法院一审,上海市高级人民法院二审,现已发生法律效力。

法院认为,被告人黄某、李某辉、周某刚以非法占有为目的,伙同他人虚构事实、隐瞒真相,在境外通过电信网络骗取境内人员钱款,数额特别巨大,其行为均已构成诈骗罪。黄某、李某辉组建诈骗集团并决定运营模式、掌握资金账户,周某刚系现场最高层级人员,负责管理实施诈骗活动,三人在诈骗集团中起组织、策划、指挥作用,均系首要分子。三人在境外指挥、控制犯罪集团,利用电信网络骗取我国境内居民钱财,给众多被害人造成重大经济损失。综上,对被告人黄某、李某辉、周某刚均以诈骗罪判处无期徒刑,剥夺政治权利终身,并处没收个人全部财产。

三、典型意义

本案系境外诈骗犯罪集团链条化、流水线化、分工细致实施、常见高发的交友婚恋类网络诈骗(俗称"杀猪盘")。不法分子针对特定类型人员量身定制骗局、实施精准"围猎",先在社交平台上伪装成"完美情人",以甜言蜜语等拉近关系,待被害人投入感情放松警惕后,谎称有稳赚不赔的投资机会骗钱,造成被害人感情和金钱双重受损。

被告人黄某等三人在境外组建有组织、有一定规模的诈骗犯罪集团,虚构有经济实力的成功人设诈骗女性被害人,犯罪情节恶劣,诈骗被害人巨额资金并流往境外,社会危害严重,人民法院认定三名被告人均系首要分子,依法判处重刑。本案警示社会公众,不要被虚拟世界的虚情假意蒙蔽双眼,防范甜言蜜语背后的无情陷阱。

案例二

被告人杨某等3人诈骗案
——从严惩处有电信网络诈骗犯罪前科
又再次实施电诈犯罪人员

一、基本案情

被告人杨某曾因参与实施"虚假期货理财"类电信网络诈骗被判刑。2023年底,杨某又与被告人吁某、方某文商定利用购物平台实施网络"刷单"诈骗。方某文提供自己的银行卡及身份信息在购物网站上注册网站店铺,并办理电话卡注册网络社交平台账号添加刷单者,还将银行卡及移动支付账号密码提供给杨某使用。之后,杨某等人在网上低价购进箱包,在网站店铺标价588元出售,并在网络上发布刷单广告,许诺刷单者购买并收到箱包后发布好评文案,即可根据刷单者粉丝数量给予150元至1000元不等的好评稿费,且退还购买箱包的588元。在刷单者收到箱包并发布好评文案后,杨某等人以审核好评文案需要时间为由故意拖延,待刷单者购买订单自动确认收货,刷单者支付的588元自动划入杨某等人的账户,致使刷单者无法退货退款。从2024年1月中旬至2月初,杨某等人引诱刷单者下单300余单,共计诈骗103名被害人人民币5万余元。

二、裁判结果

本案经江西省新干县人民法院审理,现已发生法律效力。
法院认为,被告人杨某、吁某、方某文利用电信网络诈骗他人财物，数额巨大，其行为均已构成诈骗罪。三人共同实施诈骗犯罪，相互配合，地位、作用相当。三人到案后均坦白罪行，自愿认罚，方某文、吁某退出全部违法所得，已全额退赔给103名被害人，可酌情从轻处罚。杨某曾因电信网络诈骗犯罪被判刑，有犯罪前科，予以从重处罚。综上，以诈骗罪判处被告人杨某有期徒刑三年五个月，并处罚金人民币三万元；以诈骗罪判处被告人方某文有期徒刑三年一个月，并处罚金人民币二万元；以诈骗罪判处被告人吁某有期徒刑三年，并处罚金人民币二万元。

三、典型意义

本案系典型的网络"刷单"诈骗，欺骗性很强。惯常套路是，不法分子打着"网络兼职"旗号，以给付佣金为诱饵，让受骗者垫资做任务，骗取预先支付的款项。被告人杨某曾因实施电信网络诈骗犯罪被判刑，本应深刻反省，积极改过自新，重新融入社会，但其不思悔改、重操旧业，继续实施电信网络诈骗犯罪，再次受到法律严惩。本案警示社会公众，所谓"刷单"赚钱，其实是骗子在赚你的钱，脚踏实地赚取合法薪酬才是正道。

案例三

被告人肖某诚等2人诈骗案
——从严惩处招募、利用未成年人
实施电信网络诈骗犯罪人员

一、基本案情

2023年5月，被告人肖某诚、洪某煌，向许某甲（11岁）、杨某甲（13岁）等人收购电话卡共计4张。之后，二人雇佣李某甲（15岁）、徐某甲（16岁），使用8部手机和4张电话卡，在福建省武夷山市多个宾馆房间内拨打诈骗电话。肖某诚等四人每次使用两部手机，一部通过使用网络社交软件语音通话联系上家，另一部按照上家要求拨打被害人的电话，通过两部手机开启免提功能，实现语音中转。在通话期间肖某诚等人知悉双方通话内容,明知在实施诈骗,按上家要求不出声,由上家对被害人实施诈骗。其间,部分电话卡因异常使用被通讯运营商停机,但肖某诚等人仍继续收卡用于拨打电话。肖某诚等四人拨打诈骗电话1524条,其中造成五名被害人被骗共计人民币47余万元。肖某诚从上家处获取利益后,再给洪某煌等三人发放,肖某诚、洪某煌二人均获利3000余元。

二、裁判结果

本案经福建省武夷山市人民法院审理,现已发生法律效力。

法院认为,被告人肖某诚、洪某煌明知他人实施电信网络诈骗,仍向多名未成年人收购电话卡并组织两名未成年人共同拨打诈骗电话,其行为均已构成诈骗罪。虽然二人系从犯,到案后坦白罪行,但利用未成年人实施犯罪,予以从重处罚,以诈骗罪判处肖某诚有期徒刑五年六个月,并处罚金人民币五万元;以诈骗罪判处洪某煌有期徒刑四年六个月,并处罚金人民币二万元。

三、典型意义

本案系利诱、拉拢、招募未成年人参与实施电信网络诈骗犯罪的典型案例。宣称只需两部手机、不用说话就能躺着赚钱的"手机口"项目,让越来越多的人沦为"沉默的帮凶",且"黑手"已伸向未成年人。

被告人肖某诚伙同被告人洪某煌配合不法分子实施诈骗,诱惑涉世未深、缺乏辨别是非能力的未成年人参与实施诈骗,先向低龄少年收购电话卡,又组织未成年人拨打诈骗电话,为不法分子实施诈骗提供帮助并分赃,犯罪情节恶劣,依法予以从严惩处。本案警示社会公众,切勿贪图轻松赚钱快,谨防沦为电诈"工具人",并提醒未成年人监护人提高警惕,加强保护、引导和教育,切莫让孩子成为诈骗分子的"帮凶"。

案例四

被告人朱某民诈骗案
——依法惩处针对海外留学生
实施的电信网络诈骗犯罪

一、基本案情

2018年11月至2019年5月间,被告人朱某民在澳大利亚使用多个网络社交媒体账号,在留学生网络社交媒体群内发布虚假的澳元、美元等外币兑换人民币信息,采用谎称已转账并制作、发送虚假的转账截图等手段骗取被害人信任,骗得19名被害人共计人民币60余万元。

二、裁判结果

本案经江苏省江阴市人民法院审理,现已发生法律效力。

法院认为,被告人朱某民以非法占有为目的,利用互联网发布虚假信息实施诈骗,数额特别巨大,其行为已构成诈骗罪。鉴于朱某民自愿认罪,退赔被害人全部损失,以诈骗罪判处朱某民有期徒刑十年,并处罚金人民币十万元;扣押在案的赃款发还各被害人。

三、典型意义

本案系不法分子在海外针对留学生实施虚假换汇类诈骗犯罪的典型案例。留学生独自一人出国求学,与国内家人存在时差、信息差,且社会阅历较少,缺乏处理突发事件的经验,近来针对留学生群体的诈骗花样百出,迷惑性强,电信网络诈骗威胁着留学生的财产安全和留学梦想。

人民法院依法惩处针对留学生群体实施的诈骗犯罪,助力守护留学之路更加平稳、美好。本案警示海外留学生,不要轻信网络社交平台添加的好友,更不要因侥幸心理或贪图便利而冒险,避免上当受骗。

案例五

被告人余某诈骗、组织他人偷越国(边)境等案
——从严惩处跨境电信网络诈骗犯罪、
斩断其人力输送链条

一、基本案情

2018年下半年,被告人余某伙同他人在柬埔寨王国西哈努克港市盛威园区成立巨星娱乐公司(又名永兴娱乐、永旺娱乐),逐步发展成为300余人参与的电信网络诈骗犯罪集团。该犯罪集团内设多部门,分工配合诱骗中国居民在集团控制的"巨星娱乐"等6个网络博彩平台充值、投注,采取后台操控输赢、限控提现等手段,非法占有充值、投注资金,实施跨境电信网络诈骗犯罪。余某负责该犯罪集团的日常事务、财务监管、人事管理等,并具体管理各博彩平台运营。2019年底,该犯罪集团又搬至菲律宾马尼拉市,继续实施跨境电信网络诈骗犯罪。截至2020年3月11日余某离开诈骗园区,已查明111名被害人损失共计人民币5987余万元,已调取的涉案各博彩平台账户收入资金共计人民币30余亿元。多名老年人、未成年人、在校学生被骗,部分被害人受骗后离婚、产生轻生念头或精神失常。

2018年下半年以来,被告人余某等人组织、领导的电信网络诈骗犯罪集团,通过网络发布高薪招募信息、奖励成员介绍新人等途径,采取统一安排行程、包购机票、代办签证、提供接机等方式,先后组织引诱106名中国居民虚构出境事由掩盖非法出境目的,骗取边防检查机关核准,乘坐飞机到柬埔寨、菲律宾,加入犯罪组织从事跨境电信网络诈骗犯罪。

二、裁判结果

本案经河南省南阳市中级人民法院审理,现已发生法律效力。

法院认为,被告人余某伙同他人以非法占有为目的,虚构事实、隐瞒真相,诈骗他人财物,数额特别巨大,其行为已构成诈骗罪;余某组织他人虚构事由出境从事跨境电信网络诈骗犯罪,组织人数众多,

其行为已构成组织他人偷越国(边)境罪,依法应数罪并罚。余某伙同他人成立犯罪集团,系犯罪集团的首要分子,应按照集团所犯的全部罪行处罚;余某组织他人诈骗老年人、未成年人、在校学生,又系累犯,依法从重处罚。综上,对被告人余某以诈骗罪判处无期徒刑,以组织他人偷越国(边)境罪判处有期徒刑十三年,决定执行无期徒刑,剥夺政治权利终身,并处罚金。

三、典型意义

本案系网络博彩类诈骗,赌诈交织,危害极大!惯常套路是,不法分子搭建虚假平台操控结果诱导投注,以小利引诱加大投入,时机成熟时设置提现障碍导致受骗者血本无归。此类诈骗受骗者一般人数众多,且诈骗金额巨大,往往还导致一系列次生危害后果。

被告人余某在境外操纵虚假网络博彩平台,并组织多人出境实施犯罪,为诈骗集团输送人力,人民法院依法认定余某系犯罪集团首要分子,对其按照集团所犯的全部罪行数罪并罚;结合其累犯的法定从重情节和组织诈骗老年人、未成年人、在校学生等酌定从重情节,依法判处重刑并责令其退赔已查明的111名被害人经济损失,全力追赃挽损,最大限度剥夺其再犯能力。本案警示社会公众,网络博彩套路深,不要贪图非法利益,做骗子的"提款机"!

案例六

被告人刘某等3人诈骗、组织他人偷越国(边)境等案
——从严惩处组织、利诱人员赴境外实施电信网络诈骗的犯罪

一、基本案情

2020年4月,被告人刘某伙同他人偷越中缅边境到达缅甸联邦共和国邦康市,进入一诈骗团伙对中国境内居民实施"杀猪盘"诈骗,该团伙分为老板、总监、代理、组长、组员等层级。同年7月,刘某为

了成为诈骗团伙代理(主要负责从国内拉人到诈骗团伙,指定组长,管理诈骗小组),偷渡潜回原籍四川省武胜县,以高收入利诱等欺骗方式邀约、组织武胜县境内的多名人员偷越中缅边境前往诈骗团伙实施诈骗。刘某本人多次偷越中缅边境,还与多人一起结伙偷越中缅边境前往诈骗窝点。同年8月,被告人祝某在刘某的邀约、组织下,偷越中缅边境,进入刘某所在的诈骗团伙,实施诈骗活动。其间,祝某采取利诱等方式,邀约、联系、安排多人采用偷渡的方式进入刘某做代理的诈骗团伙,在祝某所在诈骗小组实施诈骗。另有他人被邀约偷越中缅边境,进入刘某所在的诈骗团伙,实施诈骗活动。

二、裁判结果

本案经四川省武胜县人民法院审理,现已发生法律效力。

法院认为,被告人刘某、祝某等人以非法占有为目的,参加境外诈骗犯罪团伙,针对境内居民实施电信网络诈骗,其行为均已构成诈骗罪。被告人刘某、祝某作为境外诈骗犯罪团伙的代理、成员,在诈骗团伙的指挥下,为团伙介绍、拉拢、引诱人员偷越国(边)境赴境外实施电信网络诈骗,其行为均已构成组织他人偷越国(边)境罪。被告人刘某违反国(边)境管理法规,多次偷越或多人结伙偷越国(边)境,其行为构成偷越国(边)境罪。刘某等人到案后坦白罪行并认罪认罚,但其多次组织他人偷越国(边)境,地位、作用重于祝某等人。综上,对刘某以诈骗罪、组织他人偷越国(边)境罪、偷越国(边)境罪数罪并罚,决定执行有期徒刑五年,并处罚金人民币三万元;对祝某以诈骗罪、组织他人偷越国(边)境罪数罪并罚,决定执行有期徒刑一年六个月,并处罚金人民币八千元。

三、典型意义

本案系以高薪诱惑"拉人头"的方式,有计划、有组织招募、拉拢、引诱人员偷渡出境实施电信网络诈骗犯罪的典型案例。被告人刘某、祝某跨境参与电信网络诈骗犯罪,还分别利用他人法律意识淡薄、想一夜暴富的心态,利诱并组织多人偷渡赴境外加入诈骗组织,将多名同乡带上了一条歧路,人民法院依法予以数罪并罚。本案警示社会公众,不要轻信高薪诱惑,参与境外诈骗必受惩处。

案例七

被告人申某涛等 15 人诈骗、组织他人偷越国(边)境等案

——全力追赃挽损,对积极退赔的被告人依法从宽处罚

一、基本案情

2018 年以来,被告人申某涛通过网罗同乡,纠集社会闲杂人员等方式,逐渐形成以申某涛为首,被告人郭某拓、赵某儒、崔某波等人为骨干成员,被告人王某亮、李某孜等人为小组长,被告人靳某伟、董某、申某宁等人为组员的跨境电信网络诈骗犯罪集团。申某涛采用和其他犯罪集团、团伙合作或自己犯罪集团单独犯罪的模式,在柬埔寨王国、老挝人民民主共和国等国实施跨境电信网络诈骗活动。该犯罪集团隐瞒出境实施违法犯罪的真实意图,通过以出境旅游等名义签证出境,采取"杀猪盘"方式对国内女性实施诈骗活动。犯罪集团成员先在婚恋网站上物色女性"谈恋爱",再引诱女性在犯罪集团制作和控制的虚假博彩平台上投资,通过操控后台输赢进行诈骗。

被告人申某涛作为犯罪集团首要分子,以高薪为利诱,纠集多人通过虚构事实、隐瞒真相等方式掩盖非法目的,骗取出境边防检查机关核准出境从事"杀猪盘"电信网络诈骗活动,其中申某涛组织人员持护照出境至柬埔寨、老挝共计 58 人、200 余次从事电信网络诈骗犯罪活动。

二、裁判结果

本案经河南省辉县市人民法院一审,河南省新乡市中级人民法院二审,现已发生法律效力。

一审法院认为,被告人申某涛等人以非法占有为目的,以虚构事实、隐瞒真相方法诈骗他人财物,数额特别巨大,其行为已构成诈骗罪;申某涛等人组织他人偷越国(边)境,其行为又构成组织他人偷越国(边)境罪。依法应数罪并罚。申某涛系组织、领导犯罪集团的首

要分子,应当按照集团所犯的全部罪行处罚。综上,对申某涛以诈骗罪、组织他人偷越国(边)境罪等数罪并罚,决定执行有期徒刑十九年,并处罚金人民币一百零三万元。对其他14名被告人判处十一年二个月至六个月不等有期徒刑,并处罚金。

二审期间,被告人申某涛认罪悔罪,自愿认罚,全额退赔近500万元;人民法院及时向已查实的被骗群众发还被骗钱款,挽回了被骗群众的经济损失。据此,二审法院对申某涛依法从宽处罚并改判,决定对其执行有期徒刑十六年,并处罚金人民币一百零三万元。

三、典型意义

跨境电信网络诈骗犯罪高发多发,严重侵害人民群众财产权益。人民法院坚持依法严惩犯罪和全力追赃挽损并重,在刑事审判全流程、各环节持续追赃,最大限度为受骗群众挽回经济损失。在坚持总体从严惩处同时,注重贯彻宽严相济刑事政策,区别对待,宽以济严,罚当其罪。被告人申某涛在境外组建电信网络诈骗犯罪集团,一审法院依法认定其为首要分子并科以重刑。鉴于申某涛能积极退赃,退赔被骗群众经济损失,体现了认罪、悔罪态度,二审法院充分体现政策,依法从宽,既严惩犯罪,又最大限度挽回了被骗群众的经济损失,实现了办案"三个效果"的有机统一。